:: 中華文化促進會主持編纂

:: 國家“十一五”重點圖書出版規劃項目

:: 中國社會科學院哲學社會科學創新工程學術出版資助項目

出品人　王石　段先念

今注本二十四史

隋書

唐 魏徵等 撰

馬俊民 張玉興 主持校注

中國社會科學出版社

一〇 志〔九〕傳〔一〕

隋書　卷三五

志第三十

經籍四集　道經　佛經

《楚辭》十二卷。並《目錄》。後漢校書郎王逸注。

　　王逸：見本書卷三四"儒家"。《後漢書》卷八〇上載，王逸著《楚辭章句》行於世。漢劉向集屈原《離騷》一、《九歌》十一、《天問》一、《九章》九、《卜居》《漁父》《遠遊》二十五篇，又宋玉《九辯》《招魂》，景差《大招》，賈誼《惜誓》，淮南小山《招隱士》，東方朔《七諫》，嚴忌《哀時命》，王褒《九懷》，以及劉向《九歎》，共爲《楚辭》十六卷。王逸作注，以己作《九思》與班固二叙爲十七卷。今本王逸注《楚辭》已經後人改動，自宋以來即非王逸之舊本。見《四庫全書總目》卷一四八。《漢志》著錄《屈原賦》二十五篇，《宋玉賦》十六篇，《賈誼賦》七篇。《日本國見在書目錄》著錄《楚辭》十六卷，王逸注。《舊唐志》著錄《楚辭》十六卷，王逸撰；《新唐志》著錄王逸注《楚辭》十六卷；《宋志》著錄《楚辭》十六卷，屈原等撰，又十七卷，後漢王逸章句。《直齋書錄解題》卷一五著錄《楚辭》十七卷，稱漢護都水使者光禄大夫劉向集，後漢校書郎南郡王逸叔師注，洪興祖補注。王逸之注雖未能盡善，而自淮南王安以下，爲訓者今不復存，獨王逸注幸而尚傳。《四庫全書總目》卷一四八著録《楚辭章句》十七卷，王逸撰。歷代研究《楚辭》之著作有宋洪興祖《楚辭補注》十七卷、朱熹《楚辭集注》八卷，清代王夫之《楚辭通釋》十四卷、王闓運《楚辭釋》十一卷。近代研究有成就者，當屬遊國恩、姜亮夫。此書現存最早的本子爲明正德十三年黃省曾、高第刻本，通行本爲四庫本、叢書集成本等。

《楚辭》三卷。郭璞注。梁有《楚辭》十一卷，宋何偃删王逸注，亡。

　　郭璞：見本書卷三二"詩類"。《晋書》卷七〇載，郭璞注《楚辭》。兩《唐志》著録郭璞注《楚辭》十卷，《宋志》無載，亡佚。何偃：見本書卷三二"詩類"。兩《唐志》無載是書，亡佚。

《楚辭九悼》一卷。楊穆撰。

　　楊穆：生平事迹不詳。兩《唐志》著録楊穆《楚辭九悼》一卷，《宋志》無載，亡佚。

《參解楚辭》七卷。皇甫遵訓撰。

　　皇甫遵：見本書卷三三"雜史類"。兩《唐志》無載，亡佚。

《楚辭音》一卷。徐邈撰。

　　徐邈：見本書卷三二"易類"。兩《唐志》著録徐邈《楚辭音》一卷，《宋志》無載，亡佚。

《楚辭音》一卷。宋處士諸葛氏撰。

　　諸葛氏：不知何人。兩《唐志》無載，亡佚。

《楚辭音》一卷。孟奧撰。

　　孟奧：生平事迹不詳。兩《唐志》有著録，《宋志》無載，亡佚。

《楚辭音》一卷。

　　不署撰者。兩《唐志》無載，亡佚。

《楚辭音》一卷。釋道騫撰。

　　釋道騫：生平事迹不詳。兩《唐志》有著録，《宋志》無載，亡佚。

《離騷草木疏》二卷。劉杳撰。

　　劉杳：見本書卷三四"雜家類"。《梁書》卷五〇載，劉杳撰《楚辭草木疏》一卷。兩《唐志》著録劉杳《離騷草木蟲魚疏》二卷，《宋志》無載，亡佚。

　　右十部，二十九卷。通計亡書，十一部，四十卷。

　　《楚辭》者，屈原之所作也。[1]自周室衰亂，詩人寢息，諂佞之道興，諷刺之辭廢。楚有賢臣屈原，被讒放逐，乃著《離騷》八篇，言己離別愁思，申杼其心，[2]自明無罪，因以諷諫，冀君覺悟，[3]卒不省察，[4]遂赴汨羅死焉。[5]弟子宋玉，痛惜其師，傷而和之。其後，賈誼、東方朔、劉向、揚雄，嘉其文彩，擬之而作。蓋以原楚人也，謂之"楚辭"。然其氣質高麗，雅致清遠，後之文人，咸不能逮。始漢武帝命淮南王爲之章句，旦受詔，食時而奏之，其書今亡。後漢校書郎王逸，集屈原已下，迄於劉向，逸又自爲一篇，并叙而注之，今行於世。隋時有釋道騫，善讀之，能爲楚聲，音韻清切，[6]至今傳《楚辭》者，皆祖騫公之音。

[1]屈原：戰國時楚國人，名平，字原；又名正則，字靈均。楚懷王時任左徒、三閭大夫。博聞强志，明於治亂，善於辭令。上官大夫妒其能，進讒言，屈原被放逐，抒發情懷而作《離騷》。楚頃襄王時，屈原又遭讒毁被貶。此時屈原對楚國已失去信心，懷石投汨羅江而亡。《史記》卷八四有傳。

[2]申杼（shū）："杼"通"抒"。申杼，申訴、抒發。

[3]冀：希望。

[4]卒：最後。省（xǐng），查看。

[5]汨（mì）羅：位於湖南東北部的一條河。上游汨水流經湘陰縣分爲二支，汨水南流，羅水經古羅城，至屈潭兩水合流，曰汨羅。

[6]清切："切"通"徹"，清切，言聲音清澈。

楚蘭陵令《荀况集》一卷。殘缺。梁二卷。

荀况：見本書卷三四"儒家"。《漢志·詩賦》著録《孫卿賦》十篇。摯虞《文章流別論》言，"前世爲賦者有孫卿、屈原，尚頗有古之詩義"。見《全晋文》卷七七。兩《唐志》著録《趙荀况集》二卷，《宋志》無載，亡佚。《全上古三代文》卷九輯有荀况《禮賦》《智賦》等五篇。

楚大夫《宋玉集》三卷。

宋玉：見本書卷三四"小説家"。《史記》卷八四載，楚有宋玉、唐勒、景差之徒者，皆好辭而以賦見稱。《漢志·詩賦》著録《宋玉賦》十六篇，班固注曰，"楚人，與唐勒並時，在屈原後也"。兩《唐志》著録楚《宋玉集》二卷，《宋志》無載。《直齋書録解題》卷一六著録《宋玉集》一卷，稱今書乃《文選》及《古文苑》中録出者，未必當時本也。原書亡佚。《全上古三代文》卷一〇輯有宋玉《風賦》《大言》等凡十一篇。

《漢武帝集》一卷。梁二卷。

漢武帝：見本志"大序"。《漢書》卷六載，元狩元年冬十月，作《白麟之歌》；元鼎四年，作《寶鼎》《天馬之歌》。兩《唐志》無載，亡佚。《全漢文》卷三、四輯漢武帝《李夫人賦》《秋風辭》，制誥、策書、敕書、璽書及雜文多篇。

漢《淮南王集》一卷。梁二卷。又有《賈誼集》四卷，《晁錯集》三卷，漢弘農都尉《枚乘集》二卷，《録》各一卷，亡。

淮南王：見本書卷三四"雜家類"。《漢志·詩賦略》著録《淮南王賦》八十二篇；兩《唐志》有著録，《宋志》無載，亡佚。《全漢文》卷一二有輯文二篇。賈誼：見本書卷三四"儒家"。《史記》卷八四載，漢有賈誼爲長沙王太傅，過湘水，爲賦以悼屈原。《漢志·詩賦略》著録《賈誼賦》七篇，《漢志·諸子略》著録《賈誼》五十八篇，兩《唐志》著録前漢《賈誼集》二卷，《崇文總目》著録《賈誼集》二卷，《宋志》無載，亡佚。現有漢魏六朝百三名家集本《賈長沙集》一卷。《全漢文》卷一五、一六有輯文十一篇。晁錯：見本書卷三四"法家"。《漢書》卷四九載，晁錯上書凡三十篇。兩《唐志》無載是書，亡佚。《全漢文》卷一八有輯文九篇。枚乘：字叔，淮陰（今江蘇淮安市）人。爲吳王濞郎中。吳王爲逆，枚乘多次進諫，而吳王不用其策，卒見擒滅。武帝即位，徵之，途中病死。《漢書》卷五一有傳。《文章流別論》言七發造於枚乘。見《全晋文》卷七七。《漢書·詩賦略》著録《枚乘賦》九篇，兩《唐志》著録《枚乘集》二卷，《宋志》著録《枚乘集》一卷。《直齋書録解題》卷一六著録《枚乘集》一卷，稱今本乃於《漢書》及《文選》諸書鈔出者。已亡佚。清丁晏輯《枚叔集》一卷，《全漢文》卷二〇有輯文五篇。

漢中書令《司馬遷集》一卷。

司馬遷：見本書卷三三"正史類"。《漢志·詩賦略》著錄《司馬遷賦》八篇，兩《唐志》著錄《司馬遷集》二卷，《宋志》無載，亡佚。現有漢魏六朝名家集本《司馬子長集》一卷，《全漢文》卷二六有輯文三篇。

漢太中大夫《東方朔集》二卷。梁有漢光禄大夫《吾丘壽王集》二卷，亡。

東方朔：見本書卷三三"雜傳類"。《漢書》卷六五載，東方朔文以《答客難》《非有先生論》最善，其餘有《封泰山》《責和氏璧》等多篇。《漢志·諸子略》著錄《東方朔》二十篇，兩《唐志》著錄《東方朔集》二卷，《宋志》無載，亡佚。現有漢魏諸名家集本《東方先生集》一卷，《全漢文》卷二五有輯文。吾丘壽王：字子贛，趙（今河北境内）人。爲侍中中郎，坐事免。上疏願擊匈奴，詔問狀，壽王對良善，復召爲郎。後坐事被誅。《漢書》卷六四上有傳。《漢志·詩賦略》著錄《吾丘壽王賦》十六篇，《漢志·諸子略》著錄《吾丘壽王》六篇。兩《唐志》無載，亡佚。《全漢文》卷二七有輯文。

漢孝文園令《司馬相如集》一卷。

司馬相如：見本書卷三二"小學類"。《漢書》卷五七載，司馬相如撰《子虛賦》《上林賦》《與五公子相難》等。《漢志·詩賦略》著錄《司馬相如賦》二十九篇，兩《唐志》著錄《司馬相如集》二卷，《宋志》無載，亡佚。現有漢魏諸名家集本《司馬相如集》一卷，《全漢文》卷二一、二二有輯文。

漢膠西相《董仲舒集》一卷。梁二卷。又有漢太常《孔臧集》二卷，亡。

董仲舒：見本書卷三二"春秋類"。《漢書》卷五六載，董仲舒後歸家，以修學著書爲事。《漢志·諸子略》著録《董仲舒》百二十三篇。兩《唐志》著録《董仲舒集》二卷，《宋志》《崇文總目》著録《董仲舒集》一卷。《直齋書録解題》卷一六著録《董仲舒集》一卷，稱今惟録本傳中《三策》，及《古文苑》所載《士不遇賦》《詣公孫弘記室書》二篇而已。《四庫全書總目》卷一七四著録《董子文集》一卷，稱兩《唐志》及《宋志》所著録者，並亡佚。此乃明正德時，盧雍集董仲舒逸文而成。現有漢魏諸名家集本《董仲舒集》一卷、漢魏六朝百三名家集本《董膠西集》一卷、叢書集成本《董子文集》一卷，《全漢文》卷二三、二四有輯文。孔臧：孝文九年，孔臧嗣父爵，曾爲太常。元朔三年，坐事免。見《漢書》卷一六。《漢志·諸子略》著録太常蓼侯《孔臧》十篇，《漢志·詩賦略》著録太常蓼侯《孔臧賦》二十篇。兩《唐志》著録《孔臧集》二卷，《宋志》無載，亡佚。《全漢文》卷一三有輯文。

漢騎都尉《李陵集》二卷。梁有漢丞相《魏相集》二卷，《録》一卷；左馮翊《張敞集》一卷，《録》一卷。亡。

李陵：字少陵，隴西成紀（今甘肅秦安縣北）人。漢名將李廣之孫，少爲侍中建章監，後拜爲騎都尉。天漢二年率步兵五千出居延北行，與匈奴戰敗，遂降。在匈奴二十餘年。《史記》卷一〇九、《漢書》卷五四有傳。《史通·雜説下》曰，"《李陵集》有《與蘇武書》，詞采壯麗，音句流靡。觀其文體，不類西漢人，殆後人所爲，假稱陵作也"。兩《唐志》著録《李陵集》二卷，《宋志》無載，亡佚。《全漢文》卷二八有輯文。魏相：字弱翁，濟陰定陶

（今山東菏澤市）人。宣帝即位，爲大司農，遷御史大夫。爲丞相，封高平侯。《史記》卷九六、《漢書》卷七四有傳。《漢志·六藝略》著録《雅琴趙氏》七篇，班固注曰，"宣帝時，丞相魏相所奏"。兩《唐志》著録《魏相集》二卷，《宋志》無載，亡佚。《全漢文》卷二九有輯文。張敞：字子高，本河東平陽（今山西臨汾市）人。隨宣帝徙杜陵，遷太僕丞，拜京兆尹。元帝即位，徵爲左馮翊，不久病卒。《漢書》卷七六有傳。《漢志·六藝·小學序》曰，《蒼頡》多古字，俗師失其讀。宣帝時徵齊人能正讀者，張敞從受之。傳至外孫之子杜林，爲作訓故。兩《唐志》著録《張敞集》二卷，《宋志》無載，亡佚。《全漢文》卷三〇有輯文十五篇。

漢諫議大夫《王褒集》五卷。

王褒：字子淵，蜀（今四川）人。宣帝時，詔王褒爲聖主得賢臣頌其意。令其爲待詔，所作《甘泉》《洞簫頌》爲後宮貴人左右誦讀之。後除爲諫議大夫。奉旨前往益州祀金馬碧雞，病死道上。《漢書》卷六四下有傳。《漢志·詩賦略》著録《王褒賦》十六篇。兩《唐志》、《宋志》著録《王褒集》五卷。現有漢魏六朝百三名家集本《王諫議集》一卷，《全漢文》卷四二有輯文。

漢諫議大夫《劉向集》六卷。梁有漢射聲校尉《陳湯集》二卷，丞相《韋玄成集》二卷，亡。

劉向：見本書卷三二"尚書類"。《漢書》卷三六贊曰，劉向博學洽聞，通達古今，其言有補於世。《漢志·詩賦略》著録《劉向賦》三十三篇，兩《唐志》、《宋志》著録《劉向集》五卷。《直齋書録解題》卷一六著録《劉中壘集》五卷，稱中壘校尉劉向子政撰。原書亡佚。現有漢魏六朝百三名家集本《漢劉中壘集》一卷，《全漢文》卷三五至三九有輯文。陳湯：字子公，山陽瑕丘（今山東兗州市）人。初元二年，元帝詔列侯舉茂才。陳湯待升遷，父死不奔喪，下論獄。後遷西域副校尉。建昭三年，因功封關內侯，拜射聲校尉。後奪爵爲士伍。數歲後，又免爲庶人。王莽秉政，追謚陳湯爲破胡壯侯。《漢書》卷七〇有傳。兩《唐志》無載是書，亡佚。《全漢文》卷四三有輯文。韋玄成：字少翁，鄒（今山東境内）人，韋賢之子，以明經擢爲諫大夫，襲父爵。數歲，徵爲未央衛尉，遷太常。永光中，爲丞相，守正持重不及其父，而文采過之。《史記》卷九六、《漢書》卷七三有傳。兩《唐志》著録《韋玄成集》二卷，《宋志》無載，亡佚。《全漢文》卷三三有輯文六篇。

漢諫議大夫《谷永集》二卷。梁有涼州刺史《杜鄴集》二卷，騎都尉《李尋集》二卷，亡。

谷永：字子雲，長安（今陝西西安市）人。先後任安定太守、涼州刺史、北地太守，徵入爲大司農。本名並，因尉氏樊並反，更名永。《漢書》卷八五有傳。兩《唐志》著録《谷永集》五卷，《宋志》無載，亡佚。《全漢文》卷四五、四六有輯文二十五篇。杜鄴：字子夏，本魏郡繁陽（今河南内黃縣）人，武帝時徙茂陵。以孝廉爲郎。哀帝即位，遷爲涼州刺史。元壽元年，詔舉方正直言，杜鄴有對策，未拜，病卒。《漢書》卷八五有傳。兩《唐志》著録《杜鄴集》五卷，《宋志》無載，亡佚。《全漢文》卷四九有輯文五篇。李尋：字子長，平陵（今陝西咸陽市西）人。治《尚書》，獨好《洪範》灾異，又學天文陰陽。哀帝即位，召李尋爲黃門待詔，遷黃門侍郎。因夏賀良事，徙敦煌郡。《漢書》卷七五有傳。兩《唐志》無載，亡佚。《全漢文》卷五五有輯文五篇。

漢司空《師丹集》一卷。梁三卷，《録》一卷。

師丹：字仲公，琅邪東武（今山東諸城市）人。舉孝廉爲郎。哀帝即位，爲左將軍，領尚書事，封高樂侯。又徙爲大司空。書數十上，多切直之言，而免爲庶人。平帝即位，被封義陽侯。《漢書》卷八六有傳。兩《唐志》著録《師丹集》五卷，《宋志》無載，亡佚。《全漢文》卷四八有輯文四篇。

漢光禄大夫《息夫躬集》一卷。

息夫躬：字子微，河内河陽（今河南孟州市）人。哀帝即位，爲光禄大夫左曹給事中，又封宜陵侯。後因心懷怨恨，持匕招指祝盗，下獄而死。《漢書》卷四五有傳。兩《唐志》著録《息夫躬集》五卷，《宋志》無載，亡佚。《全漢文》卷五六有輯文四篇。

漢太中大夫《揚雄集》五卷。

揚雄：見本書卷三二"論語類"。《漢書》卷八七載，雄少而好學，博覽無所不見。撰《反離騷》《長楊賦》《解嘲》《九州箴》等。《漢志·詩賦略》著録《揚雄賦》十二篇，篇末附注曰，入揚雄八篇。可知《七略》祇載揚雄賦四篇。兩《唐志》著録《揚雄集》五卷，《宋志》著録《揚雄集》六卷。《郡齋讀書志》卷一七著録《揚雄集》三卷，稱古無雄集，皇朝譚愈好雄文，患其散在諸篇籍，離而不屬，因綴輯之，得四十餘篇。《直齋書録解題》卷一六著録《揚子雲集》五卷，稱其大抵皆録《漢書》及《古文苑》所載。《四庫全書總目》卷一四八著録《揚子雲集》六卷，提要稱，揚集久佚，宋譚愈輯揚雄文爲五卷，明鄭樸取揚雄《太玄》《法言》《方言》三書及類書所引諸條與文賦合編之釐爲六卷。現有四庫本《揚子雲集》六卷、漢魏諸名家集本《揚子雲集》三卷、漢魏六朝百三名家集本《楊侍郎集》一卷等，《全漢文》卷五一至五四有輯文。

漢太中大夫《劉歆集》五卷。

劉歆：見本書卷三二"論語類"。《漢書》卷三六載，劉向少子劉歆最知名，博見强志，過絕於人。《文心雕龍·檄移》曰，"及劉歆之《移太常》，辭剛而義辨，文移之首也"。兩《唐志》著錄《劉歆集》五卷，《宋志》無載，亡佚。現有漢魏六朝百三名家集本《漢劉子駿集》一卷，《全漢文》卷四〇、四一有輯文。

漢《成帝班婕妤集》一卷。梁有《班昭集》三卷，王莽建新大尹《崔篆集》一卷，保成師友《唐林集》一卷，中謁者《史岑集》二卷，後漢《東平王蒼集》五卷，《桓譚集》五卷，亡。

班婕妤：成帝初即位選入後宮，得幸，爲婕妤。趙飛燕姊弟漸盛，班婕妤失寵，退處東宮，作賦自傷悼。《漢書》卷九七下有傳。《文心雕龍·明詩》有曰，辭人遺翰，莫見五言，所以李陵、班婕妤見疑於後代也。兩《唐志》無載此書，亡佚。《全漢文》卷一一有輯文三篇。班昭：即曹大家，見本書卷三三"雜傳類"。《後漢書》卷八四載，班昭博學高才，所著賦、頌、銘、誄、問、哀辭、書、論、上疏等，凡十六篇。兩《唐志》著錄《曹大家集》二卷，《宋志》無載，亡佚。現有關隴叢書本《曹大家集》一卷，《全後漢文》卷九六有輯文八篇。崔篆：涿郡安平（今河北安平縣）人。王莽時爲郡文學，以明經徵詣公車，後爲建新大尹。然崔篆自覺愧對漢朝，辭歸不仕。閉門潛思，著《周易林》六十四篇。《後漢書》卷五二有傳。兩《唐志》著錄《崔篆集》一卷，《宋志》無載，亡佚。《全漢文》卷六一有輯文。唐林：字子高，沛郡（今江蘇徐州市）人。仕王莽，數上疏諫正，有忠直節。見《漢書》卷七二。兩《唐志》無載是書，亡佚。《全漢文》卷六一有輯文。史岑：字子孝，沛國（今江蘇徐州市）人。以文章顯，王莽以其爲謁者。著頌、誄等凡四篇。見《後漢書》卷八〇上。兩《唐志》著錄《史岑集》二卷，《宋志》無載，亡佚。《全後漢文》卷四九有輯文。東平王蒼：即劉蒼。建武十五年封東平公，十七年進爵爲王。明帝即位，拜爲驃騎將軍。章帝即位，尊重恩禮，過於前世。

《後漢書》卷四二有傳。兩《唐志》有著録，《宋志》無載，亡佚。《全後漢文》卷一〇有輯文九篇。桓譚：見本書卷三四"儒家類"。《後漢書》卷二八上載，桓譚博學多通，所著賦、誄、書、奏凡二十六篇。兩《唐志》著録《桓譚集》二卷，《宋志》無載，亡佚。《全後漢文》卷一二至一五有輯文。

後漢司隸從事《馮衍集》五卷。

馮衍：字敬通，京兆杜陵（今陝西西安市東南）人。王莽末，從鮑永，爲立漢將軍。光武時，以其爲曲陽令，又爲司隸從事。數爲人讒毁，西歸故郡。所著賦、誄、銘、説、《德誥》、《慎情》、自序、策等五十篇。《後漢書》卷二八有傳。兩《唐志》著録《馮衍集》五卷，《宋志》無載，亡佚。現有漢魏六朝百三名家集本《馮曲陽集》一卷，《全後漢文》卷二〇有輯文。

後漢徐令《班彪集》二卷。梁五卷。又有司徒掾《陳元集》一卷，《王隆集》二卷，雲陽令《朱勃集》二卷，後漢處士《梁鴻集》二卷，亡。

班彪：字叔皮，扶風安陵（今陝西咸陽市東）人。光武帝雅聞班彪名，因此召入見，拜徐令。所著賦、論、書、記、奏事合九篇。《漢書》卷一〇〇、《後漢書》卷四〇上有傳。《舊唐志》著録《班彪集》二卷，《新唐志》著録《班彪集》三卷，現有關隴叢書本《叔皮集》一卷，《全後漢文》卷二三有輯文。陳元：字長孫，蒼梧廣信（今廣西梧州市）人。建武初，與桓譚、杜林等爲學者所宗。《後漢書》卷三六有傳。兩《唐志》無載，亡佚。《全後漢文》卷一九有輯文。王隆：字文山，馮翊雲陽（今陝西涇陽縣北）人。避難河西，爲竇融左護軍。建武中，爲新汲令。能文章，所著詩、賦、銘、書，凡二十六篇。《後漢書》卷八〇上有傳。兩《唐志》著録《王文山集》二卷，《宋志》無載，亡佚。朱勃：字叔陽。辭言嫻雅，馬援自愧不如。後馬援爲將軍，而朱勃不過縣令。然馬援遇讒，唯朱勃能終焉。見《後漢書》卷二四。兩《唐志》著録《朱勃集》二卷，《宋志》無載，亡佚。《全後漢文》卷一七有輯文。梁鴻：字伯鸞，扶風平陵（今陝西咸陽市西）人。博覽無不通，而不爲章句。與妻孟光入霸陵山中，以耕織爲業。適吳，潛閉著書十餘篇。《後漢書》卷八三有傳。兩《唐志》著録《梁鴻集》二卷，《宋志》無載，亡佚。《全後漢文》卷三二有輯文。

後漢車騎從事《杜篤集》一卷。

杜篤：字季雅，京兆杜陵（今陝西西安市東南）人。大司馬吳漢卒，光武詔諸儒誄之。杜篤於獄中爲誄，辭最高，賜帛免之。建初三年，車騎將軍馬防擊西羌，以杜篤爲從事中郎，戰死於姑射山。所著賦、誄、弔、書、讚、七言及雜文等，凡十八篇。又著《明世論》十五篇。《後漢書》卷八○上有傳。兩《唐志》著録《杜篤集》五卷，《宋志》無載，亡佚。《全後漢文》卷二八有輯文。

後漢車騎司馬《傅毅集》二卷。梁五卷。

傅毅：字武仲，扶風茂陵（今陝西興平縣東北）人。章帝時，傅毅爲蘭臺令史，拜郎中，與班固、賈逵共典校書。永元元年，車騎將軍竇憲以傅毅爲司馬。早卒。所著詩、賦、誄、頌、祝文、連珠等，凡二十八篇。《後漢書》卷八○上有傳。兩《唐志》著録《傅毅集》二卷，《宋志》無載，亡佚。現有關隴叢書本《傅司馬集》一卷、傅氏家書本《傅蘭臺集》一卷，《全後漢文》卷四三有輯文。

後漢大將軍護軍司馬《班固集》十七卷。梁有魏郡太守《黃香集》二卷，亡。

班固：見本書卷三二"小學類"。《後漢書》卷四〇下載，班固所著《典引》《賓戲》《應譏》、詩、賦、銘、誄、頌、書、論、議、六言等，在者凡四十一篇。《日本國見在書目録》著録《班固集》十二卷，兩《唐志》著録《班固集》十卷，《宋志》無載，亡佚。現有關隴叢書本《蘭臺集》一卷、漢魏六朝百三名家集本《班蘭臺集》一卷、漢魏六朝名家集初刻本《班孟堅集》三卷，《全後漢文》卷二四、二五、二六有輯文。黃香：字文彊，江夏安陸（今湖北安陸市）人。博學經典，能文章，京師號曰"天下無雙江夏黃童"。章帝時，拜尚書郎。延平元年，遷魏郡太守，後坐水潦事免。所著賦、牋、奏、書、令凡五篇。《後漢書》卷八〇上有傳。兩《唐志》著録《黃香集》二卷，《宋志》無載，亡佚。《全後漢文》卷四二有輯文。

後漢長岑長《崔駰集》十卷。

崔駰：字亭伯，涿郡安平（今河北安平縣）人，博學有偉才，善屬文。竇憲驕恣，崔駰屢諫，竇憲不能容，出爲長岑長，遂不之官而歸。所著詩、賦、銘、頌、書、記、《達旨》、《酒警》等合二十一篇。《後漢書》卷五二有傳。兩《唐志》著録《崔駰集》十卷，《宋志》無載，亡佚。現有漢魏六朝百三名家集本《東漢崔亭伯集》一卷，《全後漢文》卷四四有輯文。

後漢侍中《賈逵集》一卷。梁二卷。

賈逵：見本書卷三二"詩類"。《後漢書》卷三六載，賈逵所著經傳義詁及論難百餘萬言，又作詩、頌、書、連珠、酒令凡九篇。兩《唐志》著録《賈逵集》二卷，《宋志》無載，亡佚。《全後漢文》卷三一有輯文。

後漢校書郎《劉騊駼集》一卷。梁二卷，《録》一卷。又有

樂安相《李尤集》五卷，大鴻臚《竇章集》二卷，亡。

　　劉騊駼：有才學。永寧中入東觀，與劉珍著中興以下名臣列士傳。又自造賦、頌、書、論凡四篇。見《後漢書》卷一四。兩《唐志》著録《劉騊駼集》二卷，《宋志》無載，亡佚。《全後漢文》卷三三有輯文。李尤：字伯仁，廣漢雒（今四川廣漢市）人。少以文章顯。安帝時，爲諫議大夫，與劉珍等俱撰《漢記》。順帝立，遷樂安相。所著詩、賦、銘、誄、頌、《七歎》、《哀典》，凡二十八篇。《後漢書》卷八〇上有傳。兩《唐志》無載，《宋志》著録《李尤集》二卷，今亡佚。現有漢魏六朝百三名家集本《漢蘭臺令李伯仁集》一卷，《全後漢文》卷五〇有輯文。竇章：字伯向，扶風平陵（今陝西咸陽市西）人。因文章與馬融、崔瑗同好。漢安二年，爲大鴻臚。建康元年，自免，卒於家。《後漢書》卷二三有傳。兩《唐志》著録《竇章集》二卷，《宋志》無載，亡佚。《全後漢文》卷一六有輯文。

後漢濟北相《崔瑗集》六卷。梁五卷。

　　崔瑗：見本書卷三二"小學類"。《後漢書》卷五二載，崔瑗高於文辭，所著賦、碑、銘、箴、頌、《七蘇》、《草書執》、七言等，凡五十七篇。《文心雕龍·雜文》曰，"崔瑗《七蘇》，植義純正"。兩《唐志》著録《崔瑗集》五卷，《宋志》無載，亡佚。《全後漢文》卷四五有輯文。

後漢《劉珍集》二卷。《録》一卷。

　　劉珍：見本書卷三三"正史類"。《後漢書》卷八〇上載，劉珍著誄、頌、連珠凡七篇，又撰《釋名》三十篇。兩《唐志》著録《劉珍集》二卷，《宋志》無載，亡佚。《全後漢文》卷五六有輯文。

後漢河間相《張衡集》十一卷。梁十二卷，又一本十四卷。又有郎中《蘇順集》二卷，《錄》二卷；後漢太傅《胡廣集》二卷，《錄》一卷，亡。

張衡：見本書卷三四"天文類"。《後漢書》卷五九載，張衡所著詩、賦、銘、七言、《靈憲》、《應間》等，凡三十二篇。《文心雕龍·雜文》曰"張衡《應間》密而兼雅"。兩《唐志》著録《張衡集》十卷，《宋志》著録《張衡集》六卷，今亡佚。現有漢魏六朝百三名家集本《張河間集》二卷，《全後漢文》卷五二至五五有輯文。蘇順：字孝山，京兆霸陵（今陝西西安市東）人。和帝、安帝間，以才學稱。晚乃仕，拜郎中。卒於家。所著賦、論、誄、哀辭、雜文，凡十六篇。《後漢書》卷八〇上有傳。兩《唐志》著録《蘇順集》二卷，《宋志》無載，亡佚。《全後漢文》卷四九有輯文。胡廣：見本書卷三三"職官類"。《後漢書》卷四四載，揚雄作《十二州二十五官箴》，九箴闕。胡廣繼作四篇，文甚典美。其餘所作詩、賦、銘、頌、箴、弔及諸解詁，凡二十二篇。《文心雕龍·章表》曰，"胡廣章奏天下第一，當時之傑筆也"。兩《唐志》著録《胡廣集》二卷，《宋志》無載，亡佚。《全後漢文》卷五六有輯文。

後漢黃門郎《葛龔集》六卷。梁五卷，一本七卷。

葛龔：字元甫，梁國寧陵（今河南寧陵縣）人。和帝時，以善文記知名。後拜蕩陰令，辟太尉府，病不就。所著文、賦、碑、誄、書、記，凡十二篇。《後漢書》卷八〇上有傳。兩《唐志》著録《葛龔集》五卷，《宋志》無載，亡佚。《全後漢文》卷五六有輯文。

後漢司空《李固集》十二卷。梁十卷。

李固：字子堅，漢中南鄭（今陝西漢中市）人。歷任荆州刺史、太山太守、將作大匠、大司農。沖帝即位，爲太尉。後遭梁冀誣陷下獄被誅。所著章、表、奏、議、對策、記、銘等，凡十一篇。《後漢書》卷六三有傳。兩《唐志》著錄《李固集》十卷，《宋志》無載，亡佚。《全後漢文》卷四八有輯文。

後漢南郡太守《馬融集》九卷。梁有外黃令《高彪集》二卷，《録》一卷；《王逸集》二卷，《録》一卷；司徒掾《桓麟集》二卷，《録》一卷，亡。

　　馬融：見本書卷三二"易類"。《後漢書》卷六〇上載，馬融所著賦、頌、碑、誄、書、奏、七言、琴歌、對策、遺令等，凡二十一篇。兩《唐志》著錄《馬融集》五卷，《宋志》無載，亡佚。現有漢魏六朝百三名家集本《東漢馬季長集》一卷，《全後漢文》卷一八有輯文。高彪：字義方，吳郡無錫（今江蘇無錫市）人。校書東觀，數奏賦、頌、奇文。後遷外黃令，病卒於官。《後漢書》卷八〇上有傳。兩《唐志》著錄《高彪集》二卷，《宋志》無載，亡佚。《全後漢文》卷六六有輯文。《王逸集》：《後漢書》卷八〇上載，王逸賦、誄、書、論及雜文凡二十一篇。又作《漢詩》百二十三篇。兩《唐志》著錄《王逸集》二卷，《宋志》無載，亡佚。現有漢魏六朝百三名家集本《東漢王叔師集》一卷，《全後漢文》卷五七有輯文。桓麟：字元鳳，沛國龍亢（今安徽懷遠縣西）人。桓帝初，爲議郎，入侍講禁中。後爲許令，病免。所著碑、誄、讚、書、説，凡二十一篇。見《後漢書》卷三七。兩《唐志》著錄《桓麟集》二卷，《宋志》無載，亡佚。《全後漢文》卷二七有輯文。

後漢徵士《崔琦集》一卷。梁二卷。又有《酈炎集》二卷，《録》二卷；陳相《邊韶集》一卷，《録》一卷；益州刺史《朱穆集》二卷，《録》一卷，亡。

崔琦：字子瑋，涿州安平（今河北安平縣）人。初舉孝廉，爲郎。諫梁冀之不軌行爲，最終被梁冀所遣刺客捕殺。所著賦、頌、銘、誄、箴、論等，凡十五篇。《後漢書》卷八〇上有傳。兩《唐志》著録《崔琦集》二卷，《宋志》無載，亡佚。《全後漢文》卷四五有輯文。酈炎：字文勝，范陽（今河北保定市）人。有文采，解音律。靈帝時，州郡辟命，皆不就。妻始産驚死，妻家訟之，入獄。《後漢書》卷八〇上有傳。兩《唐志》著録《酈炎集》二卷，《宋志》無載，亡佚。《全後漢文》八二有輯文。邊韶：字孝先，陳留浚儀（今河南開封市）人。以文章知名。桓帝時，徵拜太中大夫，著作東觀。後爲陳相，卒官。所著詩、頌、碑、銘、書、策，凡十五篇。《後漢書》卷八〇上有傳。兩《唐志》著録《邊韶集》二卷，《宋志》無載，亡佚。《全後漢文》卷六二有輯文。朱穆：字公叔，南陽宛（今河南南陽市）人。桓帝時，梁冀舉其爲侍御史，極諫梁冀之不軌。後爲冀州刺史，因整飭吏治，入獄。太學生劉陶等數千人詣闕上書，乃獲赦免。徵拜尚書。所著論、策、奏、教、書、記、嘲，凡二十篇。蔡邕及門人共述其體行，謚爲文忠先生。《後漢書》卷四三有傳。兩《唐志》著録《朱穆集》二卷，《宋志》無載，亡佚。《全後漢文》卷二八有輯文。

後漢京兆尹《延篤集》一卷。梁二卷，《録》一卷。又有司農卿《皇甫規集》五卷；太常卿《張奐集》二卷，《録》一卷；《王延壽集》三卷；五原太守《崔寔集》二卷，《録》一卷；上計《趙壹集》二卷，《録》一卷。亡。

延篤：見本書卷三三"雜史類"。《後漢書》卷六四載，延篤能著文章，有名京師。所著詩、論、銘、書、應訊、表、教令，凡二十篇。兩《唐志》著録《延篤集》二卷，《宋志》無載，亡佚。《全後漢文》卷六一有輯文。皇甫規：字威明，安定朝那（今寧夏固原市）人。拜泰山太守，爲中郎將。坐繫廷尉，會赦歸家。永康

元年，徵爲尚書，遷弘農太守，封壽成亭侯，讓封不受。所著賦、
銘、碑、讚、禱文、弔、書、檄、牋記等，凡二十七篇。《後漢書》
卷六五有傳。兩《唐志》著録《皇甫規集》五卷，《宋志》無載，
亡佚。現有二酉堂叢書本《皇甫司農集》一卷，《全後漢文》卷六
一有輯文。張奐：字然明，敦煌淵泉（今甘肅瓜州縣）人。舉賢
良，對策第一，拜議郎。延熹二年，拜大司農，遷少府，轉太常。
因黨錮歸家，閉門不出。所著銘、頌、書、教、誡述、志、對策
等，凡二十四篇。《後漢書》卷六五有傳。兩《唐志》著録《張奐
集》二卷，《宋志》無載，亡佚。現有二酉堂叢書本《張太常集》
一卷，《全後漢文》卷六四有輯文。王延壽：字文考，南郡宜城
（今湖北宜城市）人。少游魯國，作《靈光殿賦》，後蔡邕亦造此
賦，未成。《後漢書》卷八〇上有傳。兩《唐志》無載，亡佚。
《全後漢文》卷五八有輯文。崔寔：見本書卷三四"法家類"。《後
漢書》卷五二載，崔寔所著碑、論、箴、銘、答、七言、祠、書
等，凡十五篇。《日本國見在書目録》著録《崔寔集》二卷，兩
《唐志》無載，亡佚。《全後漢文》卷四五、四六、四七有輯文。
趙壹：字元叔，漢陽西縣（今甘肅天水市西南）人。光和元年，舉
郡上計到京師。州郡爭致禮命，十辟公府，皆不就，終於家。著
賦、頌、箴、誄、書、論及雜文，凡十六篇。《後漢書》卷八〇下
有傳。兩《唐志》著録《趙壹集》二卷，《宋志》無載，亡佚。現
有關隴叢書本《趙計吏集》一卷，《全後漢文》卷八二有輯文。

後漢諫議大夫《劉陶集》三卷。梁二卷，《録》一卷。又有
外黃令《張升集》二卷，《録》一卷；《侯瑾集》二卷；《盧植集》
二卷；議郎《廉品集》二卷。亡。

劉陶：字子奇，一名偉，潁川潁陰（今河南許昌市）人。靈帝
重其才，拜諫議大夫。上書宦官禍國。宦官共譖之，下黃門北寺
獄，閉氣而死。劉陶著書數十萬言，上書言當世便事、條教、賦、

奏、書、記、辯疑，凡百餘篇。《後漢書》卷五七有傳。兩《唐志》著錄《劉陶集》二卷，《宋志》無載，亡佚。《全後漢文》卷六五有輯文。張升：字彥真，陳留尉氏（今河南尉氏縣）人。仕郡爲綱紀，以能出守外黃令。遇黨錮去官，後竟被誅。所著賦、誄、頌、碑、書，凡十六篇。《後漢書》卷八〇下有傳。兩《唐志》著錄《張升集》二卷，《宋志》無載，亡佚。《全後漢文》卷八二有輯文。侯瑾：字子瑜，敦煌（今甘肅敦煌市）人。州郡累召，公車有道徵，並稱疾不往。爲《皇德傳》三十篇，餘所作雜文數十篇，多亡失。《後漢書》卷八〇下有傳。兩《唐志》著錄《侯瑾集》二卷，《宋志》無載，亡佚。《全後漢文》卷六六有輯文。盧植：見本書卷三二"禮類"。《後漢書》卷六四載，盧植能通古今學，所著碑、誄、表、記，凡六篇。兩《唐志》著錄《盧植集》二卷，《宋志》無載，亡佚。《全後漢文》卷八一有輯文。廉品：生平事迹不詳。《唐志》無載，亡佚。《全後漢文》卷六六有輯文。

後漢司空《荀爽集》一卷。梁三卷，《録》一卷。

荀爽：見本書卷三二"易類"。《後漢書》卷六二載，荀爽所著有《尚書正經》《春秋條例》《詩傳》《漢語》等，凡百餘篇，今多所亡缺。兩《唐志》著錄《荀爽集》二卷，《宋志》無載，亡佚。《全後漢文》卷六七有輯文。

後漢野王令《劉梁集》三卷。梁二卷，《録》一卷。又有《鄭玄集》二卷，《録》一卷，亡。

劉梁：字曼山，一名岑，東平寧陽（今山東寧陽縣）人。桓帝時，舉孝廉，特召入拜尚書郎，後爲野王令，未行。《後漢書》卷八〇下有傳。兩《唐志》著錄《劉梁集》二卷，《宋志》無載，亡佚。《全後漢文》卷六四有輯文。鄭玄：見本書卷三二"易類"。《後漢書》卷三五載，鄭玄著《魯禮禘祫義》《六藝論》《毛詩譜》

等，凡百餘萬言。兩《唐志》著錄《鄭玄集》二卷，《宋志》無載，亡佚。現有雅雨堂本《鄭司農集》一卷，漢魏六朝名家集初刻本《鄭康成集》一卷，《全後漢文》卷八四有輯文。

後漢左中郎將《蔡邕集》十二卷。梁有二十卷，《錄》一卷。又有尚書令《士孫瑞集》二卷，亡。

蔡邕：見本書卷三二“禮類”。《後漢書》卷六〇下載，蔡邕所著詩、賦、碑、誄、銘、讚、聯珠、《獨斷》、《勸學》、《叙樂》、《女訓》、祝文、記等，凡四百篇。《日本國見在書目録》著録《蔡邕集》廿卷，兩《唐志》著録《蔡邕集》二十卷，《崇文總目》著録《蔡邕集》五卷，《宋志》著録《蔡邕集》十卷。《直齋書録解題》卷一六著録《蔡中郎集》十卷，稱《唐志》二十卷，今本闕亡之外，纔六十四篇。其間有稱建安年號及魏宗廟頌述者，非邕文也。卷末有天聖癸亥歐陽静所書《辨證》甚詳，以爲好事者雜編他人之文相混，非本書。《四庫全書總目》卷一四八著録《蔡中郎集》六卷，提要稱，其集至隋已非完本，《舊唐志》仍作二十卷，乃因民間傳本未亡，故復出矣。宋代又經散亡，非其舊本。此本爲雍正中陳留所刻，與張溥漢魏六朝百三名家集刻本多寡增損，互有出入。現有漢魏諸名家集本《蔡中郎集》八卷，漢魏六朝百三名家集本《蔡中郎集》二卷，四庫本《蔡中郎集》六卷，海源閣叢書、四部備要本《蔡中郎集》十卷《外紀》一卷《外集》四卷，十萬卷樓叢書二編、四部叢刊本《蔡中郎文集》十卷《外傳》一卷，漢魏六朝名家集初刻本《蔡中郎集》十二卷，《全後漢文》卷六九至卷八〇有輯文。士孫瑞：字君策（《三國志》作君榮），扶風（今陝西境内）人。爲國三老、光禄大夫。見《後漢書》卷六六、《三國志》卷六。兩《唐志》著録《士孫瑞集》二卷，《宋志》無載，亡佚。《全後漢文》卷八四有輯文。

後漢太山太守《應劭集》二卷。梁四卷。又有別部司馬《張超集》五卷，亡。

應劭：見本書卷三三"正史類"。《後漢書》卷四八載，應劭撰《風俗通》、著《中漢輯序》，凡著述百三十六篇。兩《唐志》著錄《應劭集》四卷，《宋志》無載，亡佚。《全後漢文》卷三三至卷四一有輯文。張超：字子並，河間鄭（今河北任丘市）人。靈帝時，爲別部司馬。著賦、頌、碑文、檄、謁文、嘲等，凡十九篇。《後漢書》卷八〇下有傳。《舊唐志》著錄《張劭集》五卷，《新唐志》著錄《張邵集》五卷，《宋志》著錄《張超集》三卷，後亡佚。《全後漢文》卷八四有輯文。

後漢少府《孔融集》九卷。梁十卷，《錄》一卷。

孔融：見本書卷三二"春秋類"。《後漢書》卷七〇載，孔融所著詩、頌、碑文、論議、六言、策文、表、記等，凡二十五篇。《典論》曰，"孔融體氣高妙，有過人者，然不能持論，理不勝辭，至於雜以嘲戲，及其所善，揚、班于儔也"。見《三國志》卷二〇。兩《唐志》著錄《孔融集》十卷，《宋志》無載，亡佚。《四庫全書總目》卷一四八著錄《孔北海集》一卷，提要稱《孔融集》自《宋史》始不著錄，其集當佚於宋時。此本乃明人掇拾。現有漢魏六朝百三名家集本《孔少府集》一卷，四庫本《孔北海集》一卷，建安七子集本《孔文舉集》一卷，《全後漢文》卷八三有輯文。

後漢侍御史《虞翻集》二卷。梁三卷，《錄》一卷。

虞翻：見本書卷三二"易類"。《三國志》卷五七載，虞翻爲《老子》《論語》《國語》訓注，皆傳於世。兩《唐志》著錄《虞翻集》三卷，《宋志》無載，亡佚。《全三國文》卷六八有輯文。

後漢討虜長史《張紘集》一卷。梁二卷，《録》一卷。梁有後漢處士《禰衡集》二卷，《録》一卷，亡。

　　張紘：字子綱，廣陵（今江蘇揚州市）人。郡舉茂才，公府辟，皆不就。避難江東，追隨孫策。建安四年，爲侍御史。孫權以其爲長史。張紘著詩、賦、銘、誄十餘篇。《三國志》卷五三有傳。兩《唐志》著録《張紘集》一卷，《宋志》無載，亡佚。《全後漢文》卷八六有輯文。禰衡：字正平，平原般（今山東德州市）人。少有才辯，而尚氣剛傲，好矯時慢物。禰衡文章多亡失。《後漢書》卷八〇下、《三國志》卷一〇有傳。兩《唐志》著録《禰衡集》二卷，《宋志》無載，亡佚。《全後漢文》卷八七有輯文。

後漢尚書右丞《潘勗集》二卷。梁有《録》一卷，亡。

　　潘勗：字元茂，初名芝，河南（今河南洛陽市）人。獻帝時，遷右丞。建安二十年，拜尚書左丞。見《三國志》卷二一。兩《唐志》著録《潘勗集》二卷，《宋志》無載，亡佚。《全後漢文》卷八七有輯文。

後漢丞相倉曹屬《阮瑀集》五卷。梁有《録》一卷，亡。

　　阮瑀：字元瑜，陳留（今河南開封市）人。曹操以阮瑀爲司空軍謀祭酒，管記室，軍國書檄，多爲其作。後爲倉曹掾屬。見《三國志》卷二一。兩《唐志》著録《阮瑀集》五卷，《宋志》無載，亡佚。現有漢魏六朝百三名家集本《魏阮元瑜集》一卷、建安七子集本《阮元瑜集》一卷，《全後漢文》卷九三有輯文。

魏太子文學《徐幹集》五卷。梁有《録》一卷，亡。

　　徐幹：見本書卷三四“儒家”。《文心雕龍·詮賦》曰，“偉長博通，時逢壯采”。兩《唐志》著録《徐幹集》五卷，《宋志》無載，亡佚。《全後漢文》卷九三有輯文。

魏太子文學《應瑒集》一卷。梁有五卷，《録》一卷，亡。

應瑒：字德璉，汝南（今河南境内）人。曹操辟其爲丞相掾屬，轉爲平原侯庶子，後爲五官將文學。著文賦數十篇。見《三國志》卷二〇。《文心雕龍・序志》曰"詳觀近代論文者，若應瑒文論華而疏略"。兩《唐志》著録《應瑒集》二卷，《宋志》無載，亡佚。現有漢魏六朝百三名家集本《魏應德璉集》一卷，彙刻建安七子集本《應德璉集》二卷，《全後漢文》卷四二有輯文。

後漢丞相軍謀掾《陳琳集》三卷。梁十卷，《録》一卷。

陳琳：字孔璋，廣陵（今江蘇揚州市）人。陳琳避難冀州，袁紹使典文章。後歸曹操，爲司空軍謀祭酒，管記室，軍國書檄，多出其手。後徙爲門下督。見《三國志》卷二〇。兩《唐志》、《宋志》著録《陳琳集》十卷，《崇文總目》著録《陳琳文集》九卷。《直齋書録解題》卷一六著録《陳孔璋集》十卷，稱建安七子以集傳者，仲宣、子建、孔璋而已。後亡。現有漢魏六朝百三名家集本《陳記室集》一卷，建安七子集本《陳孔璋集》一卷，彙刻建安七子集本《陳孔璋集》二卷，《全後漢文》卷九二有輯文。

魏太子文學《劉楨集》四卷。《録》一卷。

劉楨：見本書卷三二"詩類"。《三國志》卷二〇載，劉楨著文賦數十篇。兩《唐志》著録《劉楨集》二卷，《宋志》無載，亡佚。現有漢魏六朝百三名家集本《魏劉公幹集》一卷，彙刻建安七子集本《劉公幹集》二卷，《全後漢文》卷六五有輯文。

後漢丞相主簿《繁欽集》十卷。梁《録》一卷，亡。

繁欽：字休伯，潁川（今河南禹州市）人。既長於書記，又善爲詩賦。爲丞相主簿。見《三國志》卷二一。兩《唐志》著録

《繁欽集》十卷，《宋志》無載，亡佚。《全後漢文》卷九三有輯文。

後漢丞相主簿《楊修集》一卷。梁二卷，《録》一卷。

楊修：字德祖，弘農華陰（今陝西華陰市）人。好學有俊才，爲丞相曹操主簿。曹操忌修之才，遂因事殺之。所著賦、頌、詩、哀辭、表、記、書等，凡十五篇。《後漢書》卷五四有傳，亦見《三國志》卷一九。兩《唐志》著録《楊修集》二卷，《宋志》無載，亡佚。《全後漢文》卷五一有輯文。

後漢侍中《王粲集》十一卷。梁有魏國郎中令《路粹集》二卷，《録》一卷；行御史大夫《袁涣集》五卷，《録》一卷；魏國奉常《王修集》二卷。亡。

王粲：見本書卷三二“尚書類”。《三國志》卷二一載，王粲著詩、賦、論、議垂六十篇。兩《唐志》著録《王粲集》十卷，《宋志》著録《王粲集》八卷，後亡。現有漢魏六朝百三名家集本《王侍中集》一卷，彙刻建安七子集本《王仲宣集》四卷，漢魏六朝名家集初刻本《王仲宣集》三卷，《全後漢文》卷九〇、九一有輯文。路粹：字文蔚，陳留（今河南開封市）人。建安初，以高才拜尚書郎。十九年，轉爲秘書令，從大軍至漢中，坐違禁賤請驢伏法。見《三國志》卷二一。兩《唐志》著録《路粹集》二卷《宋志》無載，亡佚。《全後漢文》卷九四有輯文。袁涣：字曜卿，陳郡扶樂（今河南太康縣西北）人。避難江淮間，爲袁術所命。歸曹操，拜爲沛南部都尉。魏國初建，爲郎中令，行御史大夫事，居官數年卒。《三國志》卷一一有傳。兩《唐志》著録《袁涣集》五卷，《宋志》無載，亡佚。《全後漢文》卷三〇有輯文。王修：字叔治，北海營陵（今山東昌樂縣）人。署功曹，守膠東令。歸曹操，行司金中郎將，遷魏郡太守。魏國初建，爲大司農中郎將，從奉常，病卒官。《三國志》卷一一有傳。兩《唐志》著録《王修集》三卷，《宋志》無載，亡佚。《全後漢文》卷九四有輯文。

後漢尚書《丁儀集》一卷。梁二卷，《録》一卷。

　　丁儀：字正禮，沛郡（今江蘇徐州市）人。曹操知其爲令士，辟爲掾。曹丕立爲太子，欲治其罪，後因職事收付獄，殺之。見《三國志》卷一九。兩《唐志》著録《丁儀集》二卷，《宋志》無載，亡佚。《全後漢文》卷九四有輯文。

後漢黃門郎《丁廙集》一卷。梁二卷，《録》一卷。梁又有婦人後漢黃門郎秦嘉妻《徐淑集》一卷，後漢董祀妻《蔡文姬集》一卷，傅石甫妻《孔氏集》一卷，亡。

　　丁廙（yì）：字敬禮，丁儀之弟。少有才姿，博學洽聞。初辟公府，建安中爲黃門侍郎。見《三國志》卷一九。兩《唐志》著録《丁廙集》二卷，《宋志》無載，亡佚。《全後漢文》卷九四有輯文。徐淑：有才章，與夫有書信往來。其夫秦嘉，隴西（今甘肅隴西縣）人，桓帝時仕郡，舉上計掾，除黃門郎。見《全後漢文》卷九六。兩《唐志》無載是書，亡佚。《全後漢文》卷九六有輯文。蔡文姬：名琰，蔡邕之女，陳留（今河南開封市）人。博學有才辯，又妙於音律。興平中，文姬爲胡騎所虜，没於匈奴左賢王十二年。曹操以金璧贖之，重嫁董祀。《後漢書》卷八四有傳。兩《唐志》無載，亡佚。孔氏：與其夫傅石甫生平事迹不詳。兩《唐志》無載，亡佚。

《魏武帝集》二十六卷。梁三十卷，《録》一卷。梁又有《武皇帝逸集》十卷，亡。
《魏武帝集新撰》十卷。

　　魏武帝：曹操。見本書卷三四"兵家類"。《三國志》卷一引

《魏書》載，曹操御軍三十餘年，登高必賦，即造新詩，被之管絃，皆成樂章。兩《唐志》著録《魏武帝集》三十卷，《宋志》無載，亡佚。現有漢魏六朝百三名家集本《魏武帝集》一卷，漢魏六朝名家集初刻本《魏武帝集》四卷，《全三國文》卷一至卷三有輯文。

《魏文帝集》十卷。梁二十三卷。

魏文帝：見本書卷三三"雜傳類"。《三國志》卷二"評曰：文帝天資文藻，下筆成章，博聞强識，才藝兼該"。兩《唐志》著録《魏文帝集》十卷，《宋志》著録《魏文帝集》一卷，後亡。現有漢魏六朝百三名家集本《魏文帝集》二卷，漢魏六朝名家集初刻本《魏文帝集》六卷，《全三國文》卷四至卷八有輯文。

《魏明帝集》七卷。梁五卷，或九卷，《録》一卷。梁又有《高貴鄉公集》四卷，亡。

魏明帝：諱叡，字元仲，文帝子。好學多識，潛思書籍。黃初七年，即皇帝位，景初三年薨。《三國志》卷三有紀。兩《唐志》著録《魏明帝集》十卷，《宋志》無載，亡佚。《全三國文》卷九、卷一〇有輯文。高貴鄉公：即曹髦，見本書卷三二"春秋類"。《三國志》卷四"評曰：高貴公才慧夙成，好問尚辭，蓋亦文帝之風流也"。兩《唐志》著録《高貴鄉公集》二卷，《宋志》無載，亡佚。《全三國文》卷一一有輯文。

魏《陳思王曹植集》三十卷。梁又有司徒《華歆集》二卷，亡。

曹植：見本書卷三三"雜傳類"。《三國志》卷一九載，曹植十歲餘誦讀詩、論及辭賦數十萬言，善屬文。《日本國見在書目録》著録《魏曹植集》三十卷，兩《唐志》著録《魏陳思王集》二十卷、又三十卷，《宋志》著録《曹植集》十卷。《郡齋讀書志》卷一七著録《曹植集》十卷，稱今集十卷，比隋、唐本有亡逸者，而詩文二百篇，返溢於本傳所載，不曉其故。《直齋書録解題》卷一六著録《陳思王集》二十卷，稱其間亦有采取《御覽》《書鈔》《類聚》諸書中所有者，意皆後人附益，然則亦非當時全書矣。《四庫全書總目》卷一四八著録《曹子建集》十卷，提要稱此書不得謂之善本，然唐以前舊本既佚，後來刻《植集》率以是編爲祖，別無古於斯者，録而存之。現有四庫本、四部叢刊本、四部備要本《曹子建集》十卷，六朝詩集本《陳思王集》四卷，漢魏六朝百三名家集本《陳思王集》二卷等，《全三國文》卷一三至一九有輯文。華歆：字子魚，平原高唐（今山東高唐縣）人。曹操在官渡，徵拜華歆爲議郎，後轉侍中，爲尚書令。文帝踐祚，改爲司徒。明帝時，進封博平侯，拜太尉。《三國志》卷一三有傳。《舊唐志》著録《華歆集》二十卷，《新唐志》著録《華歆集》三十卷，《宋志》無載，亡佚。《全三國文》卷二二有輯文。

魏司徒《王朗集》三十四卷。梁三十卷。又司空《陳羣集》五卷，亡。

　　王朗：見本書卷三二“春秋類”。《三國志》卷一三載，王朗著《易》《春秋》《孝經》《周官》傳，奏議論記，皆傳於世。兩《唐志》著録《王朗集》三十卷，《宋志》無載，亡佚。《全三國文》卷二二有輯文。陳羣：字長文，潁川許昌（今河南許昌市）人。曹操主政時，以司徒掾舉高第，爲治書侍御史，參丞相軍事。文帝踐祚，徙尚書令，進爵潁鄉侯。明帝時，進封潁陰侯，爲司空，録尚書事。《後漢書》卷六二、《三國志》卷二二有傳。兩《唐志》著録《陳羣集》三卷，《宋志》無載，亡佚。《全三國文》卷二六有輯文。

魏給事中《邯鄲淳集》二卷。梁有《録》一卷。又有《劉廙集》二卷，侍中《吳質集》五卷，新城太守《孟達集》三卷，魏徵士《管寧集》三卷，《録》一卷，亡。

邯鄲淳：見本書卷三四"小説家"。兩《唐志》著録《邯鄲淳集》二卷，《宋志》無載，亡佚。《全三國文》卷二六有輯文。劉廙：見本書卷三四"法家"。《三國志》卷二一載，劉廙著書數十篇，及與丁儀共論刑禮，皆傳於世。兩《唐志》著録《劉廙集》二卷，《宋志》無載，亡佚。《全三國文》卷三四有輯文。吳質：字季重，濟陰（今山東定陶縣）人。以文才爲魏文帝所善，官拜振威將軍，封列侯。太平四年入爲侍中，其年夏卒。《三國志》卷二一有傳。兩《唐志》著録《吳質集》五卷，《宋志》無載，亡佚。《全三國文》卷三〇有輯文。孟達：字子敬，後改子度，扶風（今陝西境内）人。延康元年率蜀兵衆降魏，封平陽亭侯，領新城太守。太和元年十二月，孟達反。二年正月，司馬宣王攻破新城，斬孟達。見《三國志》卷二、卷三、卷四〇。兩《唐志》著録《孟達集》三卷，《宋志》無載，亡佚。《全三國文》卷六一有輯文。管寧：字幼安，北海朱虛（今山東臨朐縣東）人。自黃初至青龍徵命相仍，皆不受。正始二年，特具安車蒲輪，束帛加璧聘焉。會管寧卒。《三國志》卷一一有傳。兩《唐志》著録《管寧集》二卷，《宋志》無載，亡佚。《全三國文》卷二四有輯文。

魏光禄勳《高堂隆集》六卷。梁十卷，《録》一卷。又有光禄勳《劉邵集》二卷，《録》一卷，亡。

高堂隆：見本書卷三三"刑法類"。兩《唐志》著録《高堂隆集》十卷，《宋志》無載，亡佚。《全三國文》卷三一有輯文。劉邵：又作劉劭，見本書卷三二"孝經類"。《三國志》卷二一載，劉劭凡所撰述《法論》《人物志》之類百餘篇。兩《唐志》著録《劉邵集》二卷，《宋志》無載，亡佚。《全三國文》卷三二有輯文。

魏散騎常侍《繆襲集》五卷。梁有《録》一卷。又有散騎常侍《王象集》一卷；光禄大夫《韋誕集》三卷，《録》一卷；散騎常侍《麋元集》五卷；游擊將軍《卞蘭集》二卷，《録》一卷；隰陽侯《李康集》二卷，《録》一卷；陳郡太守《孫該集》二卷，《録》一卷；尚書《傅巽集》二卷，《録》一卷。亡。

繆襲：見本書卷三三"雜傳類"。《三國志》卷二一載，繆襲有才學，多所述叙。兩《唐志》著録《繆襲集》五卷，《宋志》無載，亡佚。《全三國文》卷三八有輯文。王象：字義伯，河内（今河南武陟縣周邊）人。魏有天下，拜爲散騎侍郎，遷爲常侍，封列侯。受詔撰《皇覽》，使王象領秘書監。《三國志》卷二一有傳。兩《唐志》無載是書，亡佚。《全三國文》卷三八有輯文。韋誕：字仲將，京兆（今陝西西安市南）人。善屬辭章，有名。建安中，爲郡上計吏，特拜郎中，稍遷侍中中書監，以光禄大夫遜位。見《三國志》卷二一。兩《唐志》著録《韋誕集》三卷，《宋志》無載，亡佚。《全三國文》卷三二有輯文。麋元：生平事迹不詳。兩《唐志》著録《麋元集》五卷，《宋志》無載，亡佚。《全三國文》卷三八有輯文。卞蘭：瑯邪開陽（今山東臨沂市北）人。少有才學，爲奉車都尉、游擊將軍，加散騎常侍。見《三國志》卷五。兩《唐志》著録《卞蘭集》二卷，《宋志》無載，亡佚。《全三國文》卷三〇有輯文。李康：字蕭遠，不和俗，爲鄉里所嫉，故官不進。因文帝異其文，起家爲隰陽長。見《太平御覽》卷五八六。兩《唐志》著録《李康集》二卷，《宋志》無載，亡佚。《全三國文》卷四三有輯文。孫該：字公達，任城（今山東濟寧市）人。著文賦頗傳於世。遷博士司徒右長史，又入著作。見《三國志》卷二一。兩《唐志》著録《孫該集》二卷，《宋志》無載，亡佚。《全三國文》卷四〇有輯文。傅巽：字公悌，北地泥陽（今甘肅寧縣）人。辟公府，拜尚書郎，後賜爵關内侯。文帝時爲侍中。見《三國志》卷六、卷二一。兩《唐志》著録《傅巽集》二卷，《宋志》無載，亡佚。《全三國文》卷三五有輯文。

魏章武太守《殷褒集》一卷。梁二卷。

殷褒：生平事迹不詳。兩《唐志》著録《殷褒集》二卷，《宋志》無載，亡佚。《全三國文》卷四三有輯文。

魏司空《王昶集》五卷。梁有《録》一卷。

王昶：字文舒，太原晋陽（今山西太原市）人。文帝踐祚，徙散騎侍郎，爲洛陽典農。明帝即位，加揚烈將軍，賜關内侯。嘉平二年，進封京陵侯，又遷司空。著《治論》《兵書》。《三國志》卷二七有傳。兩《唐志》著録《王昶集》五卷，《宋志》無載，亡佚。《全三國文》卷三六有輯文。

魏衛將軍《王肅集》五卷。梁有《録》一卷。又有《桓範集》二卷；中領軍《曹羲集》五卷，《録》一卷。亡。

王肅：見本書卷三二"易類"。《三國志》卷一三載，王肅所論駁朝廷典制、郊祀、輕重等，凡百餘篇。兩《唐志》著録《王肅集》五卷，《宋志》無載，亡佚。《全三國文》卷二三有輯文。桓範：見本書卷三四"法家"。兩《唐志》著録《桓範集》二卷，《宋志》無載，亡佚。《全三國文》卷三七有輯文。曹羲：沛郡譙（今安徽亳州市）人，曹爽弟，爲領中軍。曹爽驕縱作樂，曹羲以爲大憂，著書三篇，陳驕淫盈溢之致禍敗。見《三國志》卷九。兩《唐志》著録《曹羲集》五卷，《宋志》無載，亡佚。《全三國文》卷二〇有輯文。

魏尚書《何晏集》十一卷。梁十卷，《録》一卷。

何晏：見本書卷三二"樂類"。《三國志》卷九載，何晏好老、莊言，作《道德論》及諸文賦著述，凡數十篇。兩《唐志》著録

《何晏集》十卷，《宋志》無載，亡佚。《全三國文》卷三九有輯文。

魏衛尉卿《應璩集》十卷。梁有《録》一卷。又有《王弼集》五卷，《録》一卷；中書令《劉階集》二卷；太常卿《傅嘏集》二卷，《録》一卷；樂安太守《夏侯惠集》二卷，《録》一卷。亡。

應璩：字休璉，汝南（今河南境内）人。博學好屬文，以文章顯。文帝、明帝時，爲散騎常侍。嘉平四年卒，追贈衛尉。見《三國志》卷二一。兩《唐志》著録《應瑗集》十卷，而無《應璩集》；《宋志》無載，亡佚。現有漢魏六朝百三名家集本《魏應休璉集》一卷，增訂漢魏六朝別解本《應休璉集》，《全三國文》卷三〇有輯文。王弼：見本書卷三二"易類"。兩《唐志》著録《王弼集》五卷，《宋志》無載，亡佚。《全三國文》卷四四有輯文。劉階：生平事迹不詳。兩《唐志》無載，亡佚。傅嘏：字蘭石，北地泥陽（今甘肅寧縣）人。正始初，除尚書郎，遷黃門侍郎。後爲河南尹，遷尚書。正元二年，以功進封陽鄉侯。是歲卒。追贈太常，謚曰元侯。《三國志》卷二一有傳。兩《唐志》著録《傅嘏集》二卷，《宋志》無載，亡佚。《全三國文》卷三五有輯文。夏侯惠：字稚權，沛國譙（今安徽亳州市）人。歷散騎黃門侍郎，遷燕相，樂安太守。見《三國志》卷九。兩《唐志》著録《夏侯惠集》二卷，《宋志》無載，亡佚。《全三國文》卷二一有輯文。

魏校書郎《杜摯集》二卷。梁有《毌丘儉集》二卷，《録》一卷；征東軍司馬《江奉集》二卷。亡。

杜摯：字德魯，河東（今山西境内）人。舉孝廉，除郎中，轉補校書，竟不得遷升，卒於秘書。見《三國志》卷二一。《舊唐志》著録《杜摯集》一卷，《新唐志》著録《杜摯集》二卷，《宋志》無載，亡佚。《全三國文》卷四一有輯文。毌丘儉：字仲恭，河東聞喜（今山西聞喜縣）人。襲父爵，爲平原侯文學。青龍中，徙爲幽州刺史，以功封安邑侯。正元二年，與文欽矯太后詔，舉兵反，戰敗，傳首京師。《三國志》卷二八有傳。兩《唐志》著録《毌丘儉集》二卷，《宋志》無載，亡佚。《全三國文》卷四〇有輯文。江奉：生平事迹不詳。兩《唐志》著録《江奉集》二卷，《宋志》無載，亡佚。

魏太常《夏侯玄集》三卷。梁有車騎將軍《鍾毓集》五卷，《録》一卷，亡。

夏侯玄：字太初，沛國譙（今安徽亳州市）人。累遷散騎常侍、中護軍。後爲大鴻臚，徙太常。嘉平六年，李豐等欲誅大將軍，以夏侯玄代之。大將軍聞其謀，破之。夏侯玄臨斬東市，夷三族。《三國志》卷九有傳。兩《唐志》著録《夏侯玄集》二卷，《宋志》無載，亡佚。《全三國文》卷二一有輯文。鍾毓：字稚叔，潁川長社（今河南長葛市）人。正始中，爲散騎常侍。淮南平，爲青州刺史，加後將軍，又轉都督荆州。景元四年卒，追贈車騎將軍，謚曰惠侯。《三國志》卷一三有傳。兩《唐志》著録《鍾毓集》五卷，《宋志》無載，亡佚。《全三國文》卷二四有輯文。

魏步兵校尉《阮籍集》十卷。梁十三卷，《録》一卷。

阮籍：字嗣宗，陳留尉氏（今河南尉氏縣）人。魏晉之際，天下多故，阮籍不與世事，遂酣飲爲常。聞步兵廚營人善釀，求爲步兵校尉。作《詠懷詩》八十餘篇，爲世所重。《三國志》卷二一、《晉書》卷四九有傳。《日本國見在書目録》著録《阮嗣宗集》五卷、《阮步兵集》十卷，兩《唐志》著録《阮籍集》五卷，《崇文總目》《直齋書録解題》著録《阮步兵集》十卷，《宋志》《郡齋讀書志》著録《阮籍集》十卷，後無載，亡佚。現有六朝詩集本

《阮嗣宗集》三卷，漢魏諸名家集本《阮嗣宗集》二卷，漢魏六朝百三名家集本《阮步兵集》一卷，漢魏六朝名家集初刻本《阮嗣宗集》四卷等，《全三國文》卷四四至卷四六有輯文。

魏中散大夫《嵇康集》十三卷。梁十五卷，《録》一卷。又有魏徵士《吕安集》二卷，《録》一卷，亡。

嵇康：見本書卷三二"春秋類"。《三國志》卷二一裴注引《魏氏春秋》曰，嵇康所著諸文論六七萬言，皆爲世所玩詠。兩《唐志》著録《嵇康集》十五卷，《崇文總目》《宋志》著録《嵇康集》十卷。《直齋書録解題》卷一六著録《嵇中散集》十卷。《四庫全書總目》卷一四八著録《嵇中散集》十卷，提要稱此書宋時已無全本，而此本又非宋本之舊，乃明嘉靖乙酉吳縣黄省曾所重輯也。現有漢魏六朝百三名家集本《嵇中散集》一卷，四庫本、四部叢刊本、四部備要本《嵇中散集》十卷，乾坤正氣集本《嵇中散集》九卷，漢魏六朝名家集初刻本《嵇叔夜集》七卷，《全三國文》卷四七至卷五二有輯文。吕安：字仲悌，東平（今山東東平縣）人。其兄誣其不孝，被囚，引嵇康作證。鍾會趁此除掉嵇康，於是吕安與嵇康被殺。見《三國志》卷二一、《世説新語·簡傲》。兩《唐志》著録《吕安集》二卷，《宋志》無載，亡佚。《全三國文》卷五三有輯文。

魏司徒《鍾會集》九卷。梁十卷，《録》一卷。

鍾會：見本書卷三二"易類"。兩《唐志》著録《鍾會集》十卷，《宋志》無載，亡佚。《全三國文》卷二五有輯文。

魏汝南太守《程曉集》二卷。梁《録》一卷。

程曉：字季明，東郡東阿（今山東東阿縣）人。文帝即位，封列侯。嘉平中，爲黄門侍郎，遷汝南太守。所著文章多亡，僅存十分之一。《三國志》卷一四有傳。兩《唐志》著録《程曉集》二卷，《宋志》無載，亡佚。《全三國文》卷三九有輯文。

蜀丞相《諸葛亮集》二十五卷。梁二十四卷。又有蜀司徒《許靖集》二卷，《録》一卷；征北將軍《夏侯霸集》二卷。亡。

諸葛亮：見本書卷三三"正史類"。《三國志》卷三五載，《諸葛氏集》目録，二十四篇，凡十萬四千一百一十二字。《日本國見在書目録》著録《諸葛武侯上事》九卷，兩《唐志》著録《諸葛亮集》二十四卷，《宋志》著録《諸葛亮集》十四卷，後無載，亡佚。現有漢魏六朝百三名家集本《諸葛丞相集》一卷，正誼堂全書本《諸葛武侯文集》四卷，西京清麓叢書續編本《諸葛忠武侯文集》六卷首一卷，重刊道藏輯要星集本《漢丞相諸葛忠武侯集》二十一卷等，《全三國文》卷五八、卷五九有輯文。許靖：字文休，汝南平輿（今河南平輿縣）人。入蜀，爲巴郡、廣漢太守。劉備克蜀，以許靖爲左將軍長史，又爲太傅。《三國志》卷三八有傳。兩《唐志》著録《許靖集》二卷，《宋志》無載，亡佚。《全三國文》卷六〇有輯文。夏侯霸：字仲權，沛國譙（今安徽亳州市）人。正始中，爲討蜀護軍右將軍，進封博昌亭侯。素爲曹爽所厚，聞曹爽被誅，遂降蜀，得劉禪器重。《三國志》卷九有傳。兩《唐志》著録《夏侯霸集》二卷，《宋志》無載，亡佚。

吳輔義中郎將《張温集》六卷。梁有《士燮集》五卷，亡。

張温：見本書卷三三"雜史類"。兩《唐志》著録《張温集》五卷，《宋志》無載，亡佚。《全三國文》卷六六有輯文。士燮：見本書卷三二"春秋類"。《三國志》卷四九稱，士燮所作《春秋左氏傳》尤簡練精微，《尚書》兼通古今，大義詳備。兩《唐志》著録《士燮集》五卷，《宋志》無載，亡佚。

吴偏將軍《駱統集》十卷。梁有《録》一卷。又有太子少傅
《薛綜集》三卷，《録》一卷，亡。

　　駱統：字公緒，會稽烏傷（今浙江義烏市）人。得孫權賞識，
召爲功曹，行騎都尉。隨陸遜破蜀軍，遷偏將軍，封新陽亭侯。
《三國志》卷五七有傳。兩《唐志》著録《駱統集》十卷，《宋志》
無載，亡佚。《全三國文》卷六七有輯文。薛綜：字敬文，沛郡竹
邑（今安徽濉溪縣）人。黄龍三年，爲長史，又入賊曹尚書，遷尚
書僕射。赤烏五年，爲太子少傅。六年卒。所著詩賦難論數萬言，
名曰《私載》。《三國志》卷五三有傳。《舊唐志》著録《薛綜集》
二卷，《新唐志》著録《薛綜集》三卷，《宋志》無載，亡佚。《全
三國文》卷六六有輯文。

吴選曹尚書《暨艷集》二卷。梁三卷，《録》一卷。又有
《姚信集》二卷，《録》一卷；《謝承集》四卷。今亡。

　　暨艷：字子休，吴郡（今江蘇境内）人。張温引爲選曹郎，至
尚書。好爲清議，遭衆人怨憤，涉事自殺。見《三國志》卷五七。
兩《唐志》著録《暨艷集》二卷，《宋志》無載，亡佚。《全三國
文》卷六六有輯文。姚信：見本書卷三二“易類”。兩《唐志》著
録《姚信集》十卷，《宋志》無載，亡佚。《全三國文》卷七一有
輯文。謝承：見本書卷三三“正史類”。兩《唐志》有著録，《宋
志》無載，亡佚。《全三國文》卷六六有輯文。

吴人《楊厚集》二卷。梁又有《録》一卷。

　　楊厚：生平事迹不詳。兩《唐志》有著録，《宋志》無載，
亡佚。

吴丞相《陸凱集》五卷。梁有《録》一卷。

　　陸凱：見本書卷三三“雜傳類”。《新唐志》有著録，《宋志》

無載，亡佚。《全三國文》卷六九有輯文。

吴侍中《胡綜集》二卷。梁有《録》一卷。又有東觀令《華覈集》五卷，《録》一卷，亡。

胡綜：字偉則，汝南固始（今河南固始縣）人。年十四即隨孫策。孫權都建業時，爲侍中，進封鄉侯，兼左右領軍，又拜偏將軍。《三國志》卷六二有傳。兩《唐志》著録《胡綜集》二卷，《宋志》無載，亡佚。《全三國文》卷六七有輯文。華覈：字永先，吳郡武進（今江蘇常州市）人。孫皓即位，封徐陵亭侯，後遷東觀令，領右國史。書百餘上，皆有補益，文多不悉載。《三國志》卷六五有傳。《舊唐志》著録《華覈集》三卷，《新唐志》著録《華覈集》五卷，《宋志》無載，亡佚。《全三國文》卷七四有輯文。

吴侍中《張儼集》一卷。梁二卷，《録》一卷。又有《韋昭集》二卷，《録》一卷，亡。

張儼：見本書卷三四“雜家”。兩《唐志》著録《張儼集》二卷，《宋志》無載，亡佚。《全三國文》卷七三有輯文。韋昭：即韋曜，見本書卷三二“詩類”。兩《唐志》有著録，《宋志》無載，亡佚。《全三國文》卷七一有輯文。

吴中書令《紀騭集》三卷。梁有《録》一卷。又有《陸景集》一卷，亡。

紀騭（zhì）：或作紀陟，字子上，丹楊（今江蘇丹陽市）人。孫休時，爲中書令，後出爲豫章太守。見《三國志》卷四八。《舊唐志》著録《紀騭集》三卷，《新唐志》著録《紀騭集》二卷，《宋志》無載，亡佚。《全三國文》卷七三有輯文。陸景：見本書卷三四“儒家”。《三國志》卷五八載，陸景著書數十篇。兩《唐志》無載，亡佚。《全三國文》卷七〇有輯文。

《晋宣帝集》五卷。梁有《録》一卷。

晋宣帝：司馬懿，字仲達，河内温縣（今河南温縣）人。魏國初建，遷太子中庶子。歷文帝、明帝至齊王時，累遷侍中，録尚書事，進太傅。嘉平三年，策命爲相國，進封安平郡公。是年卒，謚曰文貞，後改謚文宣。武帝受禪，上尊號曰宣皇帝，廟號高祖。《晋書》卷一有紀。《舊唐志》著録《晋宣帝集》十卷，《新唐志》著録《晋宣帝集》五卷，《宋志》無載，亡佚。《全晋文》卷一有輯文。

《晋文帝集》三卷。

晋文帝：司馬昭，字子上。正元二年，都督中外軍事，録尚書事，輔政。咸熙元年，進爵爲王。二年秋，崩，謚曰文王。武帝受禪，追尊號曰文皇帝，廟稱太祖。《晋書》卷二有紀。《舊唐志》著録《晋文帝集》一卷，《新唐志》著録《晋文帝集》二卷，《宋志》無載，亡佚。《全晋文》卷一有輯文。

《齊王攸集》二卷。梁三卷。

齊王攸：司馬攸，字大猷，文帝子。景帝無子，攸爲嗣。愛經籍，能屬文。武帝踐祚，封齊王。太康三年，下詔爲大司馬、都督青州諸軍事。《晋書》卷三八有傳。《舊唐志》著録《晋齊王集》二卷，《新唐志》著録《齊王攸集》二卷，《宋志》無載，亡佚。《全晋文》卷一六有輯文。

晋《王沈集》五卷。梁有《鄭袤集》二卷，亡。

王沈：見本書卷三三"正史類"。《晋書》卷三九載，王沈好書，善屬文，與阮籍等共撰《魏書》。兩《唐志》著録《王沈集》五卷，《宋志》無載，亡佚。《全晋文》卷二八有輯文。鄭袤：

"袤"原作"褒"，據《晉書》本傳改。字林叔，滎陽開封（今河南開封市）人。高貴鄉公即位，封廣昌亭侯。武帝踐祚，進爵爲密陵侯。《晉書》卷四四有傳。兩《唐志》著録《鄭袤集》二卷，《宋志》無載，亡佚。

晉宗正《嵇喜集》一卷。殘缺。梁二卷，《録》一卷。

嵇喜：字公穆，譙郡（今安徽亳州市）人。嵇康兄，晉揚州刺史、宗正。見《三國志》卷二一。兩《唐志》著録《嵇喜集》二卷，《宋志》無載，亡佚。《全晉文》卷六五有輯文。

晉散騎常侍《應貞集》一卷。梁五卷。

應貞：字吉甫，汝南南頓（今河南項城市）人。舉高第，頻歷顯位。晉室踐祚，遷太子中庶子、散騎常侍。文集行於世。《三國志》卷二一、《晉書》卷九二有傳。兩《唐志》著録《應貞集》五卷，《宋志》無載，亡佚。《全晉文》卷三五有輯文。

晉司隸校尉《傅玄集》十五卷。梁五十卷，《録》一卷，亡。

傅玄：見本書卷三四"雜家"。《晉書》卷四七載，傅玄善屬文，解鐘律。著《傅子》，數十萬言，並文集百餘卷行於世。兩《唐志》著録《傅玄集》五十卷，《宋志》著録《傅玄集》一卷。現有漢魏六朝百三名家集本《傅鶉觚集》一卷，關隴叢書本《鶉觚集》二卷，觀古堂所著書本《晉司隸校尉傅玄集》三卷，傅氏家書本《傅鶉觚集》四卷，《全晉文》卷四五至卷五〇有輯文。

晉著作郎《成公綏集》九卷。殘缺。梁十卷。又有《裴秀集》三卷，《録》一卷，亡。

成公綏：字子安，東郡白馬（今河南滑縣東）人。少有俊才，詞賦甚麗。歷秘書郎，轉丞，遷中書郎。所著詩賦雜筆十餘卷行於世。《晋書》卷九二有傳。《文心雕龍・才略》曰，"成公子安選賦而時美"。兩《唐志》著録《成公綏集》十卷，《宋志》無載，亡佚。現有漢魏六朝百三名家集本《晋成公子安集》一卷，《全晋文》卷五九有輯文。裴秀：字季彦，河東聞喜（今山西聞喜縣）人。累遷散騎常侍、尚書僕射令，封廣川侯。晋室受禪，改封鉅鹿公，遷司空。著《易》及《樂》傳，又畫《地域圖》十八篇，傳行於世。《三國志》卷二三、《晋書》卷三五有傳。兩《唐志》有著録，《宋志》無載，亡佚。《全晋文》卷三三有輯文。

晋金紫光禄大夫《何楨集》一卷。梁五卷。又有《袁準集》二卷，《録》一卷，亡。

何楨：字元幹，廬江灊（今安徽霍山縣）人。有文學器幹，歷幽州刺史、廷尉。入晋，爲尚書、光禄大夫。見《三國志》卷一一。兩《唐志》著録《何楨集》五卷，《宋志》無載，亡佚。《全晋文》卷三二有輯文。袁準：見本書卷三二"禮類"。兩《唐志》有著録，《宋志》無載，亡佚。《全晋文》卷五四、卷五五有輯文。

晋少傅《山濤集》九卷。梁五卷，《録》一卷，又一本十卷，齊奉朝請裴津注。又梁有《向秀集》二卷，《録》一卷；平原太守《阮种集》二卷，《録》一卷；《阮侃集》五卷，《録》一卷。亡。

山濤：字巨源，河内懷（今河南武陟縣西南）人。性好老莊，每隱身自晦。拜趙國相，遷尚書吏部郎。咸寧初轉太子少傅，加散騎常侍、尚書僕射、加侍中，領吏部，拜司徒。《晋書》卷四三有傳。兩《唐志》著録《山濤集》五卷，《宋志》無載，亡佚。《全晋文》卷三四有輯文。裴津：生平事迹不詳。向秀：見本書卷三四"道家"。兩《唐志》有著録，《宋志》無載，《全晋文》卷七二有輯文。阮种：字大猷，陳留尉氏（今河南尉氏縣）人。察孝廉，爲公府掾，轉中書郎。遷平原相，卒於都。《晋書》卷五二有傳。兩

《唐志》著録《阮沖（應爲"种"）集》二卷，《宋志》無載，亡佚。《全晉文》卷七八有輯文。阮侃：見本書卷三四"道家"。兩《唐志》有著録，《宋志》無載，亡佚。

晋太傅《羊祜集》一卷。殘缺。梁二卷，《録》一卷。又有《蔡玄通集》五卷；太宰《賈充集》五卷，《録》一卷；《荀勖集》三卷，《録》一卷。亡。

羊祜：見本書卷三四"道家"。《晉書》卷三四載，羊祜博學能屬文，善談論。所著文章及爲《老子》傳，並行於世。兩《唐志》著録《羊祜集》二卷，《宋志》無載，亡佚。《全晉文》卷四一有輯文。蔡玄通：生平事迹不詳。兩《唐志》無載，亡佚。賈充：字公閭，平陽襄陵（今山西襄汾縣）人。襲父爵爲侯。晉武帝受禪，轉車騎將軍、尚書僕射，封魯郡公。又遷司空，録尚書事。《晉書》卷四〇有傳。兩《唐志》著録《賈充集》二卷，《宋志》無載，亡佚。《全晉文》卷三〇有輯文。荀勖：見本書卷三三"簿録類"。《晉書》卷三九載，荀勖博學，掌樂事，又修律呂，並行於世。兩《唐志》著録《荀勖集》二十卷，《宋志》無載，亡佚。現有漢魏六朝百三名家集《魏荀公曾集》一卷，《全晉文》卷三一有輯文。

晋征南將軍《杜預集》十八卷。

杜預：見本書卷三二"禮類"。《晉書》卷三四載，杜預博學多通，耽思經籍，爲《春秋左氏經傳集解》《釋例》等，備成一家之學。兩《唐志》著録《杜預集》二十卷《宋志》無載，亡佚。現有漢魏六朝百三名家集本《晉杜征南集》一卷，增訂漢魏六朝別解本《杜征南集》，《全晉文》卷四二、卷四三有輯文。

晋輔國將軍《王濬集》一卷。殘缺。梁二卷，《録》一卷。

王濬：字士治，弘農湖（今河南靈寶市周邊）人。州郡辟河東從事，爲益州刺史。自蜀發兵伐吳，受孫皓降，封襄陽侯。後轉撫軍大將軍、開府儀同三司，加特進。《晋書》卷四二有傳。兩《唐志》著録《王濬集》二卷，《宋志》無載，亡佚。《全晋文》卷四三有輯文。

晋徵士《皇甫謐集》二卷。《録》一卷。

皇甫謐：見本書卷三三"雜史類"。《晋書》卷五一載，皇甫謐著《禮樂》《聖真》之論。兩《唐志》有著録，《宋志》無載，《全晋文》卷七一有輯文。

晋侍中《程咸集》三卷。梁有光禄大夫《劉毅集》二卷，《録》一卷；晋侍中《庾峻集》二卷，《録》一卷。亡。

程咸：字延休，魏正元中爲司隸校尉主簿。入晋，歷黄門郎、散騎常侍、左通直郎，累遷至侍中。見《三國志》卷一二，《晋書》卷四〇、卷四四。兩《唐志》著録《程咸集》二卷，《宋志》無載，亡佚。《全晋文》卷四四有輯文。劉毅：字仲雄，東萊掖（今山東萊州市）人。武帝受禪，爲散騎常侍、國子祭酒，又遷尚書左僕射。《晋書》卷四五有傳。兩《唐志》有著録，《宋志》無載，亡佚。《全晋文》卷三五有輯文。庾峻：字山甫，潁川鄢陵（今河南鄢陵縣）人。歷郡功曹，舉計掾，州辟從事。武帝踐祚，賜爵關内侯。爲司空長史，拜侍中，加諫議大夫。《晋書》卷五〇有傳。兩《唐志》著録《庾峻集》三卷，《宋志》無載，亡佚。《全晋文》卷三六有輯文。

晋巴西太守《却正集》一卷。

却正：本名纂，字令先，河南偃師（今河南偃師市）人。入爲秘書吏，遷郎，至令。泰始中，除安陽令，遷巴西太守。凡所著述詩論賦之屬，垂百篇。《三國志》卷四二有傳。兩《唐志》有著錄，《宋志》無載，亡佚。《全晋文》卷七〇有輯文。

晋散騎常侍《薛瑩集》三卷。梁又有散騎常侍《陶濬集》二卷，《錄》一卷，亡。

薛瑩：見本書卷三三"正史類"。《三國志》卷五三載，薛瑩著書八篇，名曰《新議》。兩《唐志》著錄《薛瑩集》二卷，《宋志》無載，亡佚。《全晋文》卷八一有輯文。陶濬：丹楊秣陵（今江蘇南京市）人。吳鎮南大將軍、荆州牧。見《晋書》卷五七。《舊唐志》著錄《陶濬集》三卷，《新唐志》著錄《陶濬集》二卷，《宋志》無載，亡佚。

晋通事郎《江偉集》六卷。梁有《宣舒集》五卷；散騎常侍《曹志集》二卷，《錄》一卷；《鄒湛集》三卷，《錄》一卷。亡。

江偉：陳留襄邑（今河南睢縣西南）人。先仕魏。晋武帝時，爲通直郎。見《全晋文》卷六七。兩《唐志》著錄《江偉集》五卷，《宋志》無載，亡佚。《全晋文》卷六七有輯文。宣舒：見本書卷三四"道家"。兩《唐志》著錄《宣騁（應爲"舒"）集》三卷，《宋志》無載，亡佚。《全晋文》卷六七有輯文。曹志：字允恭，譙國譙（今安徽亳州市）人。曹植庶子，爲濟北王。晋武帝受禪，降爲鄄城縣公。歷章武、趙郡，遷散騎常侍，又轉國子祭酒。見《三國志》卷一九，《晋書》五〇有傳。兩《唐志》有著錄，《宋志》無載，亡佚。《全晋文》卷三二有輯文。鄒湛：見本書卷三二"易類"。《晋書》卷九二載，鄒湛所著詩及論事議二十五首，爲時所重。兩《唐志》著錄《鄒湛集》四卷，《宋志》無載，亡佚。《全晋文》卷六七有輯文。

晋汝南太守《孫毓集》六卷。

　　孫毓：見本書卷三二"詩類"。《舊唐志》著録《孫毓集》二卷，《新唐志》著録《孫毓集》五卷，《宋志》無載，亡佚。《全晋文》卷六七有輯文。

晋處士《楊泉集》二卷。《録》一卷。梁有司徒《王渾集》五卷，冀州刺史《王深集》五卷，亡。

　　楊泉：見本書卷三四"儒家"。兩《唐志》有著録，《宋志》無載，亡佚。《全三國文》卷七五有輯文。王渾：字玄沖，太原晋陽（今山西太原市）人。襲父爵京陵侯，後爲越騎校尉。平吳後，轉征東大將軍，鎮壽陽。惠帝即位，加侍中，録尚書事。《晋書》卷四二有傳。兩《唐志》有著録，《宋志》無載，亡佚。《全晋文》卷二八有輯文。王深：字道沖，王渾弟，官拜冀州刺史。見《三國志》卷二七。兩《唐志》著録《王深集》四卷，《宋志》無載，亡佚。

晋徵士《閔鴻集》三卷。梁有光禄大夫《裴楷集》二卷，《録》一卷，亡。

　　閔鴻：廣陵（今江蘇揚州市）人。仕吳，爲尚書。見《晋書》卷五四。兩《唐志》著録《閔鴻集》二卷，《宋志》無載，亡佚。《全三國文》卷七四有輯文。裴楷：字叔則，河東聞喜（今山西聞喜縣）人。博涉群書，特精理義。武帝受禪，拜散騎侍郎，又遷散騎常侍、河内太守。轉侍中。惠帝時，加光禄大夫、開府儀同三司。《晋書》卷三五有傳。兩《唐志》有著録，《宋志》無載，亡佚。《全晋文》卷三三有輯文。

晋司空《張華集》十卷。《録》一卷。

　　張華：見本書卷三三"地理類"。《晋書》卷三六載，張華學業優博，詞藻温麗。《日本國見在書目録》、兩《唐志》著録《張華集》十卷，《宋志》著録《張華集》二卷，又《詩》一卷。《直齋書録解題》卷一六著録《張司空集》三卷，稱前二卷爲四言、五言詩，後一卷爲祭、祝、誄等文。現有漢魏六朝拜散名家本《晋張司空集》一卷，《全晋文》卷五八有輯文。

晋尚書僕射《裴頠集》九卷。梁有太子中庶子《許孟集》三卷，《録》一卷；太宰《何劭集》二卷，《録》一卷；光禄大夫《劉頌集》三卷，《録》一卷；《劉寔集》二卷，《録》一卷。亡。

　　裴頠（wěi）：字逸民，河東聞喜（今山西聞喜縣）人。太康二年，遷散騎常侍。惠帝即位，轉國子祭酒，兼右軍將軍，又遷尚書左僕射。趙王倫借廢賈后之際誅之。《晋書》卷三五有傳。兩《唐志》著録《裴頠集》十卷，《宋志》無載，亡佚。《全晋文》卷三三有輯文。許孟：姚振宗疑此應爲許猛。許猛，字子豹，高陽（今河北高陽縣）人。禮學儒博，加有才治，爲幽州刺史。見《世說新語·賢媛》。兩《唐志》著録《許孟集》二卷，《宋志》無載，亡佚。《全晋文》卷八三有許猛輯文。何劭：字敬祖，陳國陽夏（今河南太康縣）人。博學善屬文，甚受武帝親待，爲侍中尚書。惠帝即位，爲太子太師，累遷尚書左僕射。所撰《荀粲》《王弼傳》及諸奏議文章並行於世。《晋書》卷三三有傳。兩《唐志》有著録，《宋志》無載，亡佚。《全晋文》卷一八有輯文。劉頌：字子雅，廣陵（今江蘇揚州市）人。武帝踐祚，累遷中書侍郎。趙王倫專政，以其爲光禄大夫。《晋書》卷四六有傳。《舊唐志》著録《劉頌集》三卷，《新唐志》著録《華頌集》三卷，《宋志》無載，亡佚。《全晋文》卷四〇、卷四一有輯文。劉寔：見本書卷三二"春秋類"。《晋書》卷四一載，劉寔博通古今，撰《春秋條例》二十卷。兩《唐志》有著録，《宋志》無載，亡佚。《全晋文》卷三九有輯文。

晋散骑常侍《王佑集》三卷。《録》一卷。梁有晋骠骑将军
《王濟集》二卷，亡。

　　王佑：太原晋陽（今山西太原市）人。以才智稱，任北軍中
侯、河東太守。見《晋書》卷四〇、卷七五。《舊唐志》著録《王
祐集》二卷、《新唐志》著録《王祐集》三卷（疑“王祐”爲“王
佑”之誤），《宋志》無載，亡佚。王濟：字武子，太原晋陽（今
山西太原市）人。文辭俊茂，有名當世。起家拜中書郎，後爲驍騎
將軍，累遷侍中。年四十六卒，追贈驃騎將軍。《晋書》卷四二有
傳。兩《唐志》有著録，《宋志》無載，亡佚。《全晋文》卷二八
有輯文。

《華嶠集》八卷。梁二卷。

　　華嶠：見本書卷三三“正史類”。《晋書》卷四四載，華嶠才
學深博，所著論議、駁難、詩賦之屬數十萬言。《舊唐志》著録
《華嶠集》一卷，《新唐志》著録《劉嶠集》二卷，《宋志》無載，
亡佚。《全晋文》卷六六有輯文。

晋秘書丞《司馬彪集》四卷。梁三卷，《録》一卷。又有尚
書《庾儵集》二卷，《録》一卷；國子祭酒《謝衡集》二卷。亡。

　　司馬彪：見本書卷三三“正史類”。《晋書》卷八二載，司馬
彪作《九州春秋》《續漢書》《古史考》。兩《唐志》著録《司馬
彪集》三卷，《宋志》無載，亡佚。《全晋文》卷一六有輯文。庾
儵（shū）：字玄默，潁川鄢陵（今河南鄢陵縣）人。始仕魏，入
晋爲尚書。見《全晋文》卷三六。兩《唐志》有著録，《宋志》無
載，亡佚。《全晋文》卷三六有輯文。謝衡：陳國陽夏（今河南太
康縣）人。以儒素顯，官至國子祭酒。見《晋書》卷四九。兩
《唐志》有著録，《宋志》無載，亡佚。《全晋文》卷八三有輯文。

晋漢中太守《李虔集》一卷。梁二卷，《録》一卷。

李虔：又名李密，字令伯，犍爲武陽（今四川眉山市）人。事蜀，爲郎，數使吴，有才辯，吴人稱之。泰始初，徵爲太子洗馬，作《陳情表》，辭官。後遷漢中太守，卒於家。《三國志》卷四五、《晋書》卷八八有傳。兩《唐志》著録《李虔集》十卷，《宋志》無載，亡佚。《全晋文》卷七〇有李密輯文。

晋司隸校尉《傅咸集》十七卷。梁三十卷，《録》一卷。又有太子中庶子《棗據集》二卷，《録》一卷；《劉寶集》三卷。亡。

傅咸：字長虞，北地泥陽（今甘肅寧縣東南）人。咸寧初，襲父爵，拜太子洗馬，累遷尚書右丞。惠帝即位，爲御史丞，再爲本郡中正。《晋書》卷四七有傳。兩《唐志》著録《傅咸集》三十卷，《宋志》無載，亡佚。現有漢魏六朝百三名家集本《傅中丞集》一卷，關隴叢書·北地傅氏遺書本《中丞集》一卷，《全晋文》卷五一、卷五二有輯文。棗據：字道彦，潁川長社（今河南長葛縣）人。本姓棘，先人避仇改之。弱冠，辟大將軍府，出爲山陽令，又遷黄門侍郎、冀州刺史、太子中庶子。太康中卒。所著詩、賦、論四十五首，遇亂多亡失。《晋書》卷九二有傳。兩《唐志》有著録，《宋志》無載，亡佚。《全晋文》卷六七有輯文。劉寶：見本書卷三三“正史類”。兩《唐志》有著録，《宋志》無載，亡佚。《全晋文》卷七五有輯文。

晋馮翊太守《孫楚集》六卷。梁十二卷，《録》一卷。

孫楚：字子荆，太原中都（今山西平遙縣）人。爲佐著作郎，遷衛將軍司馬。惠帝初，爲馮翊太守。《晋書》卷五六有傳。兩《唐志》著録《孫楚集》十卷，《宋志》無載，亡佚。現有漢魏六朝百三名家集本《孫馮翊集》一卷，《全晋文》卷六〇有輯文。

晋散騎常侍《夏侯湛集》十卷。梁有《録》一卷。又有弋陽太守《夏侯淳集》二卷，散騎侍郎《王讚集》五卷。亡。

夏侯湛：見本書卷三四"儒家"。《晉書》卷五五載，夏侯湛文章宏富，善構新詞。兩《唐志》有著録，《宋志》無載，亡佚。現有漢魏六朝百三名家集本《夏侯常侍集》一卷，《全晉文》卷六八、卷六九有輯文。夏侯淳：字孝沖，譙國譙（今安徽亳州市）人。夏侯湛之弟，有文藻，與其兄俱知名。官至弋陽太守。《晉書》卷五五有傳。兩《唐志》著録《夏侯淳集》十卷，《宋志》無載，亡佚。《全晉文》卷六九有輯文。王讚：臧榮緒《晉書》曰，王讚字正長，義陽（今河南信陽市）人。博學有俊才，爲散騎侍郎。見《文選》卷二九。《舊唐志》著録《王讚集》三卷，《新唐志》著録《王讚集》二卷，《宋志》無載，亡佚。《全晉文》卷八六有輯文。

晋衛尉卿《石崇集》六卷。梁有《録》一卷。

石崇：字季倫，渤海南皮（今河北南皮縣）人。好學不倦，穎悟有才氣。伐吳有功，封安陽鄉侯，累遷散騎常侍、侍中，又數遷至衛尉卿。因孫秀稱其參與預謀誅趙王倫，被察覺，全家遇害。《晉書》卷三三有傳。《日本國見在書目録》、兩《唐志》著録《石崇集》五卷，《宋志》無載，亡佚。《全晉文》卷三三有輯文。

晋尚書郎《張敏集》二卷。梁五卷。又有黃門郎《伏偉集》一卷，亡。

張敏：太原（今山西太原市）人。歷任平南參軍、太子舍人、濟北長史。見《容齋五筆·晉代遺文》。兩《唐志》、《宋志》著録《張敏集》二卷，後無載，亡佚。《全晉文》卷八〇有輯文。伏偉：生平事迹不詳。兩《唐志》無載，亡佚。

晋黃門郎《潘岳集》十卷。

潘岳：字安仁，滎陽中牟（今河南中牟縣）人。少以才穎見稱。後爲著作郎，轉散騎侍郎，遷給事黃門侍郎。因孫秀所誣，被誅。潘岳辭藻絶麗，尤善爲哀誄之文。《晉書》卷五五有傳。兩《唐志》著録《潘岳集》十卷，《宋志》著録《潘岳集》七卷，後無載，亡佚。現有漢魏六朝百三名家集本《潘黃門集》一卷，漢魏諸名家集本《潘黃門集》六卷，漢魏六朝名家集初刻本《潘安仁集》五卷，《全晉文》卷九〇至卷九三有輯文。

晋太常卿《潘尼集》十卷。

潘尼：字正叔，滎陽中牟（今河南中牟縣）人。少有清才，與潘岳俱以文章見知。元康初，爲太子舍人。封安昌公，歷黃門侍郎、散騎常侍、侍中、秘書監。永嘉中，遷太常卿。《晉書》卷五五有傳。兩《唐志》有著録，《宋志》無載，亡佚。現有漢魏六朝百三名家集本《潘太常集》一卷，《全晉文》卷九四、卷九五有輯文。

晋頓丘太守《歐陽建集》二卷。梁有宗正《劉許集》二卷，《録》一卷；散騎常侍《李重集》二卷；光禄大夫《樂廣集》二卷，《録》一卷；《阮渾集》三卷，《録》一卷。亡。

歐陽建：字堅石。才藻美贍，擅名北州。辟公府，歷山陽令、尚書郎，馮翊太守。遭孫秀禍，被誅，年三十餘。《晉書》卷三三有傳。兩《唐志》有著録，《宋志》無載，亡佚。《全晉文》卷一〇九有輯文。劉許：字文生，涿鹿（今河北涿鹿縣）人。文辭可觀，意思詳序。惠帝時爲越騎校尉、宗正卿。見《三國志》卷一四"松之案《頭責子羽》"、《世説新語·排調》。《舊唐志》著録《劉訐集》二卷，《新唐志》著録《劉許集》二卷，《宋志》無載，亡佚。李重：字茂曾，江夏鍾武（今河南信陽市）人。少好學，有文辭。出爲行討虜護軍、平陽太守。永康初，趙王倫用爲相國左司馬，以憂逼成病而卒。《晋書》卷四六有傳。兩《唐志》有著録，《宋志》無載，亡佚。《全晋文》卷五三有輯文。樂廣：字彦輔，南陽淯陽（今河南南陽市）人。累遷侍中、河南尹，遷吏部尚書左僕射，爲尚書令。其婿遘難，以憂卒。《晋書》卷四三有傳。兩《唐志》有著録，《宋志》無載，亡佚。阮渾：見本書卷三二"易類"。兩《唐志》著録《阮渾集》二卷，《宋志》無載，亡佚。

晋侍中《嵇紹集》二卷。《録》一卷。梁有錢唐令《楊建集》九卷，長沙相《盛彦集》五卷，左長史《楊乂集》三卷，《録》一卷。

嵇紹：字延祖，嵇康子，譙郡（今安徽亳州市）人。少知名，山濤啓以爲秘書郎。以侍中從惠帝北伐，戰敗，唯嵇紹獨以身護衛，遂死帝側。謚曰忠穆公。見《三國志》卷二一。兩《唐志》有著録，《宋志》無載，亡佚。《全晋文》卷六五有輯文。楊建：生平事迹不詳。兩《唐志》無載是集，亡佚。盛彦：字翁子，廣陵（今江蘇揚州市）人。仕吴，至中書郎。吴平，爲本邑小中正。太康中卒。《晋書》卷八八有傳。兩《唐志》無載是集，亡佚。《全晋文》卷八一有輯文。楊乂：見本書卷三二"易類"。兩《唐志》無載是書，亡佚。《全晋文》卷八九有輯文。

晋尚書《盧播集》一卷。梁二卷，《録》一卷。又有《欒肇集》五卷，《録》一卷；南中郎長史《應亨集》二卷。亡。

盧播：字景宣，陳留（今河南開封市）人。少有才秀，爲本州別駕，又爲振威將軍，後爲尚書。見《藝文類聚》卷五三《阮籍與晋文王書》、《晋書》卷五八。兩《唐志》著録《盧播集》二卷，《宋志》無載，亡佚。《全晋文》卷五三有輯文。欒肇：見本書卷三二"易類"。《舊唐志》著録《欒肇集》二卷，《新唐志》著録《欒肇集》五卷，《宋志》無載，亡佚。應亨：爲著作郎，累遷至南中郎長史。見《全晋文》卷三五。兩《唐志》有著録，《宋志》無載，亡佚。《全晋文》卷三五有輯文。

晋國子祭酒《杜育集》二卷。

杜育：字方叔，襄城定陵（今河南舞陽縣北）人。有才藻，累遷國子祭酒。洛陽將陷落，被賊所殺。見《世説新語·品藻》。兩《唐志》有著録，《宋志》無載，亡佚。《全晋文》卷八九有輯文。

晋太常卿《摯虞集》九卷。梁十卷，《録》一卷。又秘書監《繆徵集》二卷，《録》一卷，亡。

摯虞：見本書卷三三"儀注類"。《晋書》卷五一載，摯虞才學博通，著述不倦。《舊唐志》著録《摯虞集》二卷，《新唐志》著録《摯虞集》十卷，《宋志》無載，亡佚。現有漢魏六朝百三名家集本《晋摯太常集》一卷，關隴叢書·摯太常遺書本《摯太常文集》一卷，《全晋文》卷七六、卷七七有輯文。繆徵：又作繆世徵，東海（今山東境内）人，繆襲孫，亦顯達，爲秘書監。見《三國志》卷二一、《晋書》卷八六。兩《唐志》有著録，《宋志》無載，亡佚。

晋齊王府記室《左思集》二卷。梁有五卷，《録》一卷。又有晋豫章太守《夏靖集》二卷，《録》一卷；吴王文學《鄭豐集》二卷，《録》一卷；大司馬東曹掾《張翰集》二卷，《録》一卷；清河王文學《陳略集》二卷，《録》一卷；揚州從事《陸沖集》二卷，《録》一卷。亡。

左思：字太沖，齊國臨淄（今山東淄博市臨淄市區）人。左思口訥而文辭壯麗，造《齊都賦》，廣爲流傳，導致洛陽紙貴。齊王命爲記室督，辭疾不就。《晋書》卷九二有傳。本志本部尚有左思一部著述。兩《唐志》著録《左思集》五卷，《宋志》無載，亡佚。現有漢魏六朝名家集初刻本《左太沖集》一卷，《全晉文》卷七四有輯文。夏靖：《晉書》卷七一有載，太守會稽夏静辟熊遠爲功曹。兩《唐志》著録《夏侯靖集》二卷，然《晉書》無載夏侯靖。《宋志》無載是集，亡佚。鄭豐：字曼季，沛國（今江蘇境内）人。有文學操行，司空張華辟之，未就。見《三國志》卷四七裴注所引《文士傳》。兩《唐志》有著録，《宋志》無載，亡佚。《全晉文》卷一○九有輯文。張翰：字季鷹，吳郡吳（今江蘇蘇州市）人。有清才，善屬文。齊王冏辟爲大司馬東曹掾。著《首丘賦》，其文筆數十篇行於世。《晉書》卷九二有傳。兩《唐志》有著録，《宋志》無載，亡佚，《全晉文》卷一○七有輯文。陳略：生平事迹不詳。兩《唐志》有著録，《宋志》無載，亡佚。陸沖：生平事迹不詳。兩《唐志》有著録，《宋志》無載，亡佚。《全晉文》卷八六有輯文。

晉平原内史《陸機集》十四卷。 梁四十七卷，《録》一卷，亡。

　　陸機：見本書卷三二“小學類”。《晉書》卷五四載，陸機詞藻宏麗，所著文章凡三百餘篇，並行於世。兩《唐志》著録《陸機集》十五卷，《宋志》著録《陸機集》十卷。《郡齋讀書志》卷一七著録《陸機集》十卷，稱今存詩賦、論議、箋、表、誄一百七十餘首，以《晉書》《文選》校正外，餘多舛誤。《四庫未收書目》載《陸士衡文集》十卷，此爲影鈔宋慶元徐民瞻刻本晉二俊文集。現存明正德十四年陸元大刻晉二俊文集本《陸士衡文集》十卷，通行本有四部叢刊本、四部備要本等。另，《全晉文》卷九六至卷九九有輯文。

晉清河太守《陸雲集》十二卷。 梁十卷，《録》一卷。又有少府丞《孫極集》二卷，《録》一卷，亡。

陸雲：見本書卷三四“道家”。《晉書》卷五四載，陸雲雖文章不及陸機，而持論過之。所著文章三百四十九篇，與所撰《新書》十篇並行於世。兩《唐志》、《宋志》著錄《陸雲集》十卷，《崇文總目》著錄《陸雲集》八卷。《四庫全書總目》卷一四八著錄《陸士龍集》十卷，以明汪士賢刻漢魏六朝二十名家集本爲底本。提要稱此集《隋志》著錄之十二卷已不復見，南宋時十卷本又漸湮滅。慶元間信安徐民瞻始得之於秘書省，與《陸機集》並刊以行。此僅録二百餘篇，似非足本，蓋宋以前相傳舊集，久已亡佚。現存最早的本子爲宋慶元六年華亭縣學刻本《陸士龍文集》十卷，通行本有四庫本、四部叢刊本、四部備要本等。另，《全晉文》卷一〇〇至卷一〇四有輯文。孫極：《晉書》無載孫極。卷五四載孫拯，又作孫丞，字顯世，吳都富春（今浙江杭州市）人。能屬文，仕吳爲黃門郎。永安中，陸機請孫拯爲司馬，後與陸機俱被害。又見《三國志》卷五一裴注所引《文士傳》。姚振宗以爲“孫極”當爲“孫拯”之誤。兩《唐志》著錄《孫極集》二卷，《宋志》無載，亡佚。

晉中書郎《張載集》七卷。梁一本二卷，《録》一卷。

張載：字孟陽，安平（今河北安平縣）人。起家佐著作郎，出補肥縣令。轉太子中舍人，遷樂安相、弘農太守，拜中書侍郎，稱疾告歸，卒於家。《晉書》卷五五有傳。兩《唐志》著錄《張載集》三卷，《宋志》無載，亡佚。現有漢魏六朝百三名家集本《晉張孟陽集》一卷，《全晉文》卷八五有輯文。

晉黃門郎《張協集》三卷。梁四卷，《録》一卷。

張協：字景陽，張載弟。辟公府掾，轉秘書郎，補華陽令，又轉河間内史。永嘉初，徵爲黃門侍郎，託疾不就，卒於家。《晉書》卷五五有傳。《文心雕龍·才略》曰，“孟陽、景陽才綺相埒，可謂魯衛之政，兄弟之文也"。兩《唐志》著録《張協集》二卷，《宋志》無載，亡佚。現有漢魏六朝百三名家集本《張景陽集》二卷，《全晋文》卷八五有輯文。

晋著作郎《束晢集》七卷。梁五卷，《録》一卷。又有征南司馬《曹攄集》三卷，《録》一卷；散騎常侍《江統集》十卷，《録》一卷；著作郎《胡濟集》五卷，《録》一卷。亡。

束晢：見本書卷三二"小學類"。《晋書》卷五一載，束晢才學博通，所著因亂多有亡失。其《發蒙記》、《補亡詩》、文集數十篇行於世。兩《唐志》著録《束晢集》五卷，《宋志》著録《束晢集》一卷，後亡。現有漢魏六朝百三名家集本《晋束廣微集》一卷，《全晋文》卷八七有輯文。曹攄（shū）：字顔遠，譙國譙（今安徽亳州市）人。好學善屬文，獲王衍器重，調補臨淄令，後爲洛陽令。永嘉二年，爲征南司馬，與流人王逌戰，軍敗死之。《晋書》卷九〇有傳，又見《三國志》卷九。兩《唐志》著録《曹攄集》二卷，《宋志》無載，亡佚。《全晋文》卷一〇七有輯文。江統：字應元，陳留圉（今河南杞縣南）人。襲父爵，除山陽令，轉太子洗馬。後遷黄門侍郎、散騎常侍。凡所造賦、頌、表、奏皆傳於後。《晋書》卷五六有傳。兩《唐志》有著録，《宋志》著録《江統集》一卷，後亡佚。《全晋文》卷一〇六有輯文。胡濟：仕晋，官拜尚書郎。見《晋書》卷九四。兩《唐志》有著録，《宋志》無載，亡佚。《全晋文》卷一〇九有輯文。

晋中書令《卞粹集》一卷。梁五卷。又有光禄勳《閭丘沖集》二卷，《録》一卷，亡。

卞粹：字玄仁，以清辯鑒察稱。惠帝時，封城陽子。齊王輔政，爲侍中、中書令，進爵爲公。後爲長沙王所害。見《晋書》卷七〇。兩《唐志》著録《卞粹集》二卷，《宋志》無載，亡佚。

《全晋文》卷八四有輯文。閭丘沖：字賓卿，高平（今山西高平市）人。博學有文義，累遷太傅長史。爲光禄勳，京城未潰，乘車出，爲賊所害。見《世説新語·品藻》注引荀綽《兖州記》。兩《唐志》有著録，《宋志》無載，亡佚。《全晋文》卷一二四有輯文。

晋太傅從事中郎《庾敳集》一卷。梁五卷，《録》一卷。又有太子中舍人《阮瞻集》二卷，《録》一卷；太子洗馬《阮修集》二卷，《録》一卷；廣威將軍《裴邈集》二卷，《録》一卷。亡。

庾敳（ái）：字子嵩，潁川鄢陵（今河南鄢陵縣）人。雅有遠韻，爲陳留相，遷吏部郎。石勒亂，與王衍同被害，時年五十。《晋書》卷五○有傳。兩《唐志》著録《庾敳集》二卷，《宋志》無載，亡佚。《全晋文》卷三六有輯文。阮瞻：字千里，陳留尉氏（今河南尉氏縣）人。東海王越以阮瞻爲記室參軍。永嘉中，爲太子舍人。《晋書》卷四九有傳。兩《唐志》有著録，《宋志》無載，亡佚。《全晋文》卷七二有輯文。阮修：字宣子，陳留尉氏（今河南尉氏縣）人。爲鴻臚丞，轉太傅行參軍、太子洗馬。《晋書》卷四九有傳。兩《唐志》有著録，《宋志》無載，亡佚。《全晋文》卷七二有輯文。裴邈：字景聲，河東聞喜（今山西聞喜縣）人。有雋才，爲太傅司馬越從事中郎，假節監中外營諸軍事。見《三國志》卷二三裴松之案。兩《唐志》有著録，《宋志》無載，亡佚。《全晋文》卷三三有輯文。

晋太傅主簿《郭象集》二卷。梁五卷，《録》一卷。又有廣州刺史《嵇含集》十卷，《録》一卷，亡。

郭象：見本書卷三二"論語類"。《晋書》卷五○載，郭象能清言，著碑論十二篇。兩《唐志》著録《郭象集》五卷，《宋志》無載，亡佚。《全晋文》卷七五有輯文。嵇含：字君道，譙國銍

（今安徽宿州市）人。好學能屬文。齊王冏辟其爲參軍，襲爵武昌鄉侯。後投奔襄陽劉弘，爲其司馬掩殺之。《晋書》卷八九有傳。兩《唐志》有著録，《宋志》無載，亡佚。《全晋文》卷六五有輯文。

晋安豐太守《孫惠集》八卷。 梁十一卷，《録》一卷。又有松滋令《蔡洪集》二卷，《録》一卷，亡。

孫惠：字德施，吳國富陽（今浙江杭州市）人。永寧初，從齊王討趙王，以功封晋興縣侯。投奔東海王，爲散騎侍郎、太子中庶子，遷廣武將軍，安豐内史，以迎大駕之功，封臨湘縣公。與安豐太守何鋭有隙，奔入蠻中，不久病卒。《晋書》卷七一有傳。兩《唐志》著録《孫惠集》十卷，《宋志》無載，亡佚。《全晋文》卷一一五有輯文。蔡洪：見本書卷三四"儒家"。《舊唐志》著録《蔡洪集》三卷，《新唐志》著録《蔡洪集》二卷，《宋志》無載，亡佚。《全晋文》卷八一有輯文。

晋平北將軍《牽秀集》四卷。 梁三卷，《録》一卷。又有車騎從事中郎《蔡克集》二卷，《録》一卷；游擊將軍《索靖集》三卷；隴西太守《閻纂集》二卷，《録》一卷；秦州刺史《張輯集》二卷，《録》一卷；交趾太守《殷巨集》二卷，《録》一卷；太子洗馬《陶佐集》五卷，《録》一卷；東晋鄱陽太守《虞溥集》二卷，《録》一卷；益陽令《吳商集》五卷；《仲長敖集》二卷；晋太常卿《劉弘集》三卷，《録》一卷；開府《山簡集》二卷，《録》一卷；兗州刺史《宗岱集》二卷；侍中《王峻集》二卷，《録》一卷；濟陽内史《王曠集》五卷，《録》一卷。亡。

牽秀：字成叔，武邑觀津（今河北武邑縣東南）人。性豪爽，博辯有文才。惠帝西幸長安，以爲尚書。河間王以其爲平北將軍，鎮馮翊。被長史楊騰殺之。《晋書》卷六〇有傳。兩《唐志》著録

《牽秀集》五卷,《宋志》無載,亡佚。《全晋文》卷八四有輯文。蔡克:字子尼,陳留考城(今河南蘭考縣)人。爲成都王大將軍記室督,又爲東曹掾。後以朝政日弊,遂絶不仕。被逼出任從事中郎,數十日城破,遇害。《晋書》卷七七有傳。兩《唐志》有著録,《宋志》無載,亡佚。《全晋文》卷一一三有輯文。索靖:字幼安,敦煌(今甘肅敦煌市)人。拜駙馬都尉,出爲西域戊己校尉長史。太安末,拜索靖使持節、監洛城諸軍事、游擊將軍,與賊戰大破之,受傷而卒。《晋書》卷六〇有傳。兩《唐志》著録《索靖集》二卷,《宋志》無載,亡佚。《全晋文》卷八四有輯文。閻纂:又作閻纘,字續伯,巴西安漢(今四川南充市南)人。河間王引爲西戎校尉司馬,有功,封平樂鄉侯。朝廷善其忠烈,提爲漢中太守,卒於官。《晋書》卷四八有傳。兩《唐志》有著録,《宋志》無載,亡佚。《全晋文》卷一〇五有閻纘輯文。張輔:字世偉,南陽西鄂(今河南南陽市南)人。累遷尚書郎,封宜昌亭侯。後爲秦州刺史,與韓稚戰,敗績,被天水故帳下督所殺。張輔多有史論,辭多不載。《晋書》卷六〇有傳。兩《唐志》有著録,《宋志》無載,亡佚。《全晋文》卷一〇五有輯文。殷巨:字元大,雲陽(今江蘇丹陽市)人。初爲吳偏將軍,統家部曲城夏口。吳平入晋,爲蒼梧太守。見《三國志》卷五二裴注引《文士傳》。兩《唐志》有著録,《宋志》無載,亡佚。《全晋文》卷八一有輯文。陶佐:生平事迹不詳。兩《唐志》有著録,《宋志》無載,亡佚。虞溥:字允源,高平昌邑(今山東巨野縣)人。郡察孝廉,除郎中,補尚書都令史,除鄱陽内史。撰《江表傳》及文章、詩賦數十篇。《晋書》卷八二有傳。兩《唐志》有著録,《宋志》無載,亡佚。《全晋文》卷七九有輯文。吳商:見本書卷三二"禮類"。兩《唐志》有著録,《宋志》無載,亡佚。《全晋文》卷四四有輯文。仲長敖:生平事迹不詳。兩《唐志》有著録,《宋志》無載,《全晋文》卷八六有輯文。劉弘:字和季,沛國相(今安徽濉溪縣)人。起家太子門大夫,得張華器重,爲寧朔將軍、假節、監幽州諸軍事,封宣城公。永興三年，詔進號車騎將軍。《晉書》卷六六有傳。兩《唐志》有著錄，《宋志》無載，亡佚。《全晉文》卷七三有輯文。山簡：字季倫，河內懷（今河南武陟縣西南）人，山濤子。初爲太子舍人，累遷尚書左僕射，領吏部。永嘉三年，出爲征南將軍，鎮襄陽。洛陽陷，爲賊所逼，遷至夏口。《晉書》卷四三有傳。兩《唐志》有著錄，《宋志》無載，亡佚。《全晉文》卷三四有輯文。宗岱：又作宋岱，見本書卷三二"易類"。兩《唐志》著錄《宗岱集》三卷，《宋志》無載，亡佚。王峻：生平事迹不詳。兩《唐志》有著錄，《宋志》無載，亡佚。王曠：琅邪臨沂（今山東臨沂市）人。王羲之之父，官拜淮南太守。見《晉書》卷八〇。兩《唐志》有著錄，《宋志》無載，亡佚。《全晉文》卷二一有輯文。

晉散騎常侍《棗嵩集》一卷。梁二卷，《錄》一卷。又有襄陽太守《棗腆集》二卷，《錄》一卷，亡。

　　棗嵩：字臺產，潁川長社（今河南長葛縣）人。才藝尤美，爲太子中庶子、散騎常侍，被石勒所殺。見《晉書》卷九二。兩《唐志》著錄《棗嵩集》二卷，《宋志》無載，亡佚。棗腆：字玄方，棗嵩兄。永嘉中，爲襄城太守。見《晉書》卷九二。兩《唐志》有著錄，《宋志》無載，亡佚。

晉太尉《劉琨集》九卷。梁十卷。
《劉琨別集》十二卷。

　　劉琨：字越石，中山魏昌（今河北無極縣東北）人。累以勳封廣武侯。建武元年，期討石勒，轉侍中、太尉。王敦密使人殺之，時年四十八，謚曰湣。《晉書》卷六二有傳。兩《唐志》、《宋志》、《崇文總目》著錄《劉琨集》十卷。《直齋書錄解題》卷一六著錄《劉司空集》十卷，稱前五卷差全可觀，後五卷闕誤，或一卷數行，或斷續不屬，殆類鈔節者。後亡佚。現有漢魏六朝百三名家集本

《晋劉越石集》一卷,《全晋文》卷一〇八有輯文。

晋司空從事中郎《盧諶集》十卷。梁有《録》一卷。

盧諶:見本書卷三二"禮類"。《晋書》卷四四載,盧諶清敏有理思,善屬文。注《莊子》,及文集,皆行於世。兩《唐志》有著録,《宋志》無載,亡佚。《全晋文》卷四三有輯文。

晋秘書丞《傅暢集》五卷。梁有《録》一卷。又有《晋明帝集》五卷,《録》一卷;《簡文帝集》五卷,《録》一卷;《孝武帝集》二卷,《録》一卷;《彭城王紘集》二卷;《譙烈王集》九卷,《録》一卷。亡。

傅暢:見本書卷三三"雜史類"。兩《唐志》有著録,《宋志》無載,亡佚。《全晋文》卷五二有輯文。晋明帝:諱司馬紹,字道畿,河内温縣(今河南温縣)人。有文武才略,雅好文辭。《晋書》卷六有紀。兩《唐志》有著録,《宋志》無載,亡佚。《全晋文》卷九有輯文。簡文帝:見本書卷三四"道家"。兩《唐志》有著録,《宋志》無載,亡佚。《全晋文》卷一一有輯文。孝武帝:諱司馬曜,字昌明。《晋書》卷九有紀。兩《唐志》無載,亡佚。《全晋文》卷一一有輯文。彭城王:司馬紘,字偉德。元帝即位,拜散騎侍郎,進翊軍校尉、前將軍。後拜國子祭酒,加散騎常侍。尋遷大宗正、秘書監。《晋書》卷三七有傳。兩《唐志》著録《晋彭城王集》八卷,《宋志》無載,亡佚。《全晋文》卷一五有輯文。譙烈王:司馬無忌,字公壽。咸和中,拜散騎侍郎,又爲中書黄門侍郎。建元時出爲輔國將軍、長沙相。隨桓温伐蜀,以勳進號前將軍。《晋書》卷三七有傳。兩《唐志》著録《譙王集》三卷,《宋志》無載,亡佚。《全晋文》卷一五有輯文。

晋會稽王《司馬道子集》八卷。梁九卷。又有鎮東從事中郎

《傅毅集》五卷，亡。

司馬道子：字道子，簡文帝之子。太元初，拜散騎常侍、中軍將軍，進驃騎將軍。永興元年，桓玄奏道子酣縱不孝，當棄市。杜竹林承桓玄旨鴆殺之。《晋書》卷六四有傳。兩《唐志》有著録，《宋志》無載，亡佚。《全晋文》卷一七有輯文。傅毅：生平事迹不詳，兩《唐志》有著録，《宋志》無載，亡佚。

晋衡陽内史《曾璀集》三卷。梁四卷，《録》一卷。又有驃騎將軍《顧榮集》五卷，《録》一卷，亡。

曾璀（guī）：生平事迹不詳。兩《唐志》著録《曾璀集》五卷，《宋志》無載，亡佚。《全晋文》卷八九有衡陽内史曾璀輯文。顧榮：字彦先，吳國吳（今江蘇蘇州市）人。弱冠仕吳，爲黃門侍郎，太子輔義都尉。元帝鎮江東，以顧榮衛軍司，加散騎常侍。《晋書》卷六八有傳。《舊唐志》著録《顧榮集》二卷，《新唐志》著録《顧榮集》五卷，《宋志》無載，亡佚。《全晋文》卷九五有輯文。

晋司空《賀循集》十八卷。梁二十卷，《録》一卷。又有散騎常侍《張亢集》二卷，《録》一卷；車騎長史《賈彬集》三卷，《録》一卷。亡。

賀循：見本書卷三二"禮類"。《晋書》卷六八載，賀循善屬文，博覽衆書，尤精禮傳。兩《唐志》著録《賀循集》二十卷，《宋志》無載，亡佚。《全晋文》卷八八有輯文。張亢：字季陽，安平（今河北安平縣）人。初拜散騎侍郎，後爲領佐著作郎，出補烏程令，入爲散騎常侍。《晋書》卷五五有傳。兩《唐志》著録《張杭（當爲"張亢"）集》二卷，《宋志》無載，亡佚。賈彬：或作賈霖。生平事迹不詳。兩《唐志》著録《賈霖集》三卷，《宋志》無載，亡佚。《全晋文》卷八九有賈彬輯文。

晋光禄大夫《衛展集》十二卷。梁十五卷。又有東晋太尉
《荀組集》三卷，《録》一卷，亡。

衛展：字道舒，河東安邑（今山西運城市）人。歷尚書郎、南
陽太守。永嘉中，爲江州刺史。卒，贈光禄大夫。《晋書》卷三六
有傳。《舊唐志》著録《衛展集》四十卷，《新唐志》著録《衛展
集》十四卷，《宋志》無載，亡佚。《全晋文》卷三〇有輯文。荀
組：字大章，潁川潁陽（今河南許昌市西南）人。初爲司徒左西
屬，遷尚書，賜爵成陽縣男，加散騎常侍、中書監。永昌初，遷太
尉。《晋書》卷三九有傳。兩《唐志》著録《荀組集》二卷，《宋
志》無載，亡佚。《全晋文》卷三一有輯文。

晋秘書郎《張委集》九卷。梁五卷。又有關内侯《傅珉集》
一卷；光禄大夫《周顗集》二卷，《録》一卷。亡。

張委：生平事迹不詳。兩《唐志》無載，亡佚。《全宋文》卷
五七有輯文。傅珉：生平事迹不詳。兩《唐志》無載，亡佚。周顗
（yǐ）：字伯仁，汝南安成（今河南汝南縣東南）人。弱冠襲父爵武
城侯，拜秘書郎，累遷尚書吏部郎。後補吏部尚書，轉尚書左僕
射，領吏部。王敦構逆被害。《晋書》卷六九有傳。兩《唐志》有
著録，《宋志》無載，亡佚。《全晋文》卷八六有輯文。

晋太常《謝鯤集》六卷。梁二卷。

謝鯤：字幼輿，陳國陽夏（今河南太康縣）人。少知名，通簡
有高識。王敦引爲長史，因討杜弢有功封咸亨侯。從容諷議王敦不
臣事，被出爲豫章太守，卒官。《晋書》卷四九有傳。《舊唐志》
著録《謝鯤集》二卷，《新唐志》著録《謝琨集》二卷，《宋志》
無載，亡佚。《全晋文》卷八三有謝琨輯文。

晋驃騎將軍《王廙集》十卷。梁三十四卷，《録》一卷。又

有《華譚集》二卷，亡。

王廙：見本書卷三二"易類"。《晋書》卷七六載，王廙少能屬文，多所通涉。兩《唐志》有著録，《宋志》無載，亡佚。《全晋文》卷二〇有輯文。華譚：見本書卷三四"儒家"。兩《唐志》有著録，《宋志》無載，亡佚。《全晋文》卷七九有輯文。

晋御史中丞《熊遠集》十二卷。梁五卷，《録》一卷。又有湘州秀才《谷儉集》一卷；大鴻臚《周嵩集》三卷，《録》一卷。亡。

熊遠：字孝文，豫章南昌（今江西南昌市）人。州辟主簿、別駕。元帝爲相，引爲主簿，累遷御史中丞、侍中。王敦作逆，憚其正而有謀，引爲長史，數月卒。《晋書》卷七一有傳。兩《唐志》著録《熊遠集》五卷，《宋志》無載，亡佚。《全晋文》卷一二六有輯文。谷儉：字士風，湘州桂陽（今湖南桂陽縣）人。少有志行，博涉經史，終身不仕，卒於家。見《晋書》卷七〇。兩《唐志》無載，亡佚。現有麓山精舍叢書本《谷儉集》一卷，《全晋文》卷一二八有輯文。周嵩：字仲智，汝南安成（今河南汝南縣東南）人。元帝爲相，引爲參軍，後爲新安太守，又拜御史中丞。王敦使人誣陷周嵩，遂害之。《晋書》卷六一有傳。兩《唐志》有著録，《宋志》無載，亡佚。《全晋文》卷八六有輯文。

晋弘農太守《郭璞集》十七卷。梁十卷，《録》一卷。

郭璞：見本書卷三二"詩類"。《晋書》卷七二載，郭璞博學有高才，詞賦爲中興之冠。《文心雕龍·才略》曰，"景純艷逸足冠中興，郊賦既穆穆以大觀，仙詩亦飄飄而凌雲矣"。兩《唐志》著録《郭璞集》十卷，《宋志》著録《郭璞集》六卷，後亡佚。現有漢魏六朝百三名家集本《郭弘農集》二卷、乾坤正氣集本《郭景純集》二卷，《全晋文》卷一二〇至卷一二三有輯文。

晋《張駿集》八卷。殘缺。

　　張駿：字公庭，安定烏氏（今甘肅平涼市西北）人。建興四年，封霸城侯。爲涼王，在位二十二年卒。《晋書》卷八六有傳。兩《唐志》無載是集，《全晋文》卷一五四有輯文。

晋大將軍《王敦集》十卷。梁有吳興太守《沈充集》三卷；散騎常侍《傅純集》二卷，《録》一卷。亡。

　　王敦：字處仲，琅邪臨沂（今山東臨沂市）人。學通《左氏》，尤好清談。元帝鎮江東，王敦討杜弢有功，進征南大將軍，拜侍中，遂欲專制朝廷，明帝起兵討之。《晋書》卷九八有傳。兩《唐志》著録《王敦集》五卷，《宋志》無載，亡佚。《全晋文》卷一八有輯文。沈充：字士居，王敦引爲參軍。明帝將伐王敦，沈充不聽勸告，仍率兵響應王敦，敗歸吳興，被故將所殺。《晋書》卷九八有傳。兩《唐志》無載是集，亡佚。《全晋文》卷一二八有輯文。傅純：生平事迹不詳。兩《唐志》有著録，《宋志》無載，亡佚。《全晋文》卷一二八有輯文。

晋光禄大夫《梅陶集》九卷。梁二十卷，《録》一卷。又有金紫光禄大夫《荀邃集》二卷，《録》一卷。亡。

　　梅陶：字叔真，汝南西平（今河南西平縣）人。王敦諮議參軍。見《世説新語・方正》注所引《晋諸公贊》《永嘉流人》。兩《唐志》著録《梅陶集》十卷，《宋志》無載，亡佚。《全晋文》卷一二八有輯文。荀邃（suì）：字道玄，潁川潁陰（今河南許昌市）人。元帝召爲丞相從事中郎，未就。太興初，拜侍中。卒，贈金紫光禄大夫。《晋書》卷三九有傳。兩《唐志》著録《荀邃集》二卷，《宋志》無載，亡佚。

晋散騎常侍《王鑒集》九卷。梁五卷。又有晋著作佐郎《王濤集》五卷；廷尉卿《阮放集》十卷，《録》一卷；宗正卿《張悛集》五卷，《録》一卷；汝南太守《應碩集》二卷；金紫光禄大夫《張闓集》二卷，《録》一卷；揚州從事《陸沈集》二卷，《録》一卷；驃騎將軍《卞壺集》二卷，《録》一卷；光禄勳《鍾雅集》一卷；衛尉卿《劉超集》二卷；衛將軍《戴邈集》五卷，《録》一卷；光禄大夫《荀崧集》一卷。亡。

王鑒：字茂高，堂邑（今江蘇南京市北）人。少以文筆著稱。中興建，拜駙馬都尉、奉朝請，出補永興令。有文集傳世。《晋書》卷七一有傳。兩《唐志》著録《王鑒集》五卷，《宋志》無載，亡佚。《全晋文》卷一二八有輯文。王濤：見本書卷三三“正史類”。王鑒之弟，亦有才筆。兩《唐志》有著録，《宋志》無載，亡佚。阮放：字思度，陳留尉氏（今河南尉氏縣）人。中興，除太學博士、太子庶子。轉黃門侍郎，遷吏部郎。後求放交州，到任不久，追贈廷尉。《晋書》卷四九有傳。兩《唐志》著録《阮放集》五卷，《宋志》無載，亡佚。張悛（xún）：字士然，吳國（今江蘇境內）人。官太子庶子。見《昭明文選》卷三八《爲吳令謝詢求爲諸孫置守塚人表》注所引孫盛《晋陽秋》。《舊唐志》著録《張俊集》二卷，《新唐志》著録《張悛集》二卷，《宋志》無載，亡佚。《全晋文》卷一〇五有輯文。應碩：生平事迹不詳。《新唐志》著録《應碩集》二卷，《宋志》無載，亡佚。《全晋文》卷一二八有輯文。張闓（kǎi）：字敬緒，丹楊（今江蘇丹陽市）人。太常薛兼薦之於元帝。遷侍中、尚書。參與討伐蘇峻，以尚書加散騎常侍，賜爵宜陽侯。拜金紫光禄大夫，尋卒。有牋、表、文、議傳於世。《晋書》卷七六有傳。兩《唐志》著録《張闓集》三卷，《宋志》無載，《全晋文》卷一一五有輯文。陸沈：生平事迹不詳。《新唐志》著録《陸沈集》二卷，《宋志》無載，亡佚。卞壺：字望之，濟陰冤句（今山東菏澤市西南）人。永嘉中，除著作郎，襲父爵。蘇峻亂，卞壺與蘇峻苦戰，遂死之。《晋書》卷七〇有傳。兩《唐志》有著録，《宋志》無載，亡佚。《全晋文》卷八四有輯文。鍾雅：字彦胄，潁川長社（今河南長葛縣）人。入爲著作郎、尚書郎。避亂東渡，元帝以爲尚書右丞。蘇峻作亂，王師敗績，與劉超侍衛天子，爲賊所害。《晋書》卷七〇有傳。兩《唐志》無載是集，亡佚。《全晋文》卷一〇九有輯文。劉超：字世瑜，琅邪臨沂（今山東臨沂市）人。以忠謹清慎爲元帝所重，從其渡江。後爲中書舍人，拜騎都尉、奉朝請。蘇峻作逆，王師戰敗，爲賊所害。《晋書》卷七〇有傳。兩《唐志》有著録，《宋志》無載，亡佚。《全晋文》卷一二七有輯文。戴邈：字望之，廣陵（今江蘇揚州市）人。弱冠舉秀才，尋遷太子洗馬，出補西陽内史。王敦得志，被免官。敦被誅，拜尚書僕射。卒官，贈衛將軍，謚曰穆。《晋書》卷六九有傳。兩《唐志》有著録，《宋志》無載，亡佚。《全晋文》卷一一六有輯文。荀崧：字景猷，潁川臨潁（今河南臨潁縣）人。泰始中，襲父爵爲安陵鄉侯。累遷侍中、中護軍。大寧初，以平王敦更封平樂伯。遷右光禄大夫、開府儀同三司，録尚書，領秘書監。《晋書》卷七五有傳。兩《唐志》無載是集，亡佚。《全晋文》卷三一有輯文。

晋大將軍《溫嶠集》十卷。梁《録》一卷。

溫嶠：字太真，太原祁（今山西祁縣）人。博學能屬文，美於談論。元帝鎮江左，除散騎侍郎。明帝即位，拜侍中，遷中書令。帝疾篤，與王導等同受顧命。蘇峻逆狀滅，拜驃騎將軍、開府儀同三司，加散騎常侍，封始安郡公。後中風而卒。《晋書》卷六七有傳。兩《唐志》有著録，《宋志》無載，亡佚。《全晋文》卷八〇有輯文。

晋侍中《孔坦集》十七卷。梁五卷，《録》一卷。又有《臧沖集》一卷，晋鎮南大將軍《應詹集》五卷，亡。

孔坦：字君平，會稽山陰（今浙江紹興市）人。咸和初，遷尚書左丞。平蘇峻，封晉陵男，拜侍中。出爲廷尉，後加散騎常侍，遷尚書。《晉書》卷七八有傳。兩《唐志》著錄《孔坦集》五卷，《宋志》無載，亡佚。《全晉文》卷一二六有輯文。臧沖：生平事迹不詳。兩《唐志》無載是集，亡佚。應詹：見本書卷三三"舊事類"應思遠。《舊唐志》著錄《應詹集》三卷，《新唐志》著錄《應詹集》五卷，《宋志》無載，亡佚。《全晉文》卷三五有輯文。

晋太僕卿《王嶠集》八卷。梁有衛尉《荀闓集》一卷；鎮北將軍《劉隗集》二卷；大司馬《陶侃集》二卷，《録》一卷。亡。

　　王嶠：字開山，太原晉陽（今山西太原市）人。永嘉末，避亂渡江，王敦請爲參軍。王敦平後，累遷吏部郎、秘書監。後拜廬陵太守，尋卒官，諡曰穆。《晉書》卷七五有傳。《新唐志》著錄《王嶠集》二卷，《宋志》無載，亡佚。荀闓：字道明，潁川潁陰（今河南許昌市）人。避亂渡江，歷任御史中丞、侍中、尚書，封射陽公。太寧二年卒，追贈衛尉。《晉書》卷三九有傳。兩《唐志》無載是集，亡佚。劉隗：字大連，彭城（今江蘇徐州市）人。起家秘書郎。避亂渡江，元帝以爲從事中郎，委以刑憲。太興年間，又拜鎮北將軍、都督青徐幽平四州軍事、假節，加散騎常侍，鎮泗口。爲劉遐所襲，投奔石勒，勒以爲太子太傅。《晉書》卷六九有傳。兩《唐志》著錄《劉隗集》三卷，《宋志》無載，亡佚。《全晉文》卷一一五有輯文。陶侃：字士行，本鄱陽（今江西鄱陽縣）人。吳平，徙家廬江之尋陽（今江西九江市）。成帝時，累官侍中、太尉，都督荊江雍梁交廣益寧八州諸軍事，荊江二州刺史，封長沙郡公。咸和七年卒，追贈大司馬。《晉書》卷六六有傳。兩《唐志》著錄《陶侃集》二卷，《宋志》無載，亡佚。《全晉文》卷一一一有輯文。

晋丞相《王導集》十一卷。梁十卷，《録》一卷。

王導：字茂弘，琅邪臨沂（今山東臨沂市）人。少有風鑒，識量清遠。永嘉末，遷丹楊太守，加輔國將軍。晉國既建，累遷驃騎將軍，加散騎常侍、都督中外諸軍事，拜丞相。《晉書》卷六五有傳。兩《唐志》著録《王導集》十卷，《宋志》無載，亡佚。《全晉文》卷一九有輯文。

晉太尉《郗鑒集》十卷。《録》一卷。

郗鑒：字道徽，高平金鄉（今山東金鄉縣）人。以儒雅著名，不應州命。元帝初鎮江左，承制假郗鑒龍驤將軍、兗州刺史。明帝崩，受遺詔輔少主，進位車騎將軍、開府儀同三司，加散騎常侍，後封南昌縣公，又進位太尉。咸康五年卒，謚曰文成。《晉書》卷六七有傳。兩《唐志》有著録，《宋志》無載，亡佚。《全晉文》卷一〇九有輯文。

晉太尉《庾亮集》二十一卷。梁二十卷，《録》一卷。又有《虞預集》十卷，《録》一卷；平越司馬《黄整集》十卷，《録》一卷。亡。

庾亮：見本書卷三二"禮類"。《晉書》卷七三載，庾亮善談論，性好老、莊。兩《唐志》著録《庾亮集》二十卷，《宋志》無載，亡佚。《全晉文》卷三六、卷三七有輯文。虞預：見本書卷三三"正史類"。《晉書》卷八二載，虞預少好學，有文章，所著詩賦、碑誄、論難數十篇。兩《唐志》有著録，《宋志》無載，亡佚。《全晉文》卷八二有輯文。黄整：生平事迹不詳。兩《唐志》有著録，《宋志》無載，亡佚。《全晉文》卷一三二有輯文。

晉護軍長史《庾堅集》十三卷。梁十卷，《録》一卷。

庾堅：生平事迹不詳。《晉書》卷七五載，范堅字子常，南陽順陽（今河南淅川縣）人。博學善屬文。討蘇峻，賜爵都亭侯。累遷尚書右丞，又遷護軍長史。另，兩《唐志》著録《范宣集》十卷，又著録《范宣集》五卷。姚振宗據以上兩點，認爲十卷本《范宣集》應爲《范堅集》，而本志所言"庾堅"乃"范堅"之誤。《宋志》無載，亡佚。《全晋文》卷一二四有范堅輯文。

晋司空《庾冰集》七卷。梁二十卷。《録》一卷。

庾冰：字季堅，潁川鄢陵（今河南鄢陵縣）人。以雅素垂風，爲世論所重。歷中書監、揚州刺史，都督揚兗豫三州軍事、假節、征虜將軍。康帝即位，領江州刺史、假節，鎮武昌。尋卒贈司空，謚曰忠成。《晋書》卷七三有傳。兩《唐志》著録《庾冰集》二十卷，《宋志》無載，亡佚。《全晋文》卷三七有輯文。

晋給事中《庾闡集》九卷。梁十卷，《録》一卷。

庾闡：字仲初，潁川鄢陵（今河南鄢陵縣）人。平蘇峻，以功贈爵吉陽縣男，拜彭城刺史。召爲散騎侍郎，領大著作。出補零陵太守。後徵拜給事中。所著詩賦銘頌十卷，行於世。《晋書》卷九二有傳。兩《唐志》著録《庾闡集》十卷，《宋志》無載，亡佚。《全晋文》卷三八有輯文。

晋著作郎《王隱集》十卷。梁二十卷，《録》一卷。

王隱：見本書卷三三"正史類"。兩《唐志》著録《王隱集》十卷，《宋志》無載，亡佚。《全晋文》卷八六有輯文。

晋散騎常侍《干寶集》四卷。梁五卷。

干寶：見本書卷三二"易類"。《晋書》卷八二載，干寶博覽群籍，有雜文集行於世。兩《唐志》著録《干寶集》四卷，《宋志》無載，亡佚。《全晋文》卷一二七有輯文。

晋太常卿《殷融集》十卷。梁有衛尉《張虞集》十卷；光禄大夫《諸葛恢集》五卷，《録》一卷。亡。

　　殷融：字洪遠，陳郡（今河南境内）人。任太常、吏部尚書。見《晋書》卷八四、《世説新語·文學》注所引《中興書》。兩《唐志》有著録，《宋志》無載，亡佚。《全晋文》卷一二九有輯文。張虞：咸康中爲東陽太守，累遷爲衞尉卿。見《全晋文》卷一三一。兩《唐志》著録《張虞集》五卷，《宋志》無載，《全晋文》卷一三一有輯文。諸葛恢：字道明，琅邪（今山東境内）人。避難渡江，討周馥有功，封博亭侯。明帝征王敦，以諸葛恢爲侍中，加奉車都尉，進封建安伯。累遷尚書右僕射、金紫光禄大夫，尚書令。《晋書》卷七七有傳。兩《唐志》有著録，《宋志》無載，亡佚。《全晋文》卷一一六有輯文。

晋車騎將軍《庾翼集》二十二卷。梁二十卷，《録》一卷。

　　庾翼：見本書卷三二“春秋類”。兩《唐志》著録《庾翼集》二十卷，《宋志》無載，亡佚。《全晋文》卷三七有輯文。

晋司空《何充集》四卷。梁五卷。又有御史中丞《郝默集》五卷，征西諮議《甄述集》十二卷，武昌太守《徐彦則集》十卷，亡。

　　何充：字次道，廬江潯（今安徽霍山縣）人。成帝時，遷給事黄門郎。蘇峻平，封都鄉侯，拜散騎常侍。輔佐幼主，爲宰相。永和二年卒，贈司空，謚曰文穆。《晋書》卷七七有傳。兩《唐志》著録《何充集》五卷，《宋志》無載，亡佚。《全晋文》卷三二有輯文。郝默：生平事迹不詳。兩《唐志》有著録，《宋志》無載，亡佚。甄述：生平事迹不詳。兩《唐志》著録《甄述集》五卷，《宋志》無載，亡佚。徐彦則：生平事迹不詳。兩《唐志》無載是集，亡佚。《全晋文》卷一三二有輯文。

晋散騎常侍《王愆期集》七卷。梁十卷，《録》一卷。又有司徒左長史《王濛集》五卷；丹陽尹《劉惔集》二卷，《録》一卷；益州刺史《袁喬集》七卷。亡。

　　王愆（qiān）期：見本書卷三二"春秋類"。兩《唐志》著録《王愆期集》十卷，《宋志》無載，亡佚。《全晋文》卷一一五有輯文。王濛：見本書卷三二"論語類"。兩《唐志》有著録，《宋志》無載，亡佚。《全晋文》卷二九有輯文。劉惔（dàn）：又作劉恢。見《世説新語・賞譽》。字真長，沛國相（今安徽濉溪縣）人。好老、莊，任自然趣。累遷丹陽尹。《晋書》卷七五有傳。兩《唐志》有著録，《宋志》無載，亡佚。《全晋文》卷一三一有輯文。袁喬：見本書卷三二"論語類"。《晋書》卷八三載，袁喬注《論語》及《詩》，並諸文筆皆行於世。兩《唐志》著録《袁喬集》五卷，《宋志》無載，亡佚。《全晋文》卷五六有輯文。

晋尚書令《顧和集》五卷。梁有《録》一卷。又有尚書僕射《劉遐集》五卷；徵士《江惇集》三卷，《録》一卷；魏興太守《荀述集》一卷；平南將軍《賀翹集》五卷；《李軌集》八卷，亡。

　　顧和：字君孝，吳郡吳（今江蘇蘇州市）人。初辟從事，頻徙領軍將軍、太常卿、國子祭酒、尚書令。永和七年，以疾篤辭任，拜左光禄大夫、儀同三司。《晋書》卷八三有傳。兩《唐志》有著録，《宋志》無載，亡佚。《全晋文》卷九五有輯文。劉遐：永和初，爲吏部尚書。見《晋書》卷九三。兩《唐志》有著録，《宋志》無載，亡佚。《全晋文》卷一三二有輯文。江惇：或作江淳，見本書卷三二"春秋類"。《舊唐志》著録《江淳集》五卷，《新唐志》著録《江惇集》五卷，《宋志》無載，亡佚。荀述：生平事迹不詳。兩《唐志》無載是集，亡佚。賀翹：生平事迹不詳。兩《唐志》無載是集，亡佚。李軌：見本書卷三二"易類"。兩《唐志》無載是集，亡佚。

晋《李充集》二十二卷。梁十五卷，《録》一卷。

李充：見本書卷三二"論語類"。《晋書》卷九二載，李充著有詩、賦、表、頌等雜文二百四十首，行於世。兩《唐志》著録《李充集》十四卷，《宋志》無載，亡佚。《全晋文》卷五三有輯文。

晋司徒《蔡謨集》十七卷。梁四十三卷。

蔡謨：見本書卷三二"禮類"。《晋書》卷七七載，蔡謨文筆論議，有集行於世。兩《唐志》著録《蔡謨集》十卷，《宋志》無載，亡佚。《全晋文》卷一一四有輯文。

晋揚州刺史《殷浩集》四卷。梁五卷，《録》一卷。又有吴興孝廉《鈕滔集》五卷，《録》一卷；宣城内史《劉系之集》五卷，《録》一卷。亡。

殷浩：字深源，陳郡長平（今河南西華縣東北）人。殷浩識度清遠，弱冠有美名。初爲記室參軍，累遷司徒左長史。建元初，徵爲建武將軍、揚州刺史，遂參綜朝權。因敗於反臣姚襄，被廢爲庶人。《晋書》卷七七有傳。兩《唐志》著録《殷浩集》五卷，《宋志》無載，亡佚。《全晋文》卷一二九有輯文。鈕滔：生平事迹不詳。兩《唐志》有著録，《宋志》無載，亡佚。劉系之：生平事迹不詳。兩《唐志》有著録，《宋志》無載，亡佚。

《庾赤玉集》四卷。
晋尋陽太守《庾統集》八卷。梁有驃騎司馬《王修集》二卷，《録》一卷；衛將軍《謝尚集》十卷，《録》一卷；青州刺史《王浹集》二卷。亡。

赤玉：即庾統，赤玉乃其小字。字長仁，潁川（今河南許昌市周邊）人。少有令名，司空、太尉辟，皆不就。出爲建威將軍、尋陽太守。見《晉書》卷七三、《世說新語・賞譽》注引《中興書》。兩《唐志》著録《庾統集》二卷，此當《庾赤玉集》之別本。《宋志》無載，亡佚。《全晉文》卷一二二有輯文。王脩：字敬仁，小字苟子，太原晉陽（今山西太原市）人。起家著作郎，轉中軍司馬，未拜而卒。《晉書》卷九三有傳。兩《唐志》著録《王脩集》二卷，《宋志》無載，亡佚。《全晉文》卷二九有輯文。謝尚：字仁祖，陳國陽夏（今河南太康縣）人。辟爲掾，襲父爵咸亨侯。永和中，拜尚書僕射，累遷鎮西將軍，鎮壽陽。病篤，徵拜衛將軍，加散騎常侍。《晉書》卷七九有傳。兩《唐志》著録《謝尚集》五卷，《宋志》無載，亡佚。《全晉文》卷八三有輯文。王浹：生平事迹不詳。兩《唐志》有著録，《宋志》無載，亡佚。

晉西中郎將《王胡之集》十卷。梁五卷，《録》一卷。

王胡之：字修齡，琅邪臨沂（今山東臨沂市）人。歷郡守、侍中、丹揚尹。好談諧，善屬文辭，爲當世所重。見《晉書》卷七三、《世說新語・品藻》注引《王胡之別傳》。兩《唐志》著録《王胡之集》五卷，《宋志》無載，亡佚。《全晉文》卷二〇有輯文。

晉中書令《王洽集》五卷。《録》一卷。梁有宜春令《范保集》七卷；徵士《范宣集》十卷，《録》一卷；建安太守《丁纂集》四卷，《録》一卷。亡。

王洽：字敬和，琅邪臨沂（今山東臨沂市）人。歷散騎中書郎、中軍長史，徵拜領軍，尋加中書令，苦讓，遂不受。《晉書》卷六五有傳。兩《唐志》著録《王洽集》三卷，《宋志》無載，亡佚。《全晉文》卷一九有輯文。范保：生平事迹不詳。兩《唐志》

無載，亡佚。范宣：見本書卷三二"易類"。《晋書》卷九一載，范宣博綜衆書，著《禮論難》《易論難》，皆行於世。兩《唐志》著録《范宣集》五卷，《宋志》無載，亡佚。《全晋文》卷一三〇有輯文。丁纂：生平事迹不詳。兩《唐志》著録《丁纂集》二卷，《宋志》無載，亡佚。

晋金紫光禄大夫《王羲之集》九卷。梁十卷，《録》一卷。

王羲之：字逸少，琅邪臨沂（今山東臨沂市）人。尤善隸書，論者稱其筆勢，以爲飄若浮雲，矯若驚龍。起家秘書郎，累遷長史。頻召爲侍中、吏部尚書，皆不就。後以爲右軍將軍、會稽内史。永和十一年去官，盡山水之游。《晋書》卷八〇有傳。兩《唐志》著録《王羲之集》五卷，《宋志》無載，亡佚。現有漢魏六朝百三名家集本《王右軍集》二卷，《全晋文》卷二二至卷二六有輯文。

晋散騎常侍《謝萬集》十六卷。梁十卷。

謝萬：見本書卷三二"易類"。《晋書》卷七九載，謝萬工言論，善屬文。兩《唐志》著録《謝萬集》十卷，《宋志》無載，亡佚，《全晋文》卷八三有輯文。

晋司徒長史《張憑集》五卷。梁有《録》一卷。梁有高凉太守《楊方集》二卷，亡。

張憑：見本書卷三二"論語類"。兩《唐志》有著録，《宋志》無載，亡佚。《全晋文》卷一三二有輯文。楊方：見本書卷三二"論語類"。《晋書》卷六八載，楊方著《五經鉤沉》，撰《吳越春秋》並雜文筆，皆行於世。兩《唐志》有著録，《宋志》無載，亡佚。《全晋文》卷一二八有輯文。

晋徵士《許詢集》三卷。梁八卷，《錄》一卷。

　　許詢：字玄度，高陽（今河北高陽縣）人。其五言詩，可謂妙絶時人。司徒掾辟，不就，早卒。見《世說新語・言語》注引《續晋陽秋》、《世說新語・文學》。兩《唐志》有著錄，《宋志》無載，亡佚。《全晋文》卷一三五有輯文。

晋征西將軍《張望集》十卷。梁十二卷，《錄》一卷。

　　張望：生平事迹不詳。兩《唐志》著錄《張望集》三卷，《宋志》無載，亡佚。《全晋文》卷一三五有輯文。

晋餘姚令《孫統集》二卷。梁九卷，《錄》一卷。又有晋陵令《戴元集》三卷，《錄》一卷，亡。

　　孫統：字承公，太原中都（今山西平遥縣）人。性好山水，乃求爲鄞令，轉在吳寧。後爲餘姚令。《晋書》卷五六有傳。兩《唐志》著錄《孫統集》五卷，《宋志》無載，亡佚。《全晋文》卷六〇有輯文。戴元：生平事迹不詳。兩《唐志》無載是集，亡佚。

晋衛尉卿《孫綽集》十五卷。梁二十五卷。

　　孫綽：見本書卷三二經部“論語類”。兩《唐志》有著錄，《宋志》無載，亡佚。《全晋文》卷六一、卷六二有輯文。

晋太常《江逌集》九卷。梁有《謝沈集》十卷，亡。

　　江逌（yōu）：字道載，陳留圉（今河南杞縣南）人。爲太末令，遷吳令。升平中，遷吏部郎，長兼侍中，後遷太常。著《阮籍序贊》《逸七箴》及詩賦、奏議數十篇，行於世。《晋書》卷八三有傳。兩《唐志》著錄《江逌集》五卷，《宋志》無載，亡佚。《全晋文》卷一〇七有輯文。謝沈：見本書卷三二“書類”。《晋書》卷八二載，謝沈所著述及詩賦文論皆行於世。兩《唐志》著錄

《謝沈集》五卷，《宋志》無載，亡佚。《全晋文》卷一三一有
輯文。

晋《李顒集》十卷。《録》一卷。

李顒（yóng）：見本書卷三二"易類"。《晋書》卷九二載，李
顒有文義，多所述作。兩《唐志》有著録，《宋志》無載，亡佚。
《全晋文》卷五三有輯文。

晋光禄勳《曹毗集》十卷。梁十五卷，《録》一卷。又有郡
主簿《王箋集》五卷，亡。

曹毗（pí）：見本書卷三二"論語類"。《晋書》卷九二載，曹
毗少好文籍，善屬詞賦，凡所著文筆十五卷，傳於世。兩《唐志》
著録《曹毗集》十五卷，《宋志》無載，亡佚。《全晋文》卷一〇
七有輯文。王箋：生平事迹不詳。兩《唐志》有著録，《宋志》無
載，亡佚。

晋沙門《支遁集》八卷。梁十三卷。又有《劉彧集》十六
卷，亡。

支遁：字道林，本姓關氏，陳留（今河南開封市）人。隱居餘
杭山，二十五歲出家。其所著文翰集有十卷盛行於世。見《高僧
傳》卷四。兩《唐志》著録沙門《支遁集》十卷，《宋志》無載，
亡佚。《全晋文》卷一五七有輯文。劉彧：見本書卷三三"雜傳
類"。兩《唐志》無載是集，亡佚。

張重華酒泉太守《謝艾集》七卷。梁八卷。又有撫軍長史
《蔡系集》二卷；護軍將軍《江彪集》五卷，《録》一卷。亡。

謝艾：敦煌（今甘肅敦煌市）人。仕張重華，爲持節、軍師將
軍，太府左長史，封福禄縣伯。見《晋書》卷八六。兩《唐志》

著録《謝艾集》八卷，《宋志》無載，亡佚。《全晉文》卷一五四有輯文。蔡系：見本書卷三二"論語類"。兩《唐志》有著録，《宋志》無載，亡佚。江彪（bīn）：字思玄，陳留圉（今河南杞縣南）人。永和中，出補會稽内史，加右軍將軍。代王彪之爲尚書僕射，後轉護軍將軍，卒官。《晉書》卷五六有傳。《舊唐志》著録《江彪集》五卷，《新唐志》著録《江霖集》五卷，《宋志》無載，亡佚。《全晉文》卷一〇六有輯文。

晉《范汪集》一卷。梁十卷。

范汪：見本書卷三二"禮類"。兩《唐志》著録《范汪集》八卷，《宋志》無載，亡佚。《全晉文》卷一二四有輯文。

晉尚書僕射《王述集》八卷。梁又有《王度集》五卷，《録》一卷；中領軍《庾龢集》二卷，《録》一卷；將作大匠《喻希集》一卷；吴興太守《孔嚴集》十一卷，《録》一卷。亡。

王述：字懷祖，太原晉陽（今山西太原市）人。襲父爵藍田縣侯，後遷散騎常侍、尚書令。《晉書》卷七五有傳。兩《唐志》著録《王述集》五卷，《宋志》無載，亡佚。《全晉文》卷二九有輯文。王度：見本書卷三三"霸史類"。兩《唐志》有著録，《宋志》無載，亡佚。《全晉文》卷一四八有輯文。庾龢：字道季，潁川鄢陵（今河南鄢陵縣）人。升平初，爲丹楊尹。太和初，爲中領軍，卒官。《晉書》卷七三有傳。兩《唐志》有著録，《宋志》無載，亡佚。《全晉文》卷三七有輯文。喻希：字益期，豫章（今江西南昌市）人。升平末，爲治書侍御史，累遷至將作大匠。見《全晉文》卷一三三。兩《唐志》無載，亡佚。《全晉文》卷一三三有輯文。孔嚴：字彭祖，會稽山陰（今浙江紹興市）人。少仕州郡，歷司徒掾，尚書殿中郎。太和中，拜吴興太守。《晉書》卷七八有傳。兩《唐志》著録《孔嚴集》五卷，《宋志》無載，《全晉文》

卷一二六有輯文。

晋大司馬《桓温集》十一卷。梁有四十三卷。又有《桓温要集》二十卷，《録》一卷；豫章太守《車灌集》五卷，《録》一卷。亡。

　　桓温：字元子，譙國龍亢（今安徽懷遠縣西北）人。明帝時，爲安西將軍伐蜀，凱旋進位征西大將軍、開府，封臨賀郡公。隆和中，加侍中、大司馬，都督中外軍事、假黄鉞。《晋書》卷九八有傳。兩《唐志》著録《桓温集》二十卷，《宋志》無載，亡佚。《全晋文》卷一一八有輯文。兩《唐志》無載《桓温要集》，亡佚。車灌：見本書卷三三"舊事類"。兩《唐志》有著録，《宋志》無載，亡佚。

晋尚書僕射《王坦之集》七卷。梁五卷，《録》一卷，亡。

　　王坦之：字文度，太原晋陽（今山西太原市）人。爲司馬，加散騎常侍，後拜侍中，襲父爵。桓温卒，與謝安輔幼主，遷中書令，領丹楊尹。不久，爲徐兖二州刺史，鎮廣陵。《晋書》卷七五有傳。兩《唐志》著録《王坦之集》五卷，《宋志》無載，亡佚。《全晋文》卷二九有輯文。

晋左光禄《王彪之集》二十卷。梁有《録》一卷。

　　王彪之：字叔武，琅邪臨沂（今山東臨沂市）人。累遷尚書左丞、侍中、廷尉，又徙太常，轉尚書僕射。簡文帝崩，遷尚書令，與謝安共掌朝政，加光禄大夫、儀同三司，未拜。《晋書》卷七六有傳。兩《唐志》有著録，《宋志》無載，亡佚。《全晋文》卷二一有輯文。

晋中書郎《郗超集》九卷。梁十卷。又有南中郎《桓嗣集》

五卷；平固令《邵毅集》五卷，《録》一卷；太學博士《滕輔集》五卷，《録》一卷。亡。

　　郗（或作郄，皆讀 xī）超：字景興，一字嘉賓，高平金鄉（今山東金鄉縣）人。桓温辟爲征西大將軍掾。桓温欲立霸王之基，郗超爲之謀，遷中書郎，以爲臨海太守，加宣威將軍，不拜。《晋書》卷六七有傳。兩《唐志》著録《郗超集》十五卷，《宋志》無載，亡佚。《全晋文》卷一一○有輯文。桓嗣：字恭祖，譙國龍亢（今安徽懷遠縣西北）人。桓嗣爲西陽、襄城二郡太守，鎮夏口。後領江夏相，卒官。《晋書》卷七四有傳。兩《唐志》有著録，《宋志》無載，亡佚。邵毅：生平事迹不詳。兩《唐志》著録《邵毅集》五卷，《宋志》無載，亡佚。滕輔：生平事迹不詳。兩《唐志》有著録，《宋志》無載，亡佚。

晋苻堅丞相《王猛集》九卷。《録》一卷。梁有《顧夷集》五卷，散騎常侍《鄭襲集》四卷，撫軍掾《劉暢集》一卷，亡。

　　王猛：字景略，北海劇（今山東壽光市東南）人。苻堅僭位，以王猛爲中書侍郎，遷尚書令、太子太傅，加散騎常侍，以功進封清河郡侯。俄入爲丞相、中書監，都督中外諸軍事。《晋書》卷一一四有傳。兩《唐志》無載是集，亡佚。《全晋文》卷一五二有輯文。顧夷：見本書卷三二“易類”。兩《唐志》有著録，《宋志》無載，亡佚。鄭襲：初爲江乘令，後官大司農。見《宋書》卷六四。兩《唐志》無載，亡佚。《全晋文》卷一三五有輯文。劉暢：南陽（今河南境内）人，王羲之的女婿。見《世説新語·品藻》注引劉瑾《集叙》。兩《唐志》無載，亡佚。

晋太常卿《韓康伯集》十六卷。梁有黃門郎《范啓集》四卷；豫章太守《王恪集》十卷；零陵太守《陶混集》七卷；海鹽令《祖撫集》三卷；吴興太守《殷康集》五卷，《録》一卷。亡。

韓康伯：見本書卷三二"易類"。兩《唐志》著録《韓康伯集》五卷，《宋志》無載，亡佚。《全晋文》卷一三二有韓伯輯文。范啓：字榮期，南陽順陽（今河南淅川縣東）人。以才義顯於當世，累居顯職，終於黄門侍郎。有文筆傳於世。見《晋書》卷七五。兩《唐志》著録《范起集》五卷，《宋志》無載，亡佚。王恪：生平事迹不詳。兩《唐志》無載，亡佚。陶混：生平事迹不詳。兩《唐志》無載，亡佚。祖撫：生平事迹不詳。兩《唐志》無載，亡佚。殷康：陳郡（今河南境内）人，官拜吴興太守。見《晋書》卷八三。兩《唐志》有著録，《宋志》無載，亡佚。《全晋文》卷一二九有輯文。

晋太傅《謝安集》十卷。梁十卷，《録》一卷。又有中軍參軍《孫嗣集》三卷，《録》一卷；司徒左長史《劉袞集》三卷。亡。

謝安：字安石，陳國陽夏（今河南太康縣）人。先後爲尚書僕射，領吏部，加後將軍。苻堅强盛，多次犯邊，率謝石、謝玄等應機征討，所到克捷。拜衛將軍、開府儀同三司，封建昌縣公。六十六卒，贈太傅，謚曰文靖。《晋書》卷七九有傳。兩《唐志》著録《謝安集》五卷，《宋志》無載，亡佚。《全晋文》卷八三有輯文。孫嗣：太原中都（今山西平遥縣）人。有父孫綽之風，文章相亞，官至中軍參軍，早卒。見《晋書》卷五六。兩《唐志》有著録，《宋志》無載，亡佚。劉袞：生平事迹不詳。兩《唐志》無載，亡佚。

晋御史中丞《孔欣時集》八卷。梁七卷。

孔欣時：生平事迹不詳。兩《唐志》無載，亡佚。

晋《伏滔集》十一卷。并目録。梁五卷，《録》一卷。

伏滔：字玄度，平昌安丘（今山東安丘市）人。爲參軍從桓温伐袁真。壽陽平，以功封聞喜縣侯，除永世令。太元中，拜著作郎，專掌國史。後遷游擊將軍，卒官。《晋書》卷九二有傳。兩《唐志》著録《伏滔集》五卷，《宋志》無載，亡佚。《全晋文》卷一三三有輯文。

晋榮陽太守《習鑿齒集》五卷。

習鑿齒：見本書卷三三"古史類"。《晋書》卷八二載，習鑿齒博學洽聞，以文筆著稱。兩《唐志》有著録，《宋志》無載，亡佚。《全晋文》卷一三四有輯文。

晋秘書監《孫盛集》五卷。殘缺。梁十卷，《録》一卷。

孫盛：見本書卷三三"古史類"。《晋書》卷八二載，孫盛博學，著《魏氏春秋》《晋陽秋》，又造詩賦論難數十篇。兩《唐志》著録《孫盛集》十卷，《宋志》無載，亡佚。《全晋文》卷六三、卷六四有輯文。

晋東陽太守《袁宏集》十五卷。梁二十卷，《録》一卷。又有晋黄門郎《顧淳集》一卷；尋陽太守《熊鳴鵠集》十卷；車騎司馬《謝韶集》三卷；金紫光禄大夫《王獻之集》十卷，《録》一卷；琅邪内史《袁質集》二卷，《録》一卷；太宰從事中郎《袁邵集》五卷，《録》一卷；車騎長史《謝朗集》六卷，《録》一卷；車騎將軍《謝顗集》十卷，《録》一卷。亡。

袁宏：字彦伯，見本書卷三二"孝經類"。《晋書》卷九二載，袁宏撰《後漢紀》三十卷，及《竹林名士傳》、詩賦誄表雜文凡三百首，傳於世。兩《唐志》著録《袁宏集》二十卷，《宋志》無載，亡佚。《全晋文》卷五七有輯文。顧淳：吳郡吳（今江蘇蘇州市）人。歷尚書吏部郎、給事黄門侍郎、左衛將軍。見《晋書》卷八三。兩《唐志》無載是集，亡佚。熊鳴鵠：豫章南昌（今江西南昌市）人，官至武昌太守。見《晉書》卷七一。兩《唐志》無載是集，亡佚。謝韶：字穆度，陳國陽夏（今河南太康縣）人。少有名，官至車騎司馬。兩《唐志》無載，亡佚。王獻之：字子敬，琅邪臨沂（今山東臨沂市）人。王羲之子，起家州主簿、秘書郎，轉丞。又任建威將軍、吳興太守，徵拜中書令，卒官。《晉書》卷八〇有傳。兩《唐志》無載是集，亡佚。現有漢魏六朝百三名家集本《晉王大令集》一卷，《全晉文》卷二七有輯文。袁質：字道和，陳國陽夏（今河南太康縣）人。官歷琅邪內史、東陽太守。見《晉書》卷八三。兩《唐志》有著錄，《宋志》無載，亡佚。袁邵：生平事迹不詳。兩《唐志》著錄《袁邵集》三卷，《宋志》無載，亡佚。謝朗：字長度，陳國陽夏（今河南太康縣）人。善言玄理，文義艷發。官至東陽太守。見《晉書》卷七九。兩《唐志》著錄《謝朗集》五卷，《宋志》無載，亡佚。謝頠（wěi）：生平事迹不詳。姚振宗據《晉書》無載謝頠，兩《唐志》無載《謝頠集》，以及《謝朗集》後列《謝玄集》，以爲"謝頠"乃"謝玄"之誤。謝玄，字幼度，陳國陽夏（今河南太康縣）人。有經國才略，却屢辟不起。符堅數犯邊境，謝玄方應舉，以功封東興縣侯。與謝琰、桓伊等打敗符堅百萬兵衆，以勳封康樂縣公，轉授散騎常侍、左將軍、會稽內史。《晉書》卷七九有傳。兩《唐志》著錄《謝玄集》十卷，《宋志》無載，亡佚。《全晉文》卷八三有輯文。

晉新安太守《郗愔集》四卷。殘缺。梁五卷。又有吳郡功曹《陸法之集》十九卷，亡。

郗愔：字方回，高平金鄉（今山東金鄉縣）人。襲爵，徵拜中書侍郎，遷黃門侍郎，轉臨海太守。簡文帝即位，加鎮軍，都督浙江東五郡軍事。《晉書》卷六七有傳。兩《唐志》著錄《郭（疑"郗"之誤）愔集》五卷，《宋志》無載，亡佚。《全晉文》卷一〇九有輯文。陸法之：生平事迹不詳。兩《唐志》無載是集，亡佚。

晋太常卿《王珉集》十卷。梁《録》一卷。

　　王珉：字季琰，琅邪臨沂（今山東臨沂市）人。歷任著作、散騎郎、侍中，代王獻之爲長兼中書令。太元十三年卒，追贈太常。《晋書》卷六五有傳。兩《唐志》無載是集，亡佚。《全晋文》卷二〇有輯文。

晋中散大夫《羅含集》三卷。梁有太宰長史《庾蓨集》二卷，大司馬參軍《庾悠之集》三卷，司徒右長史《庾凱集》二卷，亡。

　　羅含：字君章，桂陽耒陽（今湖南耒陽市）人。累遷散騎常侍、侍中，又轉廷尉、長沙相。致仕，加中散大夫。年七十七卒，所著文章傳於世。《晋書》卷九二有傳。兩《唐志》有著録，《宋志》無載，亡佚。《全晋文》卷一三一有輯文。庾蓨（疑"蓨"爲"倩"之誤）：字少彦，潁川鄢陵（今河南鄢陵縣）人。最有才器，官拜太宰長史。及海西公廢，桓温陷其以武陵王黨而殺之。見《晋書》卷七三、《世説新語·賞譽》注引徐廣《晋紀》。兩《唐志》著録《庾蓨集》二卷，《宋志》無載，亡佚。庾悠之：《晋書》卷七三載，庾希知其弟庾倩、庾柔被桓温所殺，遂與弟庾邈及子攸之逃入海陵陂澤中，後被擒斬於建康市。疑"悠之"爲"攸之"之誤。兩《唐志》無載是集，亡佚。庾凱：《晋書》無載"庾凱"，疑爲"庾敳"之誤。庾敳（ái），字子嵩，潁川鄢陵（今河南鄢陵縣）人。官歷吏部郎、軍諮祭酒。石勒亂，被害。見《晋書》卷五〇。兩《唐志》無載，亡佚。《全晋文》卷三六有庾敳輯文。

晋國子博士《孫放集》一卷。殘缺。梁十卷。

　　孫放：字齊莊，太原中都（今山西平原縣）人。幼稱令慧，官至長沙相。見《晋書》卷八二。兩《唐志》著録《孫放集》十五卷，《宋志》無載，亡佚。《全晋文》卷六四有輯文。

晋聘士《殷叔獻集》四卷。并《目錄》。梁三卷，《錄》一卷。

殷叔獻：陳郡（今河南境内）人。見《晋書》卷八三。兩《唐志》著錄《殷叔獻集》三卷，《宋志》無載，亡佚。

晋湘東太守《庾肅之集》十卷。《錄》一卷。梁有晋北中郎參軍《蘇彦集》十卷；太子左率《王肅之集》三卷，《錄》一卷；黄門郎《王徽之集》八卷；徵士《謝敷集》五卷，《錄》一卷；太常卿《孔汪集》十卷；《陳統集》七卷；太常《王愷集》十五卷；右將軍《王忱集》五卷，《錄》一卷；太常《殷允集》十卷。亡。

庾肅之：潁川鄢陵（今河南鄢陵縣）人。以有文藻著稱，歷給事中、相府記室、湘東太守。見《晋書》卷九二。兩《唐志》有著錄，《宋志》無載，亡佚。《全晋文》卷三八有輯文。蘇彦：見本書卷三四“道家”。兩《唐志》有著錄，《宋志》無載，亡佚。《全晋文》卷一三八有輯文。王肅之：字幼恭，琅邪臨沂（今山東臨沂市）人。歷中書郎、驃騎諮議。見《世説新語·排調》注引《王氏譜》。兩《唐志》無載是集，亡佚。王徽之：字子猷，琅邪臨沂（今山東臨沂市）人。爲桓温參軍，不綜府事。後爲黄門侍郎，棄官東歸。見《晋書》卷八○。兩《唐志》無載是集，亡佚。《全晋文》卷二七有輯文。謝敷：字慶緒，會稽（今浙江紹興市）人。性澄靖寡欲，入太平山十餘年，終生不仕。《晋書》卷九四有傳。兩《唐志》無載，亡佚。《全晋文》卷一三八有輯文。孔汪：見本書卷三四“醫家類”。兩《唐志》無載是集，亡佚。《全晋文》卷一二六有輯文。陳統：見本書卷三二“詩類”。兩《唐志》無載，亡佚。王愷：字茂仁，太原晋陽（今山西太原市）人。襲父爵。太元末，爲侍中，領右衛將軍，徵爲丹楊尹，領兵守石頭。病卒，追贈太常。見《晋書》卷七五。兩《唐志》無載，亡佚。王忱：字元達，太原晋陽（今山西太原市）人。少知名。太元中，出爲荆州刺史，都督荆益寧三州軍事，又爲建武將軍、假節。《晋書》卷七五有傳。兩《唐志》無載是集，亡佚。《全晋文》卷二九有輯文。殷允：字子思，陳郡（今河南境内）人。恭素謙退，有儒者風。歷吏部尚書。見《世説新語·賞譽》注引《中興書》。兩《唐志》有著録，《宋志》無載，亡佚。《全晋文》卷一二九有輯文。

晋徵士《戴逵集》九卷。殘缺。梁十卷，《録》一卷。又有晋光禄大夫《孫廞集》十卷，尚書左丞《徐禪集》六卷，亡。

　　戴逵：見本書卷三二"論語類"。《晋書》卷九四載，戴逵少博學，善屬文。兩《唐志》著録《戴逵集》十卷，《宋志》無載，亡佚。《全晋文》卷一三七有輯文。孫廞（xīn）：姚振宗據《晋書》無載孫廞，而《晋書》卷七八載，孔廞，會稽山陰（今浙江紹興市）人，官至吳興太守、廷尉。《宋書》卷五六載，孔琳之父孔廞，光禄大夫。認爲"孫廞"爲"孔廞"之誤。兩《唐志》無載是集，亡佚。徐禪：咸康中爲博士。永和初轉尚書郎，累遷左丞。見《全晋文》卷一三一。兩《唐志》無載，亡佚。《全晋文》卷一三一有輯文。

晋太子前率《徐邈集》九卷。并《目録》。梁二十卷，《録》一卷。

　　徐邈：見本書卷三二"易類"。《晋書》卷九一載，徐邈博涉多聞，所注《穀梁傳》，見重於時。兩《唐志》著録《徐邈集》八卷，《宋志》無載，亡佚。《全晋文》卷一三六有輯文。

晋給事中《徐乾集》二十一卷。并《目録》。梁二十卷，《録》一卷。又有冠軍將軍《張玄之集》五卷，《録》一卷；員外常侍《荀世之集》八卷；《袁山松集》十卷；黄門郎《魏邊之集》

五卷；驃騎參軍《卞湛集》五卷；金紫光禄大夫《褚爽集》十六卷，《録》一卷。亡。

徐乾：見本書卷三二"春秋類"。兩《唐志》無載，亡佚。《全晋文》卷一三八有輯文。張玄之：又作張玄，字祖希。少以學顯，歷吏部尚書，出爲冠軍將軍、吳興太守。見《晋書》卷七九、《世説新語・言語》注引《續晋陽春秋》。兩《唐志》無載是集，亡佚。荀世之：生平事迹不詳。兩《唐志》無載，亡佚。袁山松：見本書卷三三"正史類"。《晋書》卷八三載，袁山松少有才名，博學有文章。兩《唐志》無載是集，《全晋文》卷五六有輯文。魏邊（dàng）之：會稽上虞（今浙江紹興市）人，任黄門郎。見《世説新語・賞譽》注引《魏氏譜》。兩《唐志》無載，亡佚。卞湛：生平事迹不詳。兩《唐志》有著録，《宋志》無載，亡佚。褚爽：字弘茂，河南陽翟（今河南禹州市）人。謝安甚重之，以爲義興太守。早卒，後追贈光禄大夫。兩《唐志》無載是集，亡佚。《全晋文》卷六七有輯文。

晋豫章太守《范甯集》十六卷。梁有晋餘杭令《范弘之集》六卷，亡。

范甯：疑即范甯，見本書卷三二"書類"。兩《唐志》著録《范甯集》十五卷，《宋志》無載，亡佚。《全晋文》卷一二五有范甯輯文。范弘之：字長文，南陽順陽（今河南淅川縣東）人。襲爵武興侯。爲太學博士，出爲餘杭令。《晋書》卷九一有傳。兩《唐志》無載，亡佚。《全晋文》卷一二五有輯文。

晋司徒《王珣集》十一卷。并《目録》。梁十卷，《録》一卷，亡。

王珣：字元琳，琅邪臨沂（今山東臨沂縣）人。從討袁真，封東亭侯。孝武帝時，徵爲尚書右僕射，加征虜將軍。隆安初，遷尚書令。後因疾解職，歲餘卒。《晋書》卷六五有傳。《世說新語·文學》注引《續晋陽秋》"珣學涉通敏，文高當世"。兩《唐志》著録《王珣集》十卷，《宋志》無載，亡佚。《全晋文》卷二〇有輯文。

晋處士《薄蕭之集》九卷。梁十卷。又有晋安北參軍《薄要集》九卷；《薄邕集》七卷；延陵令《唐邁之集》十一卷，《録》一卷。亡。

　　薄蕭之：或作薄肅之，生平事迹不詳。兩《唐志》著録《薄肅之集》十卷，《宋志》無載，亡佚。薄要：生平事迹不詳。兩《唐志》無載，亡佚。薄邕：生平事迹不詳。兩《唐志》無載，亡佚。唐邁之：生平事迹不詳。兩《唐志》無載，亡佚。

晋《孫恩集》五卷。梁有晋殿中將軍《傅綽集》十五卷，驍騎將軍《弘戎集》十六卷，御史中丞《魏叔齊集》十五卷，司徒右長史《劉寧之集》五卷，亡。

　　孫恩：字靈秀，琅邪（今山東境内）人。孫恩聚亡命徒復仇，自海上攻上虞，襲會稽。及桓玄用事，孫恩攻臨海，戰敗，赴海自沉。《晋書》卷一〇〇有傳。兩《唐志》無載是集，亡佚。傅綽：生平事迹不詳。兩《唐志》無載，亡佚。弘戎：生平事迹不詳。兩《唐志》無載，亡佚。魏叔齊：生平事迹不詳。兩《唐志》無載，亡佚。劉寧之：生平事迹不詳。兩《唐志》無載，亡佚。

晋臨海太守《辛德遠集》五卷。梁四卷。又有晋車騎參軍《何瑾之集》十一卷；太保《王恭集》五卷，《録》一卷；《殷覬集》十卷，《録》一卷。亡。

　　辛德遠：名昺，或作昞，又作景（避唐諱）。《晋書》卷一〇〇載，孫恩又寇臨海，臨海太守辛景討破之。兩《唐志》著録

《辛昞集》四卷，《宋志》無載，亡佚。《全晋文》卷一三八有輯文。何瑾之：又作何瑾。生平事迹不詳。兩《唐志》無載，亡佚。《全晋文》卷一四〇有輯文。王恭：字孝伯，太原晋陽（今山西太原市）人。起家爲佐著作郎，俄爲秘書丞。太元中，遷中書令，領太子詹事。孝武帝崩，王恭乃舉兵上表以討王愉、司馬尚之爲辭。朝廷遣人距之，王恭戰敗，被殺。《晋書》卷八四有傳。兩《唐志》無載是集，亡佚。《全晋文》卷二九有輯文。殷覬（jì）：又作殷顗，字伯通，陳郡（今河南境内）人。太元中，以中書郎升爲南蠻校尉，蒞職清明，政績蕭舉。以憂殷仲堪欲反而卒。《晋書》卷八三有傳。兩《唐志》無載，亡佚。

晋荆州刺史《殷仲堪集》十二卷。并《目録》。梁十卷，《録》一卷，亡。

殷仲堪：見本書卷三二"詩類"。兩《唐志》著録《殷仲堪集》十卷，《宋志》無載，亡佚。《全晋文》卷一二九有輯文。

晋驃騎長史《謝景重集》一卷。

謝景重：名重，陳郡陽夏（今河南太康縣）人。明秀有才名，爲會稽王道子驃騎長史。見《晋書》卷七九，兩《唐志》無載，亡佚。

晋《桓玄集》二十卷。梁有晋丹陽尹《卞範之集》五卷，《録》一卷；光禄勳《卞承之集》十卷，《録》一卷。亡。

桓玄：見本書卷三二"易類"。《晋書》卷九九載，桓玄博綜藝術，善屬文。兩《唐志》有著録，《宋志》無載，亡佚。《全晋文》卷一一九有輯文。卞範之：字敬祖，濟陰冤句（今山東菏澤市西南）人。桓玄將篡亂，以卞範之爲征虜將軍、散騎常侍。桓玄僭位，爲侍中，封臨汝縣公。桓玄爲劉毅所敗，卞範之斬於江陵。

《晋書》卷九九有傳。兩《唐志》無載，亡佚。《全晋文》卷一四
〇有輯文。卞承之：字敬宗，桓玄僭位，卞承之爲秘書監。義熙三
年，欲交結謀反，被劉裕斬之。見《晋書》卷九九、《全晋文》卷
一四〇。兩《唐志》無載，亡佚。《全晋文》卷一四〇有輯文。

晋東陽太守《殷仲文集》七卷。梁五卷。

殷仲文：見本書卷三二"孝經類"。《晋書》卷九九載，殷仲
文少有才藻，善屬文，爲世所重。兩《唐志》有著録，《宋志》無
載，亡佚。《全晋文》卷一二九有輯文。

晋司徒《王謐集》十卷。《録》一卷。梁有晋光禄大夫《伏系之集》十卷，《録》一卷，亡。

王謐（mì）：字稚遠，琅邪臨沂（今山東臨沂市）人。少有美
譽，拜秘書郎，襲父爵。爲吏部尚書，遷中書監，加散騎常侍，領
司徒。劉裕破桓玄，王謐加侍中，領揚州刺史、録尚書事。《晋書》
卷六五有傳。兩《唐志》有著録，《宋志》無載，亡佚。《全晋文》
卷二〇有輯文。伏系之：字敬魯，平昌安丘（今山東安丘市）人。
有文才，歷黃門郎、侍中、尚書、光禄大夫。見《晋書》卷九二、
《世説新語・寵禮》注引丘淵之《文章録》。兩《唐志》無載，亡
佚。《全晋文》卷一三三有輯文。

晋右軍參軍《孔璠集》二卷。

孔璠：又作孔璠之，生平事迹不詳。兩《唐志》有著録，《宋
志》無載，亡佚。《全宋文》卷二八有輯文。

晋衛軍諮議《湛方生集》十卷。《録》一卷。

湛方生：生平事迹不詳。兩《唐志》有著録，《宋志》無載，
亡佚。《全晋文》卷一四〇有輯文。

晋光禄大夫《祖台之集》十六卷。梁二十卷。

祖台之：見本書卷三三"雜傳類"。兩《唐志》無載，亡佚。《全晋文》卷一三八有輯文。

晋通直常侍《顧愷之集》七卷。梁二十卷。

顧愷之：見本書卷三二"小學類"。《晋書》卷九二載，顧愷之有文集及《啓矇記》行於世。兩《唐志》無載是集，《全晋文》卷一三五有輯文。

晋太常卿《劉瑾集》九卷。梁五卷。

劉瑾：字仲璋，南陽（今河南境内）人。有才力，歷尚書、太常卿。見《世説新語·品藻》注引劉瑾《集叙》。兩《唐志》著録《劉瑾集》八卷，《宋志》無載，亡佚。《全晋文》卷一四〇有輯文。

晋左僕射《謝混集》三卷。梁五卷。

謝混：字叔源，小字益壽，陳國陽夏（今河南太康縣）人。襲父爵。歷中書令、中領軍、尚書左僕射。以黨劉毅被誅，國除。《晋書》卷七九有傳。兩《唐志》無載，亡佚。《全晋文》卷八三有輯文。

晋秘書監《滕演集》十卷。《録》一卷。

滕演：字彦將，南陽西鄂（今河南南陽市）人。官歷記室參軍、黄門郎、秘書監。《宋書》卷四三有傳。《舊唐志》著録《滕演集》一卷，《新唐志》著録《滕演集》二卷，《宋志》無載，亡佚。

晋司徒長史《王誕集》二卷。梁有晋太尉諮議《劉簡之集》十卷，亡。

王誕：字茂世，琅邪臨沂（今山東臨沂市）人。襲爵雉鄉侯，拜秘書郎。宋高祖請爲太尉長史，又爲吴國内史。《宋書》卷五二、《南史》卷二三有傳。兩《唐志》無載，亡佚。《全晋文》卷一九有輯文。劉簡之：彭城吕（今江蘇徐州市）人。有志幹，爲宋高祖所知。官歷通直常侍、少府、太尉諮議參軍。見《宋書》卷五〇、《南史》卷一七。兩《唐志》無載，亡佚。

晋丹陽太守《袁豹集》八卷。梁十卷，《録》一卷。又有晋廬江太守《殷遵集》五卷，《録》一卷；興平令《荀軌集》五卷。亡。

袁豹：字士蔚，陳郡陽夏（今河南太康縣）人。博學善文辭，有經國才。初爲著作佐郎，後爲太尉長史、丹陽尹。《晋書》卷八三、《宋書》卷五二、《南史》卷二六有傳。兩《唐志》著録《袁豹集》十卷，《宋志》無載，亡佚。《全晋文》卷五六有輯文。殷遵：生平事迹不詳。兩《唐志》無載，亡佚。荀軌：生平事迹不詳。兩《唐志》無載，亡佚。

晋西中郎長史《羊徽集》九卷。梁十卷，《録》一卷。

羊徽：字敬猷，泰山南城（今山東泰安市）人。宋高祖鎮京口，爲記室參軍掌事。後爲太祖西中郎長史、河東太守。《宋書》卷六二、《南史》卷三六有傳。兩《唐志》著録《羊徽集》一卷，《宋志》無載，亡佚。《全晋文》卷一四一有輯文。

晋國子博士《周祇集》十一卷。梁二十卷，《録》一卷。又有晋相國主簿《殷闡集》十卷，《録》一卷；太常《傅迪集》十卷。亡。

　　周祗（zhī）：字穎文，陳郡（今河南境內）人。義熙初爲國子博士。見《宋書》卷四七、《南史》卷一七、《全晉文》卷一四二。兩《唐志》著錄《周祗集》十卷，《宋志》無載，亡佚。《全晉文》卷一四二有輯文。殷闡：何無忌府中文人。見《晉書》卷九九。兩《唐志》無載，亡佚。《全晉文》卷一四二有輯文。傅迪：字長猷，北地靈州（今寧夏靈武市）人。官至五兵尚書。永初二年卒，追贈太常。見《宋書》卷四三、《南史》卷一五。兩《唐志》無載，亡佚。

晋始安太守《卞裕集》十三卷。梁十五卷。又有晋《韋公藝集》六卷，亡。

　　卞裕：生平事迹不詳。兩《唐志》著錄《卞裕集》十四卷，《宋志》無載，亡佚。韋公藝：生平事迹不詳。兩《唐志》無載，亡佚。

晋《毛伯成集》一卷。

　　毛伯成：名玄，穎川（今河南禹州市）人。官至征西行軍參軍。見《世說新語·言語》注引《征西寮屬名》。兩《唐志》無載，亡佚。

晋沙門《支曇諦集》六卷。

　　支曇諦：姓康，祖先爲康居（今吉爾吉斯草原一帶）人。十歲出家，學不從師，悟自天發。講《禮》《易》《春秋》《法華》《大品》《維摩》。又善文翰，有集六卷，行於世。《高僧傳》卷七有傳。兩《唐志》有著錄，《宋志》無載，亡佚。《全晉文》卷一六五有輯文。

晋沙門《釋惠遠集》十二卷。

釋惠遠：又作慧遠。本姓賈，雁門婁煩（今山西太原市西北）人。師從道安，後至廬山，三十年影不出山，跡不入俗。惠遠善屬文章，所著論序銘贊詩書集爲十卷五十餘篇，見重於世。《高僧傳》卷六有傳。兩《唐志》著録《惠遠集》十五卷，《宋志》無載，亡佚。《全晉文》卷六一、卷六二有輯文。

晋姚萇沙門《釋僧肇集》一卷。

僧肇：京兆（今陝西西安市）人。家貧以傭書爲業，見《舊維摩經》，喜歡頂受，因此出家，隨鳩摩羅什入長安。姚興命僧肇等進逍遙園，助詳定經論。《高僧傳》卷六有傳。兩《唐志》無載，亡佚。《全晉文》卷一六四、卷一六五有輯文。

晋《王茂略集》四卷。

王茂略：即王濤，前著録之《王鑒集》下注有“晋著作佐郎《王濤集》五卷”，疑此爲其五卷本之殘本。

晋《曹毗集》四卷。

此集前已著録，疑此爲其別本。

晋《宗欽集》二卷。梁有晋中軍功曹《殷曠之集》五卷；太學博士《魏説集》十三卷；征西主簿《丘道護集》五卷，《録》一卷；柴桑令《劉遺民集》五卷，《録》一卷；《郭澄之集》十卷；徵士《周續之集》一卷；《孔瞻集》九卷。亡。

宗欽：非晋人，北魏人。字景若，金城（今甘肅蘭州市）人。博綜群言，聲著河右。仕沮渠蒙遜，爲中書郎、世子洗馬。世祖平涼，賜爵臥樹男，拜著作郎。崔浩被誅，宗欽亦賜死。《魏書》卷五二、《北史》卷三四有傳。兩《唐志》有著録，《宋志》無載，亡佚。《全後魏文》卷二九有輯文。殷曠之：陳郡（今河南境內）

人。殷仲堪之子，有父風，仕至剡令。見《晋書》卷八四。兩《唐志》無載，亡佚。魏説：生平事迹不詳。兩《唐志》無載，亡佚。丘道護：生平事迹不詳。兩《唐志》無載，亡佚。劉遺民：見本書卷三四"道家"。兩《唐志》無載，亡佚。郭澄之：見本書卷三四"小説家"。《晋書》卷九二載，少有才思，所著文集行於世。兩《唐志》無載，亡佚。周續之：字道祖，雁門廣武（今山西代縣）人。從師范甯，通五經及緯、候。入廬山，事沙門釋惠遠。屢辟，不就。其《毛詩》六義及《禮論》等，皆傳於世。《宋書》卷九三、《南史》卷七五有傳。兩《唐志》無載是集，亡佚。《全晋文》卷一四二有輯文。孔瞻：生平事迹不詳。兩《唐志》無載，亡佚。

晋江州刺史王凝之妻《謝道韞集》二卷。梁有婦人晋司徒王渾妻《鍾夫人集》五卷，晋武帝《左九嬪集》四卷，晋太宰賈充妻《李扶集》一卷，晋武平都尉陶融妻《陳窈集》一卷，晋都水使者妻《陳玢集》五卷，晋海西令劉臻妻《陳珍集》七卷，晋劉柔妻《王邵之集》十卷，晋散騎常侍傅伉妻《辛蕭集》一卷，晋松陽令鈕滔母《孫瓊集》二卷，晋成公道賢妻《龐馥集》一卷，晋宣城太守何殷妻《徐氏集》一卷，亡。

謝道韞：陳國陽夏（今河南太康縣）人。聰識有才辯。及孫恩亂，夫與諸子遇害。所著詩賦誄頌並行於世。《晋書》卷九六有傳。兩《唐志》無載，亡佚。《全晋文》卷一四四有輯文。鍾夫人：字琰，穎川（今河南禹州市）人。聰慧弘雅，博覽記籍，其所著詩賦頌誄行於世。《晋書》卷九六有傳，又見《世説新語·賢媛》注引《婦人集》。兩《唐志》著錄《鍾夫人集》三卷，《宋志》無載，亡佚。《全晋文》卷一四四有輯文。左九嬪：名芬，齊國臨淄（今山東淄博市）人。少好學，善綴文，武帝聞而納之。泰始八年，拜修儀。其答兄左思詩、書及雜賦頌數十篇，並行於世。《晋書》卷三

一有傳。兩《唐志》著録《左九嬪集》一卷，《宋志》無載，亡
佚。《全晉文》卷一三有輯文。李扶：賈充前妻，淑美有才行。因
父李豐被誅，坐流徙，後遇赦得還。李氏作《女訓》行於世。見
《晉書》卷四〇。兩《唐志》無載，亡佚。陳窈：生平事迹不詳。
兩《唐志》無載，亡佚。《全晉文》卷一四四有輯文。陳玢：生平
事迹不詳。兩《唐志》無載，亡佚。陳珍：聰辯能屬文，作《椒
花頌》，行於世。見《晉書》卷九六。兩《唐志》著録劉臻妻《陳
氏集》五卷，《宋志》無載，亡佚。《全晉文》卷一四四有輯文。
王邵之：生平事迹不詳。兩《唐志》無載，亡佚。《全晉文》卷一
四四有王劭之輯文。辛蕭：生平事迹不詳。兩《唐志》無載，亡
佚。《全晉文》卷一四四有輯文。孫瓊：生平事迹不詳。兩《唐
志》無載，亡佚。《全晉文》卷一四四有輯文。龐馥：生平事迹不
詳。兩《唐志》無載，亡佚。徐氏：生平事迹不詳。兩《唐志》
無載，亡佚。

《宋武帝集》十二卷。梁二十卷，《録》一卷。

　　宋武帝：見本書卷三二本志"大序"。《日本國見在書目録》
著録《劉豫帝集》十五卷，兩《唐志》著録《宋武帝集》二十卷，
《宋志》無載，亡佚。《全宋文》卷一有輯文。

《宋文帝集》七卷。梁十卷，亡。

　　宋文帝：諱義隆，彭城（今江蘇徐州市）人，武帝第三子。博
涉經史，善隸書。《宋書》卷五、《南史》卷一有傳。兩《唐志》
著録《宋文帝集》十卷，《宋志》無載，亡佚。《全宋文》卷二至
卷四有輯文。

《宋孝武帝集》二十五卷。梁三十一卷，《録》一卷。又有
《宋廢帝景和集》十卷，《録》一卷；《明帝集》三十三卷。亡。

宋孝武帝：諱駿，字休龍，文帝子。少機穎，才藻甚美。《宋書》卷七、《南史》卷二有紀。兩《唐志》無載，《直齋書錄解題》卷一九著錄《宋武帝集》一卷，稱"孝武駿也"。《全宋文》卷五、卷六有輯文。宋廢帝：諱子業，孝武帝長子。《宋書》卷六、《南史》卷二有紀。兩《唐志》無載，亡佚。《全宋文》卷七有輯文。宋明帝：見本書卷三二"易類"。《宋書》卷八載，明帝撰《江左以來文章志》，又續衛瓘所注《論語》二卷，行於世。兩《唐志》無載是集，亡佚。《全宋文》卷七至卷九有輯文。

宋《長沙王道憐集》十卷。《錄》一卷。梁有宋《臨川王道規集》四卷，《錄》一卷。

長沙王道憐：高祖弟。從武帝征廣固，封竟陵公。武帝受命，遷太尉，封長沙王。《宋書》卷五一、《南史》卷一三有傳。兩《唐志》有著錄，《宋志》無載，亡佚。《全宋文》卷一一有長沙王劉義欣輯文。疑《長沙王道憐集》爲《長沙王義欣集》之誤。臨川王道規：字道則，高祖弟。高祖與其謀誅桓玄，以起義勳封華容縣公。累遷荊州刺史，加都督，加散騎常侍。卒，追封臨川王。《宋書》卷五一、《南史》卷一三有傳。兩《唐志》無載是集，亡佚。

宋《臨川王義慶集》八卷。

臨川王義慶：見本書卷三三"雜傳"。《宋書》卷五一載，劉義慶愛好文義，才詞雖不多，然足爲宗室之表。兩《唐志》有著錄，《宋志》無載，亡佚。《全宋文》卷一一有輯文。

宋《江夏王義恭集》十一卷。梁十五卷，《錄》一卷。又有《江夏王集別本》十五卷；宋《衡陽王義季集》十卷，《錄》一卷。亡。

江夏王義恭：武帝子，元嘉元年封江夏王。孝武帝時進太宰，領司徒。撰《要記》五卷。前廢帝狂悖無道，義恭等謀廢立。永光元年，前廢帝率羽林於第害之。《宋書》卷六一、《南史》卷一三有傳。《舊唐志》著録宋《江夏王集》十三卷，《新唐志》著録《江夏王義恭集》十五卷，《宋志》無載，亡佚。《全宋文》卷一一、卷一二有輯文。衡陽王義季：武帝子，元嘉元年封衡陽王。二十一年，爲都督南兗徐青冀幽六州諸軍事、征北大將軍、開府儀同三司，南兗州刺史。《宋書》卷六一、《南史》卷一三有傳。兩《唐志》有著録，《宋志》無載，亡佚。《全宋文》卷一二有輯文。

宋《南平王鑠集》五卷。梁有宋《竟陵王誕集》二十卷，《建平王休度集》十卷，《新渝惠侯義宗集》十二卷，散騎常侍《祖柔之集》二十卷，亡。

南平王鑠：字休玄，文帝子，元嘉十六年封南平王。少好學，有文才，作《擬古詩》三十餘首。元凶弑立，以鑠爲侍中，録尚書事。義軍入宮，歸順，後被毒殺。《宋書》卷七二、《南史》卷一四有傳。兩《唐志》有著録，《宋志》無載，亡佚。《全宋文》卷一三有輯文。竟陵王誕：字休文，文帝子，元嘉二十年封廣陵王。孝武帝即位，改封竟陵王。誕初討元凶，有奔牛之捷，故遭孝武猜忌。大明三年，遣車騎大將軍討斬之，貶姓留氏。《宋書》卷七九、《南史》卷一四有傳。兩《唐志》無載是集，亡佚。《全宋文》卷一三有輯文。建平王休度：諱宏，文帝子，元嘉二十一年封建平王。歷位中護軍、中書令，轉尚書令。《宋書》卷七二、《南史》卷一四有傳。《舊唐志》著録宋《建平王集》十卷、宋《建平王小集》十五卷，《新唐志》著録《建平王宏集》十卷，又《小集》六卷，《宋志》無載，亡佚。《全宋文》卷一三有輯文。新渝惠侯義宗：字伯奴，長沙王劉道憐子，封新渝縣侯。位太子左衛率、侍中、太子詹事。《宋書》卷五一、《南史》卷一三有傳。《舊唐志》

著録宋《劉義宗集》十五卷，《新唐志》著録《新渝侯義宗集》十二卷，《宋志》無載，亡佚。祖柔之：生平事迹不詳。兩《唐志》無載，亡佚。

宋豫章太守《謝瞻集》三卷。梁有宋征虜將軍《沈林子集》七卷，亡。

謝瞻：字宣遠，一名簷，字通遠，陳郡陽夏（今河南太康縣）人。歷任高祖鎮軍、相國從事中郎。後爲豫章太守。謝瞻善於文章，辭采之美，可與謝混、謝靈運相抗。《宋書》卷五六、《南史》卷一九有傳。兩《唐志》著録《謝瞻集》二卷，《宋志》無載，亡佚。《全宋文》卷三三有輯文。沈林子：字敬士，吳興武康（今浙江湖州市）人。歸高祖，從其克京城，進平都邑。高祖踐祚，以佐命功封漢壽縣伯，進位輔國將軍。沈林子所著詩、賦、贊、三言、箋、祭文、樂府、表、牋、書記、論等一百二十一首，傳於世。《宋書》卷一〇〇有傳。兩《唐志》有著録，《宋志》無載，亡佚。

宋太常卿《孔琳之集》九卷。并《目録》。梁十卷，《録》一卷。

孔琳之：字彦琳，會稽山陰（今浙江紹興市）人。宋國初建，爲侍中，出爲吳興太守。永初二年，爲御史中丞，又遷祠部尚書。景平元年卒，追贈太常。《晉書》卷七八、《宋書》卷五六、《南史》卷二七有傳。兩《唐志》著録《孔琳之集》十卷，《宋志》無載，亡佚。《全宋文》卷二七有輯文。

宋《王叔之集》七卷。梁十卷，《録》一卷。

王叔之：見本書卷三四“道家”。兩《唐志》著録《王叔之集》十卷，《宋志》無載，亡佚。《全宋文》卷五七有輯文。

宋太中大夫《徐廣集》十五卷。《録》一卷。

徐廣：見本書卷三二"詩類"。《宋書》卷五五載，徐廣百家數術，無不研覽。兩《唐志》有著録，《宋志》無載，亡佚。《全晉文》卷一三六有輯文。

宋秘書監《盧繁集》一卷。殘缺。梁十卷，《録》一卷。

盧繁：或作虞繁，生平事迹不詳。兩《唐志》無載，亡佚。《全宋文》卷四〇有虞繁輯文。

宋侍中《孔甯子集》十一卷。并《目録》。梁十五卷，《録》一卷。

孔甯子：會稽（今浙江紹興市）人。爲太祖鎮西諮議參軍，以文義見賞，至是爲黃門侍郎、領步兵校尉。見《宋書》卷六三、《南史》卷二三。兩《唐志》著録《孔甯子集》十五卷，《宋志》無載，亡佚。《全宋文》卷二八有輯文。

宋建安太守《卞瑾集》十卷。梁十卷。

卞瑾：生平事迹不詳。兩《唐志》有著録，《宋志》無載，亡佚。

宋太常卿《蔡廓集》九卷。并《目録》。梁十卷，《録》一卷。又有宋《王韶之集》二十四卷，亡。

蔡廓：字子度，濟陽考城（今河南蘭考縣）人。博涉群書，言行以禮。宋國初建，爲侍中。以剛正補爲御史中丞，遷祠部尚書。《宋書》卷五七、《南史》卷二九有傳。兩《唐志》著録《蔡廓集》十卷，《宋志》無載，亡佚。《全宋文》卷二七有輯文。王韶之：見本書卷三三"古史類"。《宋書》卷六〇載，王韶之制七廟歌辭，有文集行於世。《舊唐志》著録《王韶之集》二十四卷，《新唐志》

著録《王韶之集》二十卷，《宋志》無載，亡佚。《全宋文》卷一八有輯文。

宋尚書令《傅亮集》三十一卷。梁二十卷，《録》一卷。又有宋征南長史《孫康集》十卷，左軍長史《范述集》三卷，亡。

傅亮：見本書卷三三“雜傳類”。《宋書》卷四三載，傅亮善文辭，高祖之表策文誥，多出其手。兩《唐志》著録《傅亮集》十卷，《宋志》無載，亡亡。現有漢魏六朝百三名家集本《宋傅光禄集》一卷。《全宋文》卷二六有輯文。孫康：太原（今山西太原市）人。起部郎，清介，郊游不雜。見《南史》卷五七。兩《唐志》有著録，《宋志》無載，亡佚。范述：生平事迹不詳。兩《唐志》無載，亡佚。

宋太常卿《鄭鮮之集》十三卷。梁二十卷，《録》一卷。

鄭鮮之：字道子，滎陽開封（今河南開封市）人。宋高祖踐祚，遷太常，都官尚書。元嘉三年，拜尚書右僕射。文集傳於世。《宋書》卷六四、《南史》卷三三有傳。兩《唐志》著録《鄭鮮之集》二十卷，《宋志》無載，亡佚。《全宋文》卷二五有輯文。

宋徵士《陶潛集》九卷。梁五卷，《録》一卷。又有《張野集》十卷；宋零陵令《陶階集》八卷；東莞太守《張元瑾集》八卷；光禄大夫《王曇首集》二卷，《録》一卷。亡。

陶潛：見本書卷三三“雜傳類”。《舊唐志》著録《陶淵明集》五卷；《新唐志》著録《陶潛集》二十卷，又《集》五卷。《崇文總目》著録《陶潛集》十卷，《宋志》著録《陶淵明集》十卷。《郡齋讀書志》卷一七著録《陶潛集》十卷，稱今集有數本，七卷者，梁蕭統編；十卷者，北齊陽休之編。休之本出自宋庠家，此江左名家舊書，其次第最有倫貫，獨《四八目》後《八儒》《三墨》

二條，似後人妄加。《四庫全書總目》卷一四八著録《陶淵明集》八卷，提要稱，北齊流行的陶集有八卷本、六卷本和蕭統編的八卷本，楊休之參合三本，定爲十卷，即宋庠所稱江左本，也是今世所行之本。其中《五孝傳》及《四八目》所引《尚書》自相矛盾，當必依託之文。遵乾隆指示，將此二篇一併删除。今傳《陶淵明集》有多種，其間有保留《五孝傳》及《四八目》者。現有《陶淵明集》十卷，宋刻遞修本；《陶淵明集》八卷，明嘉靖二十九年懷易堂刻本；《陶靖節集》六卷，明崇禎十三年春畫堂刻本；《陶靖節全集》五卷，明萬曆二十九年刻本；《陶淵明全集》四卷，明白鹿齋刻陶李合刻本等。又有漢魏六朝百三名家集《陶彭澤集》一卷，六朝四家全集本《陶彭澤集》六卷。另，今有多種整理本。張野：生平事迹不詳。兩《唐志》無載，亡佚。《全宋文》卷四〇有輯文。陶階：生平事迹不詳。兩《唐志》無載，亡佚。張元瑾：生平事迹不詳。兩《唐志》無載，亡佚。王曇首：琅邪臨沂（今山東臨沂市）人。武帝稱其有宰相才。文帝時，以其爲侍中，尋領右衛將軍、驍騎將軍，遷太子詹事。《宋書》卷六三、《南史》卷二二有傳。兩《唐志》有著録，《宋志》無載，亡佚。《全宋文》卷一八有輯文。

宋太常卿《范泰集》十九卷。梁二十卷，《録》一卷。

范泰：見本書卷三四"雜家"。《宋書》卷六〇載，范泰博覽篇籍，撰《古今善言》二十四篇及文集傳於世。兩《唐志》著録《范泰集》二十卷，《宋志》無載，亡佚。《全宋文》卷一五有輯文。

宋中書郎《荀昶集》十四卷。梁十五卷，《録》一卷。又有《卞伯玉集》五卷，《録》一卷；中散大夫《羊欣集》七卷。亡。

荀昶：見本書卷三二"孝經類"。兩《唐志》有著録，《宋志》

無載，亡佚。卞伯玉：見本書卷三二"易類"。兩《唐志》有著錄，《宋志》無載，亡佚。《全宋文》卷四〇有輯文。羊欣：見本書卷三四"醫家"。《南齊書》卷三三載，王僧虔將羊欣所撰《能書人名》一卷，獻給齊太祖。兩《唐志》無載，亡佚。《全宋文》卷二二有輯文。

宋司徒《王弘集》一卷。梁二十卷，《錄》一卷。又有宋金紫光祿大夫《沈演之集》十卷，廣平太守《范凱集》八卷，亡。

王弘：見本書卷三三"儀注類"。兩《唐志》著錄《王弘集》二十卷，《宋志》無載，亡佚。《全宋文》卷一八有輯文。沈演之：原脫"之"，據其本傳補。字臺真，吳興武康（今浙江湖州市）人。其家世爲將，而演之折節好學。襲父別爵吉陽縣五等侯。歷任右衛參軍、侍中、吏部尚書，領太子右衛率。《宋書》卷六三、《南史》卷三六有傳。兩《唐志》無載，亡佚。《全宋文》卷四一有輯文。范凱：字季倫，南陽順陽（今河南淅川縣）人，范甯幼子。見《春秋穀梁傳序疏》、《晉書》卷九〇。兩《唐志》無載，亡佚。

宋沙門《釋惠琳集》五卷。梁九卷，《錄》一卷。又有宋《范晏集》十四卷，亡。

釋惠琳：又作慧琳，見本書卷三二"孝經類"。《宋書》卷九七載，慧琳注《孝經》及《莊子・逍遥篇》、文論，傳於世。兩《唐志》有著錄，《宋志》無載，亡佚。《全宋文》卷二六有輯文。范晏：見本書卷三三"雜傳類"。兩《唐志》無載，亡佚。

宋司徒參軍《謝惠連集》六卷。梁五卷，《錄》一卷。又有宋太常《謝弘微集》二卷，亡。

謝惠連：陳郡陽夏（今河南太康縣）人。所作《雪賦》，以高麗見奇。有文章傳世。元嘉七年，爲司徒彭城王義康法曹參軍。
《宋書》卷五三、《南史》卷一九有傳。兩《唐志》、《宋志》著錄
《謝惠連集》五卷。《直齋書錄解題》卷一九著錄《謝惠連集》一
卷，稱本集五卷，今惟詩二十四首。現有漢魏諸名家集本《謝惠連
集》一卷，漢魏六朝百三名家集本《謝法曹集》一卷，漢魏六朝
名家集初刻本《謝法曹集》二卷，《全宋文》卷三四有輯文。謝弘
微：本名密，以字行。陳郡陽夏（今河南太康縣）人。義熙初，襲
謝峻爵建昌縣侯。拜員外散騎、琅邪王大司馬參軍。歷任右衛將
軍、侍中。《宋書》卷五八、《南史》卷二〇有傳。兩《唐志》有
著錄，《宋志》無載，亡佚。

宋臨川內史《謝靈運集》十九卷。梁二十卷，《錄》一卷。

　　謝靈運：見本書卷三三"正史類"。《宋書》卷六七載，謝靈
運博覽群書，文章之美，江左莫逮，所著文章傳於世。兩《唐志》
著錄《謝靈運集》十五卷，《宋志》著錄《謝靈運集》九卷，後
亡。現有漢魏諸名家集本《謝康樂集》四卷，漢魏六朝百三名家集
本《謝康樂集》二卷，漢魏六朝名家集初刻本《謝康樂集》五卷
等，《全宋文》卷三〇至卷三三有輯文。

宋給事中《丘深之集》七卷。梁十五卷。又有義成太守《祖
企之集》五卷；荊州西曹《孫韶集》十卷；《殷淳集》二卷；揚州
刺史《殷景仁集》九卷；國子博士《姚濤之集》二十卷，《錄》一
卷；《周祗集》十一卷。亡。

　　丘深之：即丘淵之，見本書卷三三"簿錄類"。《舊唐志》著
錄《丘泉之集》六卷，《新唐志》著錄《丘淵之集》六卷，《宋志》
無載，亡佚。祖企（xiān，同仙）之：生平事迹不詳。兩《唐志》
無載，亡佚。孫韶：生平事迹不詳。兩《唐志》無載，亡佚。殷
淳：字粹遠，陳郡長平（今河南西華縣東北）人。景平初，爲秘書

郎，後爲秘書丞、中書黄門侍郎。愛好文義，撰《四部書目》凡四十卷，行於世。《宋書》卷五九、《南史》卷二七有傳。兩《唐志》著録《殷淳集》三卷，《宋志》無載，亡佚。殷景仁：陳郡長平（今河南西華縣東北）人。高祖甚知之，任其爲太子中庶子。太祖即位，爲侍中。遷尚書僕射、中書令，爲揚州刺史。《宋書》卷六三、《南史》卷二七有傳。兩《唐志》無載，亡佚。《全宋文》卷二九有輯文。姚濤之：生平事迹不詳。兩《唐志》有著録，《宋志》無載，亡佚。周祋（duì）：生平事迹不詳。兩《唐志》無載，亡佚。

《殷闡之集》一卷。

殷闡之：即殷闡。前著録"晋國子博士《周祇集》"下注有"晋相國主簿《殷闡集》十卷，《録》一卷"。疑此一卷或爲其殘卷。

宋徵士《宗景集》十六卷。梁十五卷。

宗景：即宗炳，字少文，南陽涅陽（今河南鎮平縣南）人。自宋受禪至元嘉中，屢辟不就。《宋書》卷九三、《南史》卷七五有傳。兩《唐志》著録《宗炳集》十五卷，《宋志》無載，亡佚。《全宋文》卷二〇、卷二一有輯文。

宋徵士《雷次宗集》十六卷。梁二十九卷，《録》一卷。

雷次宗：見本書卷三二"詩類"。兩《唐志》著録《雷次宗集》三十卷，《宋志》無載，亡佚。《全宋文》卷二九有輯文。

宋奉朝請《伍緝之集》十二卷。梁有宋南蠻主簿《衞令元集》八卷；《范曄集》十五卷，《録》一卷；撫軍諮議《范廣集》一卷；右光禄大夫《王敬弘集》五卷，《録》一卷；《任豫集》

六卷。

伍緝之：生平事迹不詳。兩《唐志》著録《伍緝之集》十一卷，《宋志》無載，亡佚。《全宋文》卷四〇有輯文。衛令元：生平事迹不詳。兩《唐志》有著録，《宋志》無載，亡佚。范曄：見本書卷三三"正史類"。兩《唐志》無載是集，亡佚。《全宋文》卷一五有輯文。范廣：當作范廣淵，避唐諱，去"淵"。順陽（今河南淅川縣東）人。范泰少子，善屬文。世祖撫軍諮議參軍，領記室，坐范曄事從誅。見《宋書》卷六〇。兩《唐志》無載是集，亡佚。王敬弘：本名裕之，避高祖諱，以字行。仕晋入宋，歷任尚書僕射、侍中、左光禄大夫、開府儀同三司。《宋書》卷六六、《南史》卷二四有傳。兩《唐志》無載是集，亡佚。《全宋文》卷一七有輯文。任豫：生平事迹不詳。兩《唐志》無載，亡佚。《全宋文》卷四〇有輯文。

宋御史中丞《何承天集》二十卷。梁三十二卷，亡。

何承天：見本書卷三二"禮類"。《宋書》卷六四載，何承天《禮論》並《前傳》《雜傳》《纂文》及文集皆傳於世。《舊唐志》著録《何承天集》三十卷，《新唐志》著録《何承天集》二十卷，《宋志》無載，亡佚。現有漢魏六朝百三名家集本《宋何衡陽集》一卷，增定漢魏六朝別解本《何衡陽集》，《全宋文》卷二二至卷二四有輯文。

宋太中大夫《裴松之集》十三卷。梁二十一卷。又有《王韶之集》十九卷；宋光禄大夫《江湛集》四卷，《録》一卷。亡。

裴松之：見本書卷三二"禮類"。《宋書》卷六四載，裴松之博覽墳籍，所著文論及《晋紀》，並行於世。兩《唐志》著録《裴松之集》三十卷，《宋志》無載，亡佚。《全宋文》卷一七有輯文。王韶之集：見前"宋太常卿《蔡廓集》"條下注，此十九卷本當爲其別本。江湛：字徽淵，濟陽考城（今河南蘭考縣）人。歷任左衛將軍、吏部尚書。元凶劉劭入弑，江湛遇害。《宋書》卷七一、《南史》卷三六有傳。兩《唐志》無載是集，亡佚。

宋太尉《袁淑集》十一卷。并《目録》。梁十卷，《録》一卷。

袁淑：字陽源，陳郡陽夏（今河南太康縣）人。好屬文，辭采遒艷，縱橫有辯才。元嘉二十六年，累遷尚書吏部郎，後爲太子左衛率。元凶劉劭爲逆，袁淑不從行，被殺。文集傳於世。《宋書》卷七〇、《南史》卷二六有傳。兩《唐志》著録《袁淑集》十卷，《宋志》無載，亡佚。現有漢魏六朝百三名家集本《宋袁陽源集》一卷，乾坤正氣集本《袁忠憲集》一卷，《全宋文》卷四四有輯文。

宋秘書監《王微集》十卷。梁有《録》一卷。又有宋太子舍人《王僧謙集》二卷，金紫光禄大夫《王僧綽集》一卷，征北行參軍《顧邁集》二十卷，魚復令《陳超之集》十卷，平南將軍《何長瑜集》八卷，亡。

王微：字景玄，琅邪臨沂（今山東臨沂市）人。少好學，無不通覽，善屬文。起家司徒祭酒，轉主簿，始興王友。所著文集傳於世。《宋書》卷六二、《南史》二一有傳。兩《唐志》有著録，《宋志》無載，亡佚。《全宋文》卷一九有輯文。王僧謙：王微之弟，亦有才譽，爲太子舍人。見《宋書》卷六二。兩《唐志》無載是集，亡佚。王僧綽：琅邪臨沂（今山東臨沂市）人。好學有理思，練悉朝典。襲封豫寧縣侯，歷任秘書丞、太子中庶子、侍中。元凶劉劭弑立，轉爲吏部尚書，後又加害焉。《宋書》卷七一、《南史》卷二二有傳。兩《唐志》無載，亡佚。顧邁：吳郡（今江蘇境内）人。始興王濬征北府參軍，輕薄有才能。在廣州，正值蕭簡爲亂，爲之盡力，死之。見《宋書》卷四二。兩《唐志》無載，亡佚。
陳超之：生平事迹不詳。兩《唐志》無載，亡佚。何長瑜：東海
（今江蘇境内）人。臨川王義慶招集文士，長瑜自國侍郎至平西記
室參軍。盧陵王紹以其爲南中郎行參軍，掌書記之任。行至板橋，
遇暴風溺亡。見《宋書》卷六七、《南史》卷一九。兩《唐志》無
載是集，亡佚。

宋員外郎《荀雍集》二卷。梁四卷。又有宋國子博士《范演
集》八卷，錢唐令《顧昱集》六卷，臨成令《韓潚之集》八卷，
南陽太守《沈亮之集》七卷，國子博士《孔欣集》九卷，臨海太
守《江玄叔集》四卷，尚書郎《劉馥集》十一卷，太子中舍人
《張演集》八卷，南昌令《蔡眇之集》三卷，太學博士《顧雅集》
十三卷，巴東太守《孫仲之集》十一卷，太尉諮議參軍《謝元集》
一卷，南海太守《陸展集》九卷，棘陽令《山謙之集》十二卷，
廣州刺史《羊希集》九卷，員外常侍《周始之集》十一卷，主客
郎《羊崇集》六卷，太子舍人《孔景亮集》三卷，亡。

　　荀雍：字道雍，潁川（今河南禹州市）人。官至員外散騎郎。
見《宋書》卷六七、《南史》卷一九。兩《唐志》著録《荀雍集》
一卷，《宋志》無載，亡佚。范演：生平事迹不詳。兩《唐志》無
載，亡佚。顧昱：生平事迹不詳。兩《唐志》無載，亡佚。韓潚
之：生平事迹不詳。兩《唐志》無載，亡佚。沈亮之：即沈亮，字
道明，吳郡武康（今浙江湖州市）人。元嘉二十二年，爲南陽太
守，加揚威將軍，後又領義成太守。所著詩賦、頌讚、三言、誄、
哀辭、樂府、挽歌、連珠、牋、表、籤、議等一百八十九首。《宋
書》卷一〇〇有傳。兩《唐志》無載是集，亡佚。《全宋文》卷四
一有輯文。孔欣：生平事迹不詳。《舊唐志》著録《孔欣集》八
卷，《新唐志》著録《孔欣集》十卷，《宋志》無載，亡佚。《全宋
文》卷四〇有輯文。江玄叔：名秉之，濟陽考城（今河南蘭考縣）

人。初爲劉穆之丹陽前軍府參軍。宋受禪，爲都官尚書郎，以善政著名。遷補新安太守，轉在臨海。《宋書》卷九二、《南史》卷三六有傳。兩《唐志》無載，亡佚。劉馥：生平事迹不詳。兩《唐志》無載，亡佚。張演：吳郡吳（今江蘇蘇州市）人。太子中舍人，有盛名，早卒。見《宋書》卷五三。兩《唐志》無載，亡佚。蔡眇之：生平事迹不詳。兩《唐志》無載，亡佚。顧雅：生平事迹不詳。兩《唐志》無載，亡佚。孫仲之：生平事迹不詳。兩《唐志》無載，亡佚。謝元：見本書卷三三"儀注類"。兩《唐志》無載，亡佚。《全宋文》卷三三有輯文。陸展：吳郡吳（今江蘇蘇州市）人。有辭章之美。爲臧質車騎長史、尋陽太守。質敗，從誅。見《宋書》卷五一、卷九二。兩《唐志》無載，亡佚。山謙之：見本書卷三三"地理類"。兩《唐志》無載，亡佚。羊希：字泰聞，泰山南城（今山東泰安市）人。少有才氣。泰始三年，爲寧朔將軍、廣州刺史。四年，行晉康太守劉思道率所領攻廣州，羊希軍敗，被殺。《宋書》卷五四、《南史》卷三六有傳。兩《唐志》無載，亡佚。《全宋文》卷二二有輯文。周始之：生平事迹不詳。兩《唐志》無載，亡佚。羊崇：字伯遠，羊希子，官至尚書主客郎。見《宋書》卷五四。兩《唐志》無載，亡佚。孔景亮：生平事迹不詳。兩《唐志》無載，亡佚。

宋中書郎《袁伯文集》十一卷。并《目録》。梁有宋丞相諮議《蔡超集》七卷，亡。

袁伯文：生平事迹不詳。兩《唐志》有著録，《宋志》無載，亡佚。《全宋文》卷四〇有輯文。蔡超：見本書卷三二"禮類"。兩《唐志》無載，亡佚。

宋東中郎長史《孫緬集》八卷。并《目録》。梁十一卷。又有宋《賀道養集》十卷；太子洗馬《謝登集》六卷；新安太守

《張鏡集》十卷；兼中書舍人《褚詮之集》八卷，《錄》一卷。亡。

　　孫緬：太康（今河南太康縣）人，有學義，宋明帝甚知之。官位尚書左丞、東中郎司馬。見《南史》卷七五。兩《唐志》著錄《孫緬集》十卷，《宋志》無載，亡佚。《全宋文》卷五四有輯文。賀道養：見本書卷三二"春秋類"。兩《唐志》有著錄，《宋志》無載，亡佚。《全宋文》卷四三有輯文。謝登：生平事迹不詳。兩《唐志》無載，亡佚。張鏡：見本書卷三三"儀注類"。兩《唐志》無載，亡佚。《全宋文》卷四九有輯文。褚詮之：生平事迹不詳。兩《唐志》有著錄，《宋志》無載，亡佚。

宋特進《顏延之集》二十五卷。梁三十卷。又有《顏延之逸集》一卷，亡。

　　顏延之：見本書卷三二"禮類"。《宋書》卷七三載，顏延之與謝靈運俱以辭采齊名，所著並傳於世。兩《唐志》著錄《顏延之集》三十卷，《宋志》著錄《顏延之集》五卷。現有漢魏諸名家集本《顏延之集》一卷，漢魏六朝百三名家集本《顏光祿集》一卷，漢魏六朝名家集初刻本《顏延年集》四卷，增定漢魏六朝別解本《顏光祿集》，《全宋文》卷三六至卷三八有輯文。

宋東揚州刺史《顏竣集》十四卷。并《目錄》。

　　顏竣：字士遜，琅邪臨沂（今山東臨沂市）人，顏延之子。孝武即位，歷任侍中、左衛將軍，封建城縣侯。大明元年，爲東揚州刺史。及竟陵王爲逆，於獄中賜死。文集行於世。《宋書》卷七五、《南史》卷三四有傳。兩《唐志》著錄《顏竣集》十三卷，《宋志》無載，亡佚。《全宋文》卷三八有輯文。

宋大司馬錄事《顏測集》十一卷。并《目錄》。

　　顏測：顏竣弟，亦以文章見知。官至江夏王義恭大司徒錄事參軍，早卒。見《宋書》卷七三、《南史》卷三四。兩《唐志》有著錄，《宋志》無載，亡佚。《全宋文》卷三八有輯文。

宋護軍將軍《王僧達集》十卷。梁有《録》一卷。又有國子博士《羊戎集》十卷，江寧令《蘇寶生集》四卷，兗州別駕《范義集》十二卷，吳興太守《劉瑀集》七卷，本郡孝廉《劉氏集》九卷，亡。

王僧達：琅邪臨沂（今山東臨沂市）人。少好學，善屬文。孝武帝即位，爲尚書右僕射、南蠻校尉。大明中，以歸順功，封寧陵縣五等侯，累遷中書令。因其屢經狂逆，又無悔改之心，獄中賜死。《宋書》卷七五、《南史》卷二一有傳。兩《唐志》、《宋志》有著録，後亡。《全宋文》卷一九有輯文。羊戎：泰山南城（今山東泰安市）人。少有才氣，而輕薄少行檢。位通直郎，坐與王僧達謗時政，賜死。見《宋書》卷五四、《南史》卷三六。兩《唐志》無載，亡佚。蘇寶生：或曰蘇寶，有文義之美，官至南臺侍御史、江寧令。坐知高闇反不即启聞，伏誅。見《宋書》卷七五、《南史》卷二一。兩《唐志》無載，亡佚。范義：字明休，濟陽考城（今河南蘭考縣）人。竟陵王誕據廣陵反，范義爲左司馬、左將軍。事平，被誅。見《宋書》卷七九。兩《唐志》無載，亡佚。劉瑀：字茂琳，東莞莒（今山東莒縣）人。少有才氣，爲太祖所知。歷任從事中郎、淮南太守。世祖即位，召爲御史中丞，甚得志。大明二年，遷吳興太守。《宋書》卷四二、《南史》卷一五有傳。兩《唐志》有著録，《宋志》無載，亡佚。《全宋文》卷三九有輯文。劉氏：不詳何人。兩《唐志》無載，亡佚。

宋會稽太守《張暢集》十二卷。殘缺。梁十四卷，《録》一卷。又有宋司空《何尚之集》十卷，亡。

張暢：字少微，吳郡吳（今江蘇蘇州市）人。孝武鎮彭城，爲安北長史、沛郡太守。元嘉三十年，封夷道縣侯。義宣爲逆，張暢隨其東下，後於兵亂自歸。孝建二年，出爲會稽太守。《宋書》卷四六、卷五九，《南史》卷三二有傳。兩《唐志》著録《張暢集》十四卷，《宋志》無載，亡佚。《全宋文》卷四九有輯文。何尚之：字彥德，廬江灊（今安徽霍山縣）人。爲武帝征西主簿，從征長安，賜爵都鄉侯。元嘉十二年，遷侍中。二十八年，轉尚書令，領太子詹事。愛尚文義，老而不休，與太常顏延之論議往反，傳於世。《宋書》卷六六、《南史》卷三〇有傳。兩《唐志》無載，亡佚。《全宋文》卷二八有輯文。

宋吏部尚書《何偃集》十九卷。梁十六卷。又有廬江太守《周朗集》八卷，亡。

何偃：見本書卷三二"詩類"。《宋書》卷五九載，何偃素好談玄，注《莊子·逍遥篇》傳於世。兩《唐志》著録《何偃集》八卷，《宋志》無載，亡佚。《全宋文》卷二八有輯文。周朗：字義利，汝南安成（今河南汝南縣東南）人。爲江夏王義恭太尉參軍。孝武帝即位，除太子中舍人、廬陵内史。大明四年，上使有司奏其居喪無禮，於是傳送寧州，途中殺之。《宋書》卷八二、《南史》卷三四有傳。兩《唐志》無載，亡佚。《全宋文》卷四八有輯文。

宋侍中《沈懷文集》十二卷。殘缺。梁十六卷。

沈懷文：見本書卷三三"地理類"。《宋書》卷八二載，沈懷文少好玄理，善爲文章。兩《唐志》著録《沈懷文集》十三卷，《宋志》無載，亡佚。《全宋文》卷四五有輯文。

宋北中郎長史《江智深集》九卷。并《目》一卷。

江智深：即江智淵，濟陽考城（今河南蘭考縣）人。歷任著作郎、太子太傅主簿、隨王誕後軍參軍。初得孝武帝善待，後因恩寵大衰，出爲新安王鸞北中郎長史。《宋書》卷五九、《南史》卷三六有傳。《舊唐志》著錄《江智泉集》十卷、《新唐志》著錄《江智淵集》十卷，《宋志》無載，亡佚。

宋太子中庶子《殷琰集》七卷。梁又有宋武陵太守《袁顗集》八卷，《荀欽明集》六卷，安北參軍《王詢之集》五卷，越騎校尉《戴法興集》四卷，亡。

殷琰：字敬珉，陳郡長平（今河南西華縣東北）人。泰始元年，晋安王子勛反，以殷琰爲豫州刺史。二年，帝遣輔國將軍討之，殷琰降。泰豫元年，除少府，加給事中。《宋書》卷八七、《南史》卷三九有傳。兩《唐志》著錄《殷琰集》八卷，《宋志》無載，亡佚。《全宋文》卷四九有輯文。袁顗：應爲袁覬，乃袁顗之弟，陳郡陽夏（今河南太康縣）人。好學善屬文，有清譽於世。官至司徒從事中郎、武陵内史，早卒。見《宋書》卷五二。兩《唐志》無載，亡佚。荀欽明：生平事迹不詳。兩《唐志》有著錄，《宋志》無載，亡佚。王詢之：生平事迹不詳。兩《唐志》無載，亡佚。戴法興：會稽山陰（今浙江紹興市）人。孝武帝即位，爲南臺侍御史，同兼中書通事舍人，封吳昌縣男。前廢帝即位，欲有所爲，每受戴法興禁制，藉故免其官，不久於家賜死。法興能爲文章，頗行於世。《宋書》卷九四、《南史》卷七七有傳。兩《唐志》無載，亡佚。《全宋文》卷四五有輯文。

宋黄門郎《虞通之集》十五卷。梁二十卷。

虞通之：見本書卷三三"雜傳類"。兩《唐志》著錄《虞通之集》五卷，《宋志》無載，亡佚。《全宋文》卷五五有輯文。

宋司徒左長史《沈勃集》十五卷。梁二十卷。

　　沈勃：吳興武康（今浙江湖州市）人，泰始中，因受賄，徙付梁州。元徽中，又爲司徒左長史，後被誅。《宋書》卷六三、《南史》卷三六有傳。兩《唐志》有著録，《宋志》無載，亡佚。《全宋文》卷四一有輯文。

宋金紫光禄大夫《謝莊集》十九卷。梁十五卷。又有宋金紫光禄大夫《謝協集》三卷，三巴校尉《張悦集》十一卷，揚州從事《賀顗集》十一卷，領軍長史《孔邁之集》八卷，撫軍參軍《賀弻集》十六卷，本州秀才《劉遂集》二卷，亡。

　　謝莊：字希逸，陳郡陽夏（今河南太康縣）人。元嘉二十九年，除太子中庶子。劉劭弑立，轉爲司徒左長史。孝武帝朝，除侍中。前廢帝即位，加中書令、金紫光禄大夫。所著文章四百餘首，行於世。《宋書》卷八五、《南史》卷二〇有傳。《日本國見在書目録》著録《謝莊集》廿卷，兩《唐志》著録《謝莊集》十五卷，《宋志》著録《謝莊集》一卷，現有漢魏六朝百三名家集本《謝光禄集》一卷，漢魏六朝名家集初刻本《謝希逸集》三卷，《全宋文》卷三四、卷三五有輯文。謝協：生平事迹不詳。兩《唐志》無載，亡佚。張悦：吳郡吳（今江蘇蘇州市）人，晋安王子勛建僞號，拜張悦吏部尚書。及事敗，張悦降，爲太子中庶子。泰始六年，欲以張悦領巴郡太守。未拜，卒。《宋書》卷四六、卷五九，《南史》卷三二有傳。兩《唐志》無載是集，亡佚。《全宋文》卷四九有輯文。賀顗：生平事迹不詳。兩《唐志》無載，亡佚。孔邁之：生平事迹不詳。兩《唐志》無載，亡佚。賀弻：字仲輔，會稽山陰（今浙江紹興市）人，有文才。拒絶投降自殺，後贈車騎將軍、山陽海陵二郡太守。見《宋書》卷七九。兩《唐志》無載，亡佚。劉遂：生平事迹不詳。兩《唐志》無載，亡佚。

宋《建平王景素集》十卷。

建平王景素：文帝第七子建平宣簡王宏之子，素喜文章書籍，招集才義之士，由是朝野翕然，莫不屬意焉。後廢帝狂暴無道，景素舉兵，兵敗被殺。《宋書》卷七二、《南史》卷一四有傳。兩《唐志》無載是集，亡佚。

宋征虜記室參軍《鮑照集》十卷。梁六卷。又有宋武康令《沈懷遠集》十九卷，《裴駰集》六卷，删定郎《劉鯤集》五卷，宜都太守《費修集》十卷，亡。

鮑照：字明遠，本上黨（今山西境内）人。文辭贍逸，嘗爲古樂府，文甚遒麗。孝武帝以其爲中書舍人，後除前軍行參軍。明帝初，江陵人宋景因亂掠城，鮑照爲其所殺。見《宋書》卷五一、《南史》卷一三、《全齊文》卷二五虞炎《鮑照集序》。《日本國見在書目録》著録《鮑集》十卷，兩《唐志》、《宋志》著録《鮑照集》十卷。《四庫全書總目》卷一四八著録《鮑參軍集》十卷，提要稱，鮑照没於亂兵，遺文零落，齊散騎常侍郎虞炎始編次成集。《隋志》著録十卷，而注曰梁六卷，然則後人又續增矣。現存最早《鮑氏集》十卷爲明正德五年朱應登刻本，《鮑氏集》十卷之通行本爲四庫本、四部叢刊本、四部備要本等。《全宋文》卷四六、卷四七有輯文。沈懷遠：吴興武康（今浙江湖州市）人。爲始興王濬征北長流參軍，坐納王鸚鵡爲妾，孝武帝徙之廣州。前廢帝時，聽其歸本，官至武康令。撰《南越志》及《懷文文集》，並傳於世。《宋書》卷八二有傳，又見《南史》卷三四。兩《唐志》無載是集，亡佚。《全宋文》卷四五有輯文。裴駰：見本書卷三三“正史類”。兩《唐志》無載，亡佚。《全宋文》卷一七有輯文。劉鯤（kūn）：兩《唐志》著録《劉緄集》五卷，疑劉鯤即劉緄（gǔn），宋泰始初太學博士。見《宋書》卷一七。《宋志》無載是集，亡佚。《全宋文》卷五六有輯文。費修：生平事迹不詳。兩《唐志》無載，亡佚。

宋太中大夫《徐爰集》六卷。梁十卷。又有宋護軍司馬《孫
勃集》六卷，右光禄大夫《張永集》十卷，陽羨令《趙繹集》十
六卷，亡。

　　徐爰：見本書卷三二"易類"。兩《唐志》著録《徐爰集》十
卷，《宋志》無載，亡佚。《全宋文》卷四〇有輯文。孫勃：生平
事迹不詳。兩《唐志》無載，亡佚。張永：字景雲，吳郡吳（今
江蘇蘇州市）人。涉獵書史，能爲文章。歷任廷尉、侍中、南兗州
刺史，封孝昌縣侯。元徽二年，休範作亂，張永率部潰散，免冠削
爵。三年，卒。順帝昇明二年，追贈右光禄大夫。《宋書》卷五三、
《南史》卷三一有傳。兩《唐志》無載是集，亡佚。《全宋文》卷
四九有輯文。趙繹：生平事迹不詳。兩《唐志》無載，亡佚。

宋《庾蔚之集》十六卷。梁二十卷。又有太子中舍人徵不就
《王素集》十六卷，亡。

　　庾蔚之：見本書卷三二"禮類"。兩《唐志》著録《庾蔚之
集》十一卷，《宋志》無載，亡佚。《全宋文》卷五二、卷五三有
輯文。王素：字休業，琅邪臨沂（今山東臨沂市）人。初爲廬陵國
侍郎，母憂去職。大明中，辟其爲倉曹屬；泰始六年，召爲太子中
舍人，並不就。《宋書》卷九三、《南史》卷二四有傳。兩《唐志》
無載，亡佚。

宋豫章太守《劉悛集》八卷。梁十卷。又有宋起部《費鏡運
集》二十卷；光禄大夫《孫復集》十一卷；太尉從事中郎《蔡頤
集》三卷；司空《劉勔集》二十卷，《録》一卷；青州刺史《明僧
暠集》十卷；吳興太守《蕭惠開集》七卷；《沈宗之集》十卷；大
司農《張辯集》十六卷；金紫光禄大夫《王瓚集》十五卷，《録》
一卷；《郭坦之集》五卷；會稽主簿《辛湛之集》八卷；太子舍人
《朱百年集》二卷；東海王常侍《鮑德遠集》六卷；會稽郡丞《張

緩集》六卷。亡。

　　劉愔（yīn）：或作劉愔之。泰始六年爲豫章太守。泰豫元年，明帝夜夢劉愔反，遣人就郡殺之。見《宋書》卷二九、《南史》卷三。兩《唐志》著錄《劉愔集》十卷，《宋志》無載，亡佚。費鏡運：生平事迹不詳。兩《唐志》無載，亡佚。孫夐（xiòng）：宋明帝時爲御史中丞，奏王僧虔，坐免官。見《南史》卷二二。兩《唐志》無載是集，亡佚。《全宋文》卷五六有輯文。蔡頤：生平事迹不詳。兩《唐志》無載，亡佚。劉勔（miǎn）：字伯猷，彭城（今江蘇徐州市）人。大明初，從征竟陵王誕，封金城縣五等侯。明帝時，從討晉安王子勛及豫章刺史，封鄱陽縣侯。明帝臨崩，受顧命以爲守尚書右僕射。元徽初，桂陽王休範爲亂，劉勔率所領於朱雀航戰敗，臨陣死之，追贈司空。《宋書》卷八六、《南史》卷三九有傳。兩《唐志》無載，亡佚。《全宋文》卷四五有輯文。明僧暠（gǎo）：平原暠（今山東平原縣西北）人。泰始初，爲青州刺史。見《南齊書》卷五四、《南史》卷五〇。兩《唐志》無載，亡佚。蕭惠開：南蘭陵（今江蘇常州市）人。少有風氣，涉獵文史。孝建元年，自太子中庶子轉黃門侍郎。大明二年，出爲寧朔將軍、襄陽太守，行雍州州府事。泰始六年，除少府，加給事中。《宋書》卷八七、《南史》卷一八有傳。兩《唐志》無載，亡佚。《全宋文》卷三九有輯文。沈宗之：生平事迹不詳。兩《唐志》無載，亡佚。張辯：吳郡吳（今江蘇蘇州市）人。得明帝知遇，歷任尚書吏部郎、廣州刺史、大司農。見《宋書》卷五三。兩《唐志》無載是集，亡佚。《全宋文》卷四九有輯文。王瓚：疑爲王瓚之，琅邪臨沂（今山東臨沂市）人。孝武帝大明中，任吏部尚書、金紫光禄大夫。見《宋書》卷六六、《南史》卷二四。兩《唐志》無載，亡佚。郭坦之：生平事迹不詳。兩《唐志》無載，亡佚。辛湛之：生平事迹不詳。兩《唐志》無載，亡佚。朱百年：會稽山陰（今浙江紹興市）人。攜妻入會稽南山，以伐樵采箬爲業。舉秀才，除太子舍人，辟文學從事，皆不就。《宋書》卷九三、《南史》卷七五有傳。兩《唐志》無載，亡佚。鮑德遠：生平事迹不詳。兩《唐志》無載，亡佚。張緩：生平事迹不詳。兩《唐志》無載，亡佚。

宋寧國令《劉薈集》七卷。

劉薈：生平事迹不詳。兩《唐志》無載，亡佚。

宋江州從事《吳邁遠集》一卷。殘缺。梁八卷，亡。

吳邁遠：好爲文章，明帝聞而召之。好自誇而鄙夷他人。見《南史》卷七二。兩《唐志》無載，亡佚。

宋宛朐令《湯惠休集》三卷。梁四卷。又有南海太守《孫奉伯集》十卷，右將軍《成元範集》十卷，奉朝請《虞喜集》十一卷，延陵令《唐思賢集》十五卷，《戴凱之集》六卷，亡。

湯惠休：原爲沙門釋惠休，善屬文，辭采綺艷。孝武帝命其還俗。本姓湯，位至揚州從事史。見《宋書》卷七一。兩《唐志》著録《湯惠休集》三卷，《宋志》無載，亡佚。孫奉伯：東莞莒（今山東莒縣）人。歷任淮南太守、交州刺史、始興太守。見《宋書》卷八、卷四一，《南史》卷七〇。兩《唐志》無載，亡佚。成元範：生平事迹不詳。兩《唐志》無載，亡佚。虞喜：此若爲劉宋時人，生平事迹不詳。兩《唐志》無載。唐思賢：生平事迹不詳。兩《唐志》無載，亡佚。戴凱之：見本書卷三三"譜系類"。兩《唐志》無載，亡佚。

宋司徒《袁粲集》十一卷。并《目録》。梁九卷。又有婦人《牽氏集》一卷，宋後宮司儀《韓蘭英集》四卷，亡。

袁粲：字景倩，陳郡陽夏（今河南太康縣）人。本名愍孫，明帝初請改爲粲。袁粲負才尚氣，獨步園林，詩酒自適。明帝臨崩，袁粲爲尚書令，與褚淵、劉勔並受顧命。齊高帝將篡位，不欲事二主，密有異圖，事泄被殺。《宋書》卷八九、《南史》卷二六有傳。兩《唐志》著錄《袁粲集》十卷，《宋志》無載，亡佚。《全宋文》卷四四有輯文。牽氏：不知何人。兩《唐志》無載，亡佚。韓蘭英：吳郡（今江蘇境内）人，有文辭。孝武帝時，以獻《中興賦》，被賞入宫。齊武帝時爲博士，教六宫書學，以其年老多識，呼爲韓公。《南齊書》卷二〇、《南史》卷一一有傳。兩《唐志》無載，亡佚。

《齊文帝集》一卷。殘缺。梁十一卷。又有齊《晋安王子懋集》四卷，《録》一卷；《隨王子隆集》七卷。亡。

齊文帝：諱長懋，字雲喬，武帝長子。仕宋，遷黄門侍郎。武帝即位，立爲皇太子。然性懶奢麗，多所僭擬。《南齊書》卷二一、《南史》卷四四有傳。《日本國見在書目録》著錄《文太子集》十卷，兩《唐志》無載，亡佚。《全齊文》卷六有輯文。晋安王子懋：字雲昌，武帝第七子。永明八年，進號鎮南將軍，撰《春秋例苑》三十卷奏之。延興元年，聞鄱陽、隨郡二王見殺，欲起兵赴難，被于琳之所害。《南齊書》卷四〇、《南史》卷四四有傳。兩《唐志》無載，亡佚。隨王子隆：字雲興，武帝第八子。隆昌元年，爲侍中、撫軍將軍。延興元年，轉中軍大將軍。其最以才貌見憚，故先見殺。有文集行於世。《南齊書》卷四〇、《南史》卷四四有傳。兩《唐志》無載，亡佚。《全齊文》卷七有輯文。

齊《竟陵王子良集》四十卷。梁又有齊聞喜公《蕭遥欣集》十一卷，領軍諮議《劉祥集》十卷，亡。

竟陵王子良：見本書卷三四"雜家"《南齊書》卷四〇載，蕭子良集學士抄五經、百家，依《皇覽》例爲《四部要略》千卷。所著内外文筆數十卷。兩《唐志》著錄《竟陵王集》三十卷，《宋志》無載，亡佚。現有漢魏六朝百三名家集本《南齊竟陵王集》二卷，《全齊文》卷七有輯文。蕭遙欣：字重暉，太祖兄之孫。建武元年，封聞喜公，遷荊州刺史，加都督，改封曲江公。《南齊書》卷四五、《南史》卷四一有傳。兩《唐志》無載，亡佚。劉祥：字顯徵，東莞莒（今山東莒縣）人。永明初，遷長沙王鎮軍，板諮議參軍，撰《宋書》，譏斥禪代。後免官，徙廣州，不久病亡。《南齊書》卷三六、《南史》卷一五有傳。兩《唐志》無載，亡佚。《全齊文》卷一八有輯文。

齊太宰《褚彥回集》十五卷。梁又有齊黃門侍郎《崔祖思集》二十卷；中軍佐《鍾蹈集》十二卷；餘杭令《丘巨源集》十卷，《錄》一卷。亡。

褚彥回：名淵，河南陽翟（今河南禹州市）人。除著作佐郎，累遷秘書丞，襲爵都鄉侯。明帝即位，改封雩都伯。齊建元元年，進位司徒、侍中，改封南康郡公。四年薨，詔贈太宰，諡文簡。《南齊書》卷二三、《南史》卷二八有傳。《舊唐志》著錄《褚彥回集》十五卷，《新唐志》著錄《褚淵集》十五卷，《宋志》無載，亡佚。《全齊文》卷一四有輯文。崔祖思：字敬元，清河東武城（今山東武城縣）人。初州辟主簿，轉爲相國從事中郎，遷齊國內史。齊武帝即位，爲青冀二州刺史，未幾卒。《南齊書》卷二八、《南史》卷四七有傳。兩《唐志》無載，亡佚。《全齊文》卷二一有輯文。鍾蹈：潁川長社（今河南長葛縣）人，齊中軍參軍。見《南史》卷七二。兩《唐志》無載，亡佚。丘巨源：蘭陵（今江蘇常州市）人。宋大明五年，敕助徐爰撰國史。齊建元元年，爲尚書主客郎、越騎校尉。以年老辭之，爲餘杭令。巨源作《秋胡詩》，有譏刺語，被殺。《南齊書》卷五二、《南史》卷七二有傳。兩《唐志》無載，亡佚。《全齊文》卷一七有輯文。

齊太尉《王儉集》五十一卷。梁六十卷。又有齊東海太守《謝顥集》十六卷，《謝瀹集》十卷，豫州刺史《劉善明集》十卷，侍中《褚賁集》十二卷，徵士《劉虯集》二十四卷，司徒主簿徵不就《庾易集》十卷，《顧歡集》三十卷，《劉瓛集》三十卷，射聲校尉《劉璡集》三卷，亡。

王儉：見本書卷三二"禮類"。《南齊書》卷二三載，王儉所撰《古今喪服集記》與文集並行於世。兩《唐志》著錄《王儉集》六十卷，《宋志》無載，亡佚。現有漢魏六朝百三名家集本《王文憲集》一卷，《全齊文》卷九至卷一一有輯文。謝顥：字仁悠，陳郡陽夏（今河南太康縣）人。宋末爲豫章太守，至石頭，遂白服登峰火樓，坐免官。齊建元時，官至太尉從事中郎。卒於北中郎長史。《南史》卷二〇有傳，又見《南齊書》卷四三。兩《唐志》無載，亡佚。謝瀹（yuè）：字義潔，謝顥弟。解褐車騎將軍，遷秘書郎，撫軍功曹。永泰元年，轉散騎常侍，太子詹事。《南齊書》卷四三、《南史》卷二〇有傳。兩《唐志》無載，亡佚。劉善明：平原（今山東平原縣）人。辟爲治中從事，後轉寧朔將軍、巴西梓潼二郡太守。齊臺建，爲淮南、宣城太守，封新淦伯。《南齊書》卷二八、《南史》卷四九有傳。兩《唐志》無載，亡佚。《全齊文》卷一八有輯文。褚賁：字蔚先，褚淵長子。解褐秘書郎。建元初，爲侍中。對父褚淵背袁粲等投靠齊太祖，終身愧恨之。《南齊書》卷二三、《南史》卷二八有傳。兩《唐志》無載，亡佚。劉虯（qiú）：又作劉虬，字靈預，南陽涅陽（今河南鎮平縣南）人。宋泰始中，仕至晉平王驃騎記室、當陽令。齊臺建，多次召辟，皆不就。精信釋氏，自講佛義。建武二年卒。《南齊書》卷五四、《南史》卷五〇有傳。兩《唐志》無載，亡佚。《全齊文》卷二〇有輯文。庾易：字幼簡，新野新野（今河南新野縣）人。齊臺建，多次召辟，並不就，以文義自樂。《南齊書》卷五四、《南史》卷五〇有傳。兩《唐志》無載，亡佚。顧歡：見本書卷三二"尚書類"。

《南齊書》卷五四載，世祖詔歡諸子撰顧歡《文議》三十卷。兩《唐志》無載，亡佚。《全齊文》卷二二有輯文。劉瓛（huán）：見本書卷三二“易類”。《南齊書》卷三九載，劉瓛所著文集，皆是禮義，行於世。兩《唐志》無載，亡佚。《全齊文》卷一八有輯文。劉璡（jīn）：字子璥，沛國相（今安徽濉溪縣）人。宋泰豫中，爲明帝挽郎。齊文惠太子召其入侍東宫，爲兼記室參軍大司馬，射聲校尉，卒官。《南齊書》卷三九、《南史》卷五〇有傳。兩《唐志》無載，亡佚。《全齊文》卷一八有輯文。

齊中書郎《周顒集》八卷。梁十六卷。又有齊左侍郎《鮑鴻集》二十卷，《録》一卷；雍州秀才《韋瞻集》十卷；正員郎《劉懷慰集》十卷，《録》一卷；永嘉太守《江山圖集》十卷；驃騎記室參軍《荀憲集》十一卷。亡。

　　周顒：見本書卷三二“易類”。《南齊書》卷四一載，周顒著《四聲切韻》，行於時。兩《唐志》著録《周顒集》二十卷，《宋志》無載，亡佚。《全齊文》卷二〇有輯文。鮑鴻：生平事迹不詳。兩《唐志》無載，亡佚。韋瞻：生平事迹不詳。兩《唐志》無載，亡佚。劉懷慰：原名聞慰，字彦泰，平原平原（今山東平原縣）人。仕宋至尚書駕部郎。齊臺建，爲輔國將軍、齊郡太守。著文翰，獻《皇德論》。《南齊書》卷五三、《南史》卷四九有傳。兩《唐志》無載，亡佚。江山圖：齊武帝時，爲鹽官令。見《南齊書》卷五四、《南史》卷七五。兩《唐志》無載，亡佚。荀憲：生平事迹不詳。兩《唐志》無載，亡佚。

齊前軍參軍《虞羲集》九卷。殘缺。梁十一卷。又有平陽令《韋沈集》十卷，車騎參軍《任文集》十一卷，《卞鑠集》十六卷，《婁幼瑜集》六十六卷，長水校尉《祖沖之集》五十一卷，亡。

　　虞羲：字士光，又一字子陽，會稽餘姚（今浙江餘姚市）人。

始安王引爲侍郎，尋兼建安征虜府主簿功曹，又兼記室參軍事。天監中卒。見《南史》卷五九、《文選》卷二一李善注引《虞羲集序》。兩《唐志》著録《虞羲集》十一卷，《宋志》無載，亡佚。《全齊文》卷二五有輯文。韋沈：生平事迹不詳。兩《唐志》無載，亡佚。任文：生平事迹不詳。兩《唐志》無載，亡佚。卞鑠：袁粲爲丹陽尹，取其爲主簿。好詩賦，多譏刺世人，坐徙巴州。見《南史》卷七二。兩《唐志》無載，亡佚。婁幼瑜：或作樓幼瑜，見本書卷三二“禮類”。兩《唐志》無載，亡佚。祖沖之：見本書卷三四“曆數類”。兩《唐志》無載，亡佚。《全齊文》卷一六有輯文。

齊中書郎《王融集》十卷。

王融：字元長，琅邪臨沂（今山東臨沂市）人。爲竟陵王司徒板法曹行參軍，遷太子舍人、中書郎。竟陵王板王融寧朔將軍、軍主。武帝病篤，王融欲矯詔立竟陵王，未成。鬱林王立，收王融下廷尉獄，後於獄賜死。有文集行於世。《南齊書》卷四七、《南史》卷二一有傳。《日本國見在書目録》、兩《唐志》著録《王融集》十卷，《崇文總目》《宋志》著録《王融集》七卷，後無載。現有漢魏六朝百三名家集本《王寧朔集》一卷，增定漢魏六朝別解本《王寧朔集》，《全齊文》卷一二、卷一三有輯文。

齊吏部郎《謝朓集》十二卷。

《謝朓逸集》一卷。梁又有《王巾集》十一卷，亡。

謝朓：字玄暉，陳郡陽夏（今河南太康縣）人。爲隨王子隆鎮西功曹，轉文學。明帝輔政，以謝朓爲驃騎諮議，掌霸府文筆，出爲宣城太守。東昏侯失德，謝朓不回應立始安王之事，始安王大怒，將謝朓收付廷尉，下獄死。《南齊書》卷四七、《南史》卷一九有傳。《日本國見在書目録》、兩《唐志》、《宋志》著録《謝朓集》十卷，《崇文總目》著録《謝玄暉文集》十卷。《直齋書録解題》卷一六著録《謝宣城集》五卷，稱"集本十卷，樓焟知宣州，止以上五卷賦與詩刊之，下五卷皆當時應用之文，衰世之事"。《四庫全書總目》卷一四八著録《謝宣城集》五卷，提要稱，此本五卷，即紹興二十八年樓焟所刻，前有焟序，猶南宋佳本也。現存最早本子爲明正德六年劉紹刻《謝朓集》五卷，通行本有四庫本《謝宣城集》五卷，四部叢刊本、四部備要本、叢書集成本《謝宣城詩集》五卷。《全齊文》卷二三有輯文。《謝朓逸集》無載，亡佚。王巾：見本書卷三三"雜傳類"。兩《唐志》無載，亡佚。《文選》卷五九載其一篇碑文。

齊司徒左長史《張融集》二十七卷。梁十卷。又有張融《玉海集》十卷、《大澤集》十卷、《金波集》六十卷；又有齊羽林監《庚韶集》十卷；黃門郎《王曾祐集》十卷；太常卿《劉悛集》二十卷，《録》一卷；秘書《王寂集》五卷。亡。

張融：見本書卷三四"道家"。《南齊書》卷四一載，張融自名集爲《玉海》，文集數十卷行於世。兩《唐志》著録張融《玉海集》六十卷，《宋志》無載，亡佚。現有漢魏六朝百三名家集本《齊張長史集》一卷，《全齊文》卷一五有輯文。《大澤集》《金波集》未見著録。庚韶：生平事迹不詳。兩《唐志》無載，亡佚。王曾祐：字胤宗，琅邪臨沂（今山東臨沂市）人。舉秀才，爲驃騎法曹。雅好博古，亭然獨立，不交當世。卒於黃門郎。《南齊書》卷四六、《南史》卷二一有傳。兩《唐志》無載，亡佚。劉悛（quān）：字士操，彭城（今江蘇徐州市）人。仕宋，隨父征竟陵王誕於廣陵，以功拜駙馬都尉。高帝受禪，進號冠軍將軍。歷仕武帝、鬱林王、明帝，至東昏侯即位，爲散騎常侍，五兵尚書。卒，贈太常，謚曰敬。見《宋書》卷八六，《南齊書》卷三七、《南史》卷三九有傳。兩《唐志》無載，亡佚。《全齊文》卷一七有輯文。

王寂：字子玄，琅邪臨沂（今山東臨沂市）人。性迅動，好文章，初爲秘書郎。見《南齊書》卷三三、《南史》卷二二。兩《唐志》無載，亡佚。

齊金紫光禄大夫《孔稚珪集》十卷。

孔稚珪：見本書卷三三"雜傳類"。《日本國見在書目録》、兩《唐志》、《崇文總目》、《宋志》著録《孔稚珪集》十卷。《郡齋讀書附志》卷下著録《孔稚珪集》十卷，稱集有序，"所爲文章，雖行於世，竟未撰集。今摭其遺逸，分爲十卷"。然莫知其爲誰序也。現有漢魏六朝百三名家集本《南齊孔詹事集》一卷，增定漢魏六朝別解本《孔詹事集》一卷，《全齊文》卷一九有輯文。

齊後軍法曹參軍《陸厥集》八卷。梁十卷。

陸厥：字韓卿，吳郡吳（今江蘇蘇州市）人。好屬文，五言詩體甚新變。州舉秀才，爲王晏少傅主簿，遷後軍行參軍。永元元年，始安王遥光反，父陸閑被誅。不久有赦令，恨父不及，感慟而卒。有文集行於世。《南齊書》卷五二、《南史》卷四八有傳。兩《唐志》著録《陸厥集》十卷，《宋志》無載，亡佚。《全齊文》卷二四有輯文。

齊太尉《徐孝嗣集》十卷。梁七卷。又有侍中《劉暄集》一十一卷，通直常侍《裴昭明集》九卷，《虞炎集》七卷，吏部郎《劉瑱集》十卷，梁國從事中郎《劉繪集》十卷，亡。

徐孝嗣：字始昌，東海剡（今浙江嵊州市）人。八歲襲爵枝江縣公，後除著作郎。齊臺建，歷任吏部尚書、右軍將軍，領太子左衛率，臺閣事多以委之。永元初輔政，進位司空。其冬，東昏侯遣人賜藥，卒。和帝中興元年，贈太尉。《南齊書》卷四四、《南史》卷一五有傳。兩《唐志》著録《徐孝嗣集》十二卷，《宋志》無載，亡佚。《全齊文》卷二〇有輯文。劉暄（xuān）：字士穆，彭城（今江蘇徐州市）人，明帝皇后之弟。歷任衛尉、散騎常侍、右衛將軍。始安王遙光事平，遷領軍將軍，封平都縣侯，其年被殺。見《南齊書》卷四二、《南史》卷四七。兩《唐志》無載，亡佚。裴昭明：河東聞喜（今山西聞喜縣）人，裴駰之子。少傳儒史之業。宋元徽中，出爲長沙郡丞，又爲祠部通直郎。齊永明三年，遷射聲校尉。《南齊書》卷五三、《南史》卷三三有傳。兩《唐志》無載，亡佚。《全齊文》卷一八有輯文。虞炎：會稽（今浙江紹興市）人。永明中，以文學與沈約俱爲文惠太子所遇，關愛有加。官至驍騎將軍。見《南齊書》卷五二、《南史》卷四八。兩《唐志》無載，亡佚。《全齊文》卷二五有輯文。劉瑱（tiàn）：字士溫，彭城（今江蘇徐州市）人。好文章，官至吏部郎。見《南齊書》卷四八、《南史》卷三九。兩《唐志》無載，亡佚。劉繪：字士章，彭城（今江蘇徐州市）人。解褐著作郎，爲太祖太尉行參軍。後爲寧朔將軍、晉安王征北長史。東昏侯被殺，城內遣劉繪等送首詣梁王於石頭，轉大司馬從事中郎。撰《能書人名》。《南齊書》卷四八、《南史》卷三九有傳。兩《唐志》無載，亡佚。《全齊文》卷一七有輯文。

齊侍中《袁彖集》五卷。并《録》。

袁彖（tuàn）：字偉才，陳郡陽夏（今河南太康縣）人。少有風氣，好屬文玄言。仕宋，爲秘書丞。入齊，爲中書郎，兼御史中丞，後遷侍中。《南齊書》卷四八、《南史》卷二六有傳。兩《唐志》無載，亡佚。《全齊文》卷一七有輯文。

齊中書郎《江奐集》九卷。并《録》。

江奐：生平事迹不詳。兩《唐志》無載，亡佚。

齊平西諮議《宗躬集》十三卷。

　　宗躬：或作宋躬，見本書卷三三"雜傳類"。兩《唐志》著録
《宗躬集》十二卷，《宋志》無載，亡佚。

齊太子舍人《沈驎士集》六卷。

　　沈驎士：或作沈麟士，見本書卷三二"禮類"。《南齊書》卷
五四載，沈驎士篤學不倦，著述頗豐。兩《唐志》無載，亡佚。
《全梁文》卷四〇有輯文。

《梁武帝集》二十六卷。梁三十二卷。

《梁武帝詩賦集》二十卷。

《梁武帝雜文集》九卷。

《梁武帝別集目録》二卷。

　　梁武帝：見本書卷三二"易類"。《梁書》卷三載，梁武帝下
筆成章，千賦百詩，超邁古今。凡諸文集，百二十卷。《周書》卷
四二載，祕閣藏《梁武帝集》四十卷。兩《唐志》著録《梁武帝
集》十卷，《宋志》無載，亡佚。現有漢魏六朝百三名家集本《梁
武帝御製集》一卷，增定漢魏六朝別解本《梁武帝集》，漢魏六朝
名家集初刻本《梁武帝集》八卷，《全梁文》卷一至卷七有輯文。

《梁武帝淨業賦》三卷。

　　此賦及序見唐麟德年間釋道宣撰《廣弘明集》卷二九，今存。
兩《唐志》無載。

《梁簡文帝集》八十五卷。陸罩撰，并《録》。

　　梁簡文帝：見本書卷三二"詩類"。《南史》卷八稱其有文集
一百卷行於世。陸罩：字洞元，吳郡吳（今江蘇蘇州市）人。簡文
帝居藩，陸罩爲記室參軍，撰帝集序。後官至太子中庶子、光禄

卿。見《梁書》卷二六,《南史》卷四八有傳。《周書》卷四二載,
祕閣藏《簡文帝集》九十卷。《日本國見在書目録》著録《梁簡文
帝集》八卷(疑"八"下脱"十"),兩《唐志》著録《梁簡文帝
集》八十卷,《宋志》著録《梁簡文帝集》一卷。《直齋書録解題》
卷一九著録《梁簡文帝集》五卷,稱《隋志》八十五卷,唐已缺
五卷。《中興書目》止存一卷,詩百篇又缺其三首。今五卷皆詩,
總二百四十四篇。現有漢魏六朝百三名家集本《梁簡文帝御製集》
二卷,漢魏六朝名家集初刻本《梁簡文帝集》八卷,增定漢魏六朝
別解本《梁簡文帝集》,《全梁文》卷八至卷一四有輯文。

《梁元帝集》五十二卷。
《梁元帝小集》十卷。

　　梁元帝:見本志"大序"。《梁書》卷五載,元帝著述辭章,
多行於世。有文集五十卷。《舊唐志》著録《梁元帝集》五十卷、
《梁元帝集》十卷,《新唐志》著録《梁元帝集》五十卷、又《小
集》十卷,《宋志》無載,亡佚。現有漢魏六朝百三名家集本《梁
元帝集》一卷,文選遺集本《梁元帝集》八卷,漢魏六朝名家集
初刻本《梁元帝集》五卷,增定漢魏六朝別解本《梁元帝集》,
《全梁文》卷一五至卷一八有輯文。

梁《昭明太子集》二十卷。梁有梁《安成王集》三十卷,亡。

　　昭明太子:見本書卷三二"孝經類"。《梁書》卷八載,昭明
太子所著文集二十卷。兩《唐志》著録《昭明太子集》二十卷,
《宋志》著録《昭明太子集》五卷。《四庫全書總目》卷一四八著
録《昭明太子集》六卷,提要稱《宋志》僅載五卷,已非其舊,
《文獻通考》不著録,宋末已佚矣。此本爲明嘉興葉紹泰所刊,凡
詩賦一卷,雜文五卷。賦每篇不過數句,蓋自類書采掇而成。此集
除四庫本之外,又有漢魏六朝百三名家集本《梁昭明太子集》一

卷，漢魏六朝名家集初刻本《梁昭明太子集》四卷，四部叢刊本、四部備要本《梁昭明太子文集》五卷，增定漢魏六朝別解《昭明太子集》，《全梁文》卷一九至卷二一有輯文。安成王：名蕭秀，字彥達，南蘭陵（今江蘇常州市）人，梁太祖第七子。仕齊爲太子舍人。天監元年，封安成郡王。歷任侍中，領宗正卿、石頭戍事、雍州刺史。《梁書》卷二二、《南史》卷五二有傳。兩《唐志》無載，亡佚。《全梁文》卷二二有輯文。

梁《岳陽王詧集》十卷。

岳陽王詧（chá）：蕭詧，字理孫，蘭陵（今江蘇常州市）人，昭明太子之子。大通三年，封岳陽郡王。元帝即位，梁詧稱藩於西魏。周太祖策命蕭詧爲梁王，與魏柱國于謹平江陵，遂稱皇帝，年號爲大定，在位八年。梁詧善屬文，所著文集十五卷，行於世。《周書》卷四八、《北史》卷九三有傳。兩《唐志》無載，亡佚。《全梁文》卷六八有輯文。

《梁王蕭巋集》十卷。

蕭巋：字仁遠，蘭陵（今江蘇常州市）人。蕭詧薨，周高祖命太子巋嗣位，年號天保，隋開皇五年薨。蕭巋機辯有文學，所著文集行於世。《周書》卷四八、《北史》卷九三、《隋書》卷七九有傳。兩《唐志》無載，亡佚。《全梁文》卷六八有輯文。

梁《邵陵王綸集》六卷。

邵陵王綸：蕭綸，字世調，蘭陵（今江蘇常州市）人，武帝第六子。天監十三年封邵陵郡王。中大通四年，爲侍中、揚州刺史，坐免庶人，不久又封爵。大寶二年，爲西魏兵所害。《梁書》卷二九、《南史》卷五三有傳。《舊唐志》著錄梁《邵陵王集》四卷，《新唐志》著錄《邵陵王綸集》四卷，《宋志》無載，亡佚。《全梁文》卷二二有輯文。

梁《武陵王紀集》八卷。

武陵王紀：蕭紀，字世詢，蘭陵（今江蘇常州市）人，武帝第八子。天監十三年封武陵郡王。武帝崩，蕭紀乃僭於蜀，改元爲天正。太清五年，元帝命陸法和等破之，殺蕭紀於硤口，賜姓饕餮氏。《梁書》卷五五、《南史》卷五三有傳。兩《唐志》有著録，《宋志》無載，亡佚。

梁《蕭琮集》七卷。梁又有《安成王煬集》五卷，亡。

蕭琮（cóng）：字溫文，蘭陵（今江蘇常州市）人，梁王蕭巋子，初封東陽王。蕭巋薨，隋文帝命蕭琮嗣位，年號廣運。二年後，隋文帝廢梁國，拜蕭琮爲柱國，封莒國公。《周書》卷四八、《隋書》卷七九、《北史》卷九三有傳。《日本國見在書目録》著録《蕭琮集》二卷，兩《唐志》無載，亡佚。《全梁文》卷六八有輯文。安成王煬：蕭機，字智通，蘭陵（今江蘇常州市）人。歷任會稽太守、給事中、湘州刺史。普通二年，襲封安成郡王。大通二年薨，謚曰煬。所著詩賦數千言，世祖集而序之。《梁書》卷二二、《南史》卷五一有傳。兩《唐志》無載，亡佚。

梁司徒諮議《宗夬集》九卷。并《録》。

宗夬：字明敭，南陽涅陽（今河南鎮平縣南）人。仕齊，爲臨川王常侍、驃騎行參軍。梁武帝受禪，歷任太子右衛率、五兵尚書。《梁書》卷一九、《南史》卷三七有傳。《舊唐志》著録《宗史夬集》十卷，《新唐志》著録《宗夬集》十卷，《宋志》無載，亡佚。

梁國子博士《丘遲集》十卷。并《録》。梁十一卷。又有

《謝朓集》十五卷，亡。

丘遲：字希範，吳興烏程（今浙江湖州市）人。梁武帝踐祚，拜散騎侍郎，遷中書侍郎、待詔文德殿。武帝著詔群臣繼作《連珠》，數十人中，丘遲文最美。後拜中書郎，遷司徒從事中郎。所著詩賦行於世。《梁書》卷四九、《南史》卷七二有傳。兩《唐志》有著錄，《宋志》無載，亡佚。現有漢魏六朝百三名家集本《梁丘司空集》一卷，《全梁文》卷五六有輯文。謝朓：見本志"大序"。《梁書》卷一五載，謝朓所著書及文章並行於世。兩《唐志》無載，亡佚。

梁金紫光禄大夫《江淹集》九卷。梁二十卷。
《江淹後集》十卷。

江淹：見本書卷三三"正史類"。《梁書》卷一四載，江淹少以文章顯，凡所著述百餘篇，自撰前後集，行於世。《日本國見在書目錄》著錄《江文通集》一十卷，兩《唐志》著錄《江淹前集》十卷、《江淹後集》十卷，《宋志》著錄《江淹集》十卷。《郡齋讀書志》卷一七著錄《江淹集》十卷，稱"今集二百四十九篇"。《四庫全書總目》卷一四八著錄《江文通集》四卷，提要稱齊永明以後所作不在其內，今舊本散佚，行於世者唯歙縣汪士賢、太倉張溥二本。此本乃乾隆戊寅淹鄉人梁賓以汪本、張本參核異同，又益以睢州湯斌家鈔本，參互成編。現有四庫本、四部備要本《江文通集》四卷，漢魏諸名家集本《江文通文集》十卷，四部叢刊本《梁江文通文集》十卷附校補一卷，漢魏六朝百三名家集本《江醴陵集》二卷，漢魏六朝名家集初刻本《江文通集》八卷，增定漢魏六朝別解本《江文通集》，《全梁文》卷三三至卷三九有輯文。另，明胡人驥撰有《江文通集彙注》。

梁尚書僕射《范雲集》十一卷。并《錄》。

范雲：字彥龍，南鄉舞陰（今河南泌陽縣西北）人。仕宋入齊，竟陵王子良爲司徒，范雲補記室參軍事。梁武帝受禪，遷散騎常侍、吏部尚書，封霄城縣侯。又遷尚書僕射。有集三十卷。《梁書》卷一三、《南史》卷五七有傳。兩《唐志》著錄《范雲集》十二卷，《宋志》無載，亡佚。《全梁文》卷四五有輯文。

梁太常卿《任昉集》三十四卷。梁有晉安太守《謝纂集》十卷，撫軍將軍《柳惔集》二十卷，中護軍《柳惲集》十二卷，豫州刺史《柳憕集》六卷，尚書令《柳忱集》十三卷，義興郡丞《何倜集》三卷，撫軍中兵參軍《韋溫集》十卷，鎮西錄事參軍《到洽集》十一卷，太子洗馬《劉苞集》十卷，南徐州秀才《諸葛璩集》十卷，亡。

任昉：見本志"大序"。《南史》卷五九載，任昉博學，於書無所不見。所著文章數十萬言，盛行於時。《日本國見在書目錄》著錄《任昉集》廿八卷，兩《唐志》著錄《任昉集》三十四卷，《宋志》著錄《任昉集》六卷。現有漢魏諸名家集本《任彥升集》六卷，漢魏六朝百三名家集本《任中丞集》一卷，漢魏六朝名家集初刻本《任彥升集》五卷，增定漢魏六朝別解本《任中丞集》，《全梁文》卷四一至卷四四有輯文。謝纂：陳郡陽夏（今河南太康縣）人。頗有文才，仕至晉安太守，卒官。見《梁書》卷一五。兩《唐志》無載，亡佚。柳惔（tán）：字文通，河東解（今山西運城市）人。仕齊，爲西戎校尉。梁武帝踐祚，以功封曲江縣侯，遷尚書右僕射，出爲使持節、安南將軍、湘州刺史。天監六年，卒。贈撫軍將軍，謐曰穆。《梁書》卷一二、《南史》卷三八有傳。兩《唐志》無載，亡佚。柳惲：見本書卷三四"兵家類"。兩《唐志》無載，亡佚。《全梁文》卷五八有輯文。柳憕（chéng）：字文深，河東解（今山西運城市）人。少有大意，好玄言。歷任給事黃門郎、鎮西長史。天監十二年卒，贈豫州刺史。《南史》卷三八有傳，又見《梁書》卷一二。兩《唐志》無載，亡佚。《全梁文》卷五九有輯文。柳忱：字文若，河東解（今山西運城市）人。起家爲司徒行參軍。梁高祖踐祚，以功封州陵伯，累遷湘州刺史、秘書監。《梁書》卷一二、《南史》卷三八有傳。兩《唐志》無載，亡佚。何偰（xiàn）：字彥夷，東海郯（今山東郯城縣）人。以才著聞，然官運不達，位至臺郎。見《南史》卷三三。兩《唐志》無載，亡佚。到洽：字茂沿，彭城武原（今江蘇邳州市）人。天監二年，遷司徒主簿，直待詔省，敕使抄甲部書。普通五年，遷給事黃門侍郎，領尚書左丞。有文集行於世。《梁書》卷二七、《南史》卷二五有傳。兩《唐志》無載，亡佚。《全梁文》卷六二有輯文。劉苞：字孝嘗，彭城（今江蘇徐州市）人。少好學，能屬文。累遷尚書庫部侍郎、丹陽尹丞，侍講壽光殿。《梁書》卷四九、《南史》卷三九有傳。兩《唐志》無載，亡佚。諸葛璩（qú）：字幼玟，琅邪陽都（今山東沂南縣）人。博涉經史，後生就學者日至，旦夕孜孜，講誦不輟。天監中，舉秀才，不就。所著文章二十卷，門人集而錄之。《梁書》卷五一、《南史》卷七六有傳。兩《唐志》無載，亡佚。

梁特進《沈約集》一百一卷。并《錄》。梁又有《謝綽集》十一卷，亡。

　　沈約：見本書卷三二"論語類"。《梁書》卷一三載，沈約篤志好學，能屬文。著有《晋書》、《宋書》、《齊紀》、《高祖紀》、《邇言》、《謚例》、《宋文章志》、文集一百卷，並行於世。《日本國見在書目錄》著錄《沈約集》百卷，兩《唐志》著錄《沈約集》一百卷、《沈約集略》三十卷，《崇文總目》《宋志》著錄《沈約集》九卷。《直齋書錄解題》卷一六著錄《沈約集》十五卷，《別集》一卷，又九卷。稱約有文集百卷，今所存唯此而已。十五卷者，前二卷爲賦，餘皆詩也；《別集》雜錄、詩文，不分卷；九卷者，皆詔草也。現有漢魏六朝百三名家集本《沈隱侯集》二卷，劉沈合集本《沈隱侯集》十六卷、附録一卷，漢魏六朝名家集初刻本《沈休文集》九卷，增定漢魏六朝別解本《沈隱侯集》，六朝詩集本《沈約集》一卷，《全梁文》卷二五至卷三二有輯文。謝綽：見本書卷三三"雜史類"。兩《唐志》無載，亡佚。《全梁文》卷五九有輯文。

梁中軍府諮議《王僧孺集》三十卷。

王僧孺：見本書卷三三"譜系類"。《梁書》卷三三載，王僧孺所著《百家譜集》及《東宮新記》、文集三十卷等，並行於世。《日本國見在書目録》著録《王僧孺集》十六卷，兩《唐志》著録《王僧孺集》三十卷，《宋志》無載，亡佚。現有漢魏六朝百三名家集本《王左丞集》一卷，增定漢魏六朝別解本《王左丞集》，《全梁文》卷五一、卷五二有輯文。

梁尚書左丞《范縝集》十一卷。

范縝：字子真，南鄉舞陽（今河南舞陽縣）人。性質直，好危言高論，不爲士友所安。入梁，爲晉安太守、尚書左丞。盛稱無佛，著《神滅論》。坐王亮事，徙廣州。還京師，以爲中書郎、國子博士，卒官。有文集十卷。《梁書》卷四八、《南史》卷五七有傳。兩《唐志》無載，亡佚。《全梁文》卷四五有輯文。

梁護軍將軍《周捨集》二十卷。梁有秘書張熾《金河集》六十卷，《劉歊集》八卷，玄貞處士《劉訏集》一卷，亡。

周捨：見本書卷三二"禮類"。《南史》卷三四載，周捨有集二十卷。兩《唐志》有著録，《宋志》無載，亡佚。《全梁文》卷五八有輯文。張熾：生平事迹不詳。兩《唐志》無載是集，亡佚。劉歊（xiāo）：見本書卷三二"小學類"。《南史》卷四九載，劉歊博學有文才，著《革終論》。兩《唐志》無載，亡佚。《全梁文》卷五七有輯文。劉訏（xū）：字彥度，平原（今山東平原縣）人。善玄言，尤精佛典。天監十七年卒，宗人至友謚曰玄貞處士。《梁書》卷五一、《南史》卷四九有傳。兩《唐志》無載，亡佚。

梁《蕭洽集》二卷。

蕭洽：字宏稱，蘭陵（今江蘇常州市）人。齊世，爲西中郎外兵參軍。入梁，歷任北中郎諮議參軍、太府卿、通直散騎常侍、司徒左長史。有集二十卷，行於世。《梁書》卷四一、《南史》卷一八有傳。兩《唐志》有著録，《宋志》無載，亡佚。

梁隱居先生《陶弘景集》三十卷。
《陶弘景内集》十五卷。

陶弘景：見本書卷三二"詩類"。《梁書》卷五一載，陶弘景性好著述，老而彌篤。兩《唐志》著録《陶弘景集》三十卷，《宋志》無載，亡佚。現有傅霄輯《華陽陶隱居集》二卷，嚴可均輯《華陽陶隱居集》二卷，漢魏諸名家集本《陶貞白集》二卷，漢魏六朝百三名家集本《陶隱居集》一卷，增定漢魏六朝別解本《陶通明集》等，《全梁文》卷四六、卷四七有輯文。

梁徵士《魏道微集》三卷。

魏道微：生平事迹不詳。兩《唐志》有著録，《宋志》無載，亡佚。

梁黃門郎《張率集》三十八卷。

張率：字士簡，吴郡吴（今江蘇蘇州市）人。齊建武二年，除太子舍人。梁天監初，直文德待詔省，敕使鈔乙部書。累遷招遠將軍、司徒右長史、黄門郎，出爲新安太守。少好屬文，所著《文衡》十五卷，文集三十卷，並行於世。《梁書》卷三三、《南史》卷三一有傳。兩《唐志》著録《張率集》三十卷，《宋志》無載，亡佚。《全梁文》卷五四有輯文。

梁南徐州治中《王冏集》三卷。

王冏：生平事迹不詳。兩《唐志》有著録，《宋志》無載，亡佚。

梁都官尚書《江革集》六卷。

江革：字休映，濟陽考城（今河南蘭考縣）人。入梁，除都官尚書，再遷度支尚書。性强直，爲權勢所疾。謝病還家，除光禄大夫、領步兵校尉、南北兖二州大中正。有集二十卷，行於世。《梁書》卷三六、《南史》卷六○有傳。兩《唐志》著録《江革集》十卷，《宋志》無載，亡佚。《全梁文》卷五○有輯文。

梁奉朝請《吳均集》二十卷。

吳均：見本書卷三三“古史類”。《梁書》卷四九載，吳均文體清拔有古氣，好事者或仿之。有文集二十卷，行於世。兩《唐志》有著録，《崇文總目》著録《吳均集》十卷，《宋志》著録《吳均詩集》三卷，《郡齋讀書志》卷一七著録《吳均集》三卷。現有漢魏六朝百三名家集本《吳朝請集》一卷，《全梁文》卷六○有輯文。

梁光禄大夫《庾曇隆集》十卷。并《録》。

庾曇隆：生平事迹不詳。《舊唐志》著録《庾景興集》十卷，《新唐志》著録《庾曇隆集》十卷，《宋志》無載，亡佚。《全梁文》卷五四有輯文。

梁儀同三司《徐勉前集》三十五卷。
《徐勉後集》十六卷。并《叙録》。

　　徐勉：見本書卷三三"職官類"。《梁書》卷二五載，徐勉善屬文，勤著述。凡所著前後二集四十五卷，行於世。《南史》卷六〇載，徐勉所著前後二集五十卷。兩《唐志》有著録，《宋志》無載，亡佚。《全梁文》卷五〇有輯文。

梁吏部郎《王錫集》七卷。并《録》。

　　王錫：字公嘏，琅邪臨沂（今山東臨沂市）人。爲太子舍人，以戚屬封永安侯，遷給事黄門侍郎，尚書吏部郎中。《梁書》卷二一、《南史》卷二三有傳。兩《唐志》有著録，《宋志》無載，亡佚。《全梁文》卷五九有輯文。

梁尚書左僕射《王暕集》二十一卷。

　　王暕（jiǎn）：字思晦，琅邪臨沂（今山東臨沂市）人。歷任侍中、五兵尚書、尚書左僕射、領國子祭酒。《梁書》卷二一、《南史》卷二二有傳。《舊唐志》著録《王瑓（"暕"之誤）集》二十卷，《新唐志》著録《王暕集》二十卷，《宋志》無載，亡佚。《全梁文》卷四八有輯文。

梁平西刑獄參軍《劉孝標集》六卷。

　　劉孝標：名峻，見本書卷三三"正史類"。兩《唐志》無載，亡佚。《全梁文》卷五七有輯文。

梁鴻臚卿《裴子野集》十四卷。

　　裴子野：見本書卷三二"禮類"。《梁書》卷三〇載，善屬文，撰述多種，文集二十卷，行於世。兩《唐志》有著録，《宋志》無載，亡佚。《全梁文》卷五三有輯文。

梁仁威府長史《司馬褧集》九卷。

司馬褧（jiǒng）：字元素，河内温（今河南温縣）人。起家奉朝請，累遷尚書右丞、仁威長史、長沙内史。天監十七年，遷明威將軍、晋安王長史，未幾卒。王命庾肩吾集其文爲十卷。《梁書》卷四〇、《南史》卷六二有傳。兩《唐志》有著録，《宋志》無載，亡佚。《全梁文》卷五八有輯文。

梁《蕭子暉集》九卷。

蕭子暉：字景光，蘭陵（今江蘇常州市）人。少涉書史，有文才。遷安西武陵王諮議，卒於驃騎長史。《梁書》卷三五、《南史》卷四二有傳。兩《唐志》著録《蕭子暉集》十一卷，《宋志》無載，亡佚。《全梁文》卷二四有輯文。

梁始興内史《蕭子範集》十三卷。

蕭子範：字景則，蘭陵（今江蘇常州市）人。齊永明中，封祁陽縣侯。累遷中散大夫、廷尉卿。出爲始興内史，遷秘書監。前後文集三十卷。《梁書》卷三五、《南史》卷四二有傳。兩《唐志》著録《蕭子範集》三卷，《宋志》無載，亡佚。《全梁文》卷二三有輯文。

梁建陽令《江洪集》二卷。

江洪：濟陽（今河南蘭考縣）人。工屬文，爲建陽令，坐事死。見《梁書》卷四九、《南史》卷五九。兩《唐志》無載，亡佚。

梁鎮西府記室《鮑畿集》八卷。

鮑畿：《梁書》作鮑機，《南史》作鮑幾。字景玄，東海（今山東境内）人。王亮舉其爲舂陵令，明山賓薦其爲太常丞，終於湘東王諮議參軍。《南史》卷六二有傳，又見《梁書》卷三〇。兩《唐志》有著録，《宋志》無載，亡佚。

梁尚書祠部郎《虞瞷集》十卷。

虞瞷（jiào）：生平事迹不詳。兩《唐志》著録《虞瞷集》六卷，《宋志》無載，亡佚。《全梁文》卷六三有輯文。

梁新田令《費昶集》三卷。

費昶：江夏（今湖北武漢市）人。善爲樂府，又作鼓吹曲。見《南史》卷七二。兩《唐志》無載，亡佚。

梁《蕭幾集》二卷。

蕭幾：字德玄，蘭陵（今江蘇常州市）人。好學，能屬文。解褐著作佐郎，累遷中書侍郎、尚書左丞。出爲新安太守，卒於官。《梁書》卷四一、《南史》卷四一有傳。兩《唐志》無載，亡佚。

梁東陽郡丞《謝瑱集》八卷。

謝瑱（tiàn）：生平事迹不詳。兩《唐志》著録《謝瑱集》十卷，《宋志》無載，亡佚。

梁通直郎《謝琛集》五卷。

謝琛：生平事迹不詳。兩《唐志》有著録，《宋志》無載，亡佚。

梁仁威記室《何遜集》七卷。梁有安西記室《劉緩集》四卷，沙門《釋智藏集》五卷，亡。

何遜：字仲言，東海郯（今山東郯城縣）人。天監中，起家奉朝請，遷中衛建安王水曹行參軍，兼記室。後除廬陵王記室，未幾卒。王僧孺集其文爲八卷。《梁書》卷四九、《南史》卷三三有傳。《日本國見在書目録》著録《何孫集》八卷，兩《唐志》著録《何遜集》八卷，《宋志》著録《何遜詩集》五卷，《郡齋讀書志》卷一七著録《何遜集》二卷。《四庫全書總目》卷一四八著録《何水部集》一卷，提要稱舊本久亡，所謂八卷者不可復覩。即《永樂大典》所引遜詩，亦皆今世所習見，則元明間已不存矣。此本爲正德丁丑張綖所刻，字句亦多竄亂，非其舊也。現存何遜之集，除四庫本之外，還有漢魏六朝百三名家集本《何記室集》一卷，六朝詩集本《何水部集》二卷，《全梁文》卷五九有輯文。劉緩：字含度，平原高唐（今山東高唐縣）人。少知名，官安西湘東王記室。除通直郎，遷鎮南湘東王中録事，又隨府江州，卒。《南史》卷七二有傳，又見《梁書》卷四九。兩《唐志》無載，亡佚。《全梁文》卷六三有輯文。釋智藏：吳（今江蘇境内）人。天監末，居鍾山開善寺。見《全梁文》卷七四。兩《唐志》無載，亡佚。《全梁文》卷七四有輯文。

梁太常卿《陸倕集》十四卷。

　　陸倕（chuí）：字佐公，吳（今江蘇境内）人。天監初，爲右軍安成王外兵參軍，轉主簿。武帝愛其才，乃敕撰《新漏刻銘》，其文甚美，遷太子中舍人。又遷中庶子、太常卿。文集二十卷，行於世。《梁書》卷二七、《南史》卷四八有傳。《日本國見在書目録》著録《陸倕集》八卷，兩《唐志》著録《陸倕集》二十卷，《宋志》無載，亡佚。《全梁文》卷五三有輯文。

梁廷尉卿《劉孝綽集》十四卷。

　　劉孝綽：本名冉，字孝綽，彭城（今江蘇徐州市）人。天監初，起家著作佐郎，遷太子舍人，遷員外散騎常侍，兼廷尉卿。後爲尚書吏部郎、秘書監。其辭藻爲後進所宗，其文流聞絕域。文集數十萬言，行於世。《梁書》卷三三、《南史》三九有傳。兩《唐志》著錄《劉孝綽集》十二卷，《宋志》著錄《劉孝綽集》一卷，現有漢魏六朝百三名家集本《劉祕書集》一卷，六朝詩集本《劉孝綽集》一卷，《全梁文》卷六〇有輯文。

梁都官尚書《劉孝儀集》二十卷。

劉孝儀：名潛，劉孝綽之弟。天監五年，舉秀才，累遷尚書殿中郎，敕令撰《雍州平等寺金像碑》，文甚宏麗。中大同元年，入守都官尚書。太清二年，侯景寇京師。劉孝儀失郡。文集二十卷，行於世。《梁書》卷四一、《南史》卷三九有傳。兩《唐志》有著錄，《宋志》無載，亡佚。現有漢魏六朝百三名家集本《劉豫章集》一卷，《全梁文》卷六一有輯文。

梁太子庶子《劉孝威集》十卷。

劉孝威：劉孝綽之弟。累遷中舍人、庶子、率更令，並掌管記。侯景亂，得出圍城，途中病亡。《梁書》卷四一有傳，又見《南史》卷三九。《日本國見在書目録》著錄《劉孝威集》十卷，兩《唐志》著錄《劉孝威前集》十卷、《劉孝威後集》十卷，《宋志》著錄《劉孝威集》一卷。現有漢魏六朝百三名家集本《劉庶子集》一卷，六朝詩集本《劉孝威集》一卷，《全梁文》卷六一有輯文。

梁東陽太守《王揖集》五卷。

王揖：又作王楫，琅邪臨沂（今山東臨沂市）人，官至太中大夫。見《梁書》卷三三、《南史》卷二二。兩《唐志》無載，亡佚。《全梁文》卷四八有輯文。

梁黃門郎《陸雲公集》十卷。

　　陸雲公：字子龍，吳郡（今江蘇境內）人。累遷宣惠武陵王、平西湘東王行參軍。先撰《太伯廟碑》，深得贊賞。累遷中書黃門郎，並掌著作。有文集行於世。《梁書》卷五〇、《南史》卷四八有傳。兩《唐志》著錄《陸雲公集》四卷，《宋志》無載，亡佚。《全梁文》卷五三有輯文。

梁國子祭酒《蕭子雲集》十九卷。

　　蕭子雲：見本書卷三二“小學類”。兩《唐志》著錄《蕭子雲集》二十卷，《宋志》無載，亡佚。《全梁文》卷二三有輯文。

梁征西府長史《楊眺集》十一卷。并《錄》。

　　楊眺：天水西縣（今甘肅天水市西南）人。武帝特詔聽其嗣其父楊公則爵，固讓，歷年乃受。見《梁書》卷一〇。兩《唐志》著錄《楊眺集》十卷，《宋志》無載，亡佚。

梁太子洗馬《王筠集》十一卷。并《錄》。

王筠《中書集》十一卷。并《錄》。

王筠《臨海集》十一卷。并《錄》。

王筠《左佐集》十一卷。并《錄》。

王筠《尚書集》九卷。并《錄》。

　　王筠：字元禮，又一字德柔，琅邪臨沂（今山東臨沂市）人。起家中軍臨川王行參軍。累遷太子洗馬、中舍人。後爲中書郎，奉敕撰《開善寺寶誌大師碑文》，辭甚麗逸。太清三年，夜忽有盜攻入，驚懼墜井亡。自撰其文章，以一官爲一集，自洗馬、中書、中庶子、吏部、左佐、臨海太守各十卷，行於世。《梁書》卷三三、《南史》卷二二有傳。兩《唐志》著錄王筠《洗馬集》十卷、《中庶子集》十卷、《左右（疑"右"爲"佐"之誤）集》、《臨海集》十卷、《尚書集》十一卷，《宋志》無載，亡佚。現有漢魏六朝百三名家集本《王詹事集》一卷，《全梁文》卷六五有輯文。

梁西昌侯《蕭深藻集》四卷。并《録》。

蕭深藻：又作蕭淵藻、蕭藻，字靖藝，南蘭陵（今江蘇常州市）人。天監元年，封西昌縣侯。歷任雍兗二州刺史、尚書左僕射、開府儀同三司、中書令。侯景寇亂據京口，因感氣疾，不食而亡。《梁書》卷二三、《南史》卷五一有傳。兩《唐志》無載是集，亡佚。

梁中書郎《任孝恭集》十卷。

任孝恭：字孝恭，臨淮臨淮（今安徽鳳陽縣東）人。武帝聞其有才，召入西省撰史。後爲司文侍郎、中書通事舍人，專掌公家筆翰。文集行於世。《梁書》卷五〇、《南史》卷七二有傳。《日本國見在書目録》著録《任孝恭集》十一卷，兩《唐志》著録《任孝恭集》十卷，《宋志》無載，亡佚。《全梁文》卷六七有輯文。

梁平北府長史《鮑泉集》一卷。

鮑泉：見本書卷三二"論語類"。《梁書》卷三〇載，鮑泉撰《新儀》四十卷，行於世。兩《唐志》有著録，《宋志》無載，亡佚。

梁雍州刺史《張纘集》十一卷。并《録》。

張纘：見本志子部"曆數類"。著《鴻寶》一百卷，文集二十卷。兩《唐志》著録《張纘集》十卷，《宋志》無載，亡佚。《全梁文》卷六四有輯文。

梁尚書僕射《張綰集》十一卷。并《録》。

張綰：字孝卿，張纘之弟。累遷中書郎、國子博士。承聖二年，拜尚書左僕射，尋加侍中。《梁書》卷三四、《南史》卷五六有傳。兩《唐志》著録《張綰集》十卷，《宋志》無載，亡佚。《全梁文》卷六四有輯文。

梁度支尚書《庾肩吾集》十卷。

庾肩吾：見本書卷三四"雜家"。《梁書》卷四九載，庾肩吾有文集行於世。《日本國見在書目録》、兩《唐志》著録《庾肩吾集》十卷，《宋志》著録《庾肩吾集》二卷。現有漢魏六朝百三名家集本《庾度支集》一卷，增定漢魏六朝別解本《庾度支集》，《全梁文》卷六六有輯文。

梁太常卿《劉之遴前集》十一卷。
《劉之遴後集》二十一卷。

劉之遴：見本書卷三三"雜傳類"。《梁書》卷四〇載，劉之遴前後文集五十卷，行於世。《舊唐志》著録《劉之遴前集》十卷、《劉之遴後集》三十卷，《新唐志》著録《劉之遴前集》十一卷、《劉之遴後集》三十卷，《宋志》無載，亡佚。《全梁文》卷五六有輯文。

梁豫章世子侍讀《謝郁集》五卷。

謝郁：生平事迹不詳。兩《唐志》有著録，《宋志》無載，亡佚。《全梁文》卷六七有輯文。

梁安成蕃王《蕭欣集》十卷。

蕭欣：梁武帝安成康王秀之孫。歷侍中、中書令、尚書僕射、尚書令。有集三十卷。《周書》卷四八有傳。兩《唐志》著録《蕭欣集》十卷，《宋志》無載，亡佚。《全梁文》卷二二有輯文。

梁中書舍人《朱超集》一卷。

朱超：生平事迹不詳。兩《唐志》無載，亡佚。

梁護軍將軍《甄玄成集》十卷。并《錄》。

甄玄成：字敬平，中山（今河北定州市）人。歷任中書侍郎、吏部尚書。蕭詧爲梁王六年卒，贈護軍將軍。有文集二十卷。《周書》卷四八、《北史》卷九三有傳。兩《唐志》有著錄，《宋志》無載，亡佚。《全梁文》卷六八有輯文。

梁散騎常侍《沈君游集》十三卷。

沈君游：吳興（今浙江湖州市）人。博學有詞采，位至散騎常侍。有文集十卷。《周書》卷四八有傳。兩《唐志》著錄《沈君游集》十二卷，《宋志》無載，亡佚。

梁《臨安恭公主集》三卷。武帝女。

臨安恭公主：《南史》卷五一載，武帝女，有文才。兩《唐志》著錄《臨安公主集》三卷，《宋志》無載，亡佚。

梁征西記室范靖妻《沈滿願集》三卷。

沈滿願：生平事迹不詳。《舊唐志》著錄范靖妻《沈滿願集》五卷，《新唐志》著錄《沈滿願集》三卷，《宋志》無載，亡佚。

梁太子洗馬徐悱妻《劉令嫻集》三卷。

劉令嫻：彭城（今江蘇徐州市）人，劉孝綽妹，適東海徐悱。有才學，文尤清拔。徐悱卒，妻爲祭文，辭甚悽愴。見《梁書》卷三三、《南史》卷三九。兩《唐志》著錄徐悱妻《劉氏集》六卷，

《宋志》無載，亡佚。《全梁文》卷六八有輯文。

後魏《孝文帝集》三十九卷。

孝文帝：見本志"大序"。《魏書》卷七下載，孝文帝雅好讀書，好爲文章，詩賦銘頌，任興而作。自餘文章，百有餘篇。兩《唐志》著錄後魏《文帝集》四十卷，《宋志》無載，亡佚。《後魏文》卷三至卷七有輯文。

後魏司空《高允集》二十一卷。

高允：字伯恭，渤海（今河北南皮縣）人。性好文學，博通經史。因參樂平王西討，有參謀之功，賜爵汶陽子，加建威將軍。後進爵咸陽公，加鎮東將軍。太和十一年卒。贈侍中、司徒公，謚曰文。所制詩賦、誄頌、箴論、表讚，《毛詩拾遺》等凡百餘篇，別有文集行於世。《魏書》卷四八、《北史》卷三一有傳。兩《唐志》著錄《高允集》二十卷，《宋志》無載，亡佚。現有漢魏六朝百三名家集本《高令公集》一卷，《後魏文》卷二八有輯文。

後魏司農卿《李諧集》十卷。

李諧：見本書卷三三"地理類"。《魏書》卷六五載，李諧博學有文辯，所著文集，別有集錄行於世。兩《唐志》有著錄，《宋志》無載，亡佚。《後魏文》卷二五有輯文。

後魏太常卿《盧元明集》十七卷。

盧元明：字幼章，范陽涿（今河北涿州市）人。出帝登基，封城陽縣子，遷中書侍郎。天平中，拜尚書右丞，轉散騎常侍。好玄理，作史子新論數十篇，文集別有集錄。《魏書》卷四七、《北史》卷三〇有傳。兩《唐志》著錄《盧元明集》六卷，《宋志》無載，亡佚。《後魏文》卷三七有輯文。

後魏司空祭酒《袁躍集》十三卷。

袁躍：字景騰，陳郡項（今河南項城市）人。歷任尚書都兵郎中，加員外散騎常侍。後遷清河王懌文學，爲其愛賞。所作文集行於世。《魏書》卷八五、《北史》卷四七有傳。兩《唐志》著錄《袁躍集》九卷，《宋志》無載，亡佚。

後魏著作佐郎《韓顯宗集》十卷。

韓顯宗：字茂親，昌黎棘城（今遼寧義縣）人。太和初，舉秀才，除著作佐郎，兼中書侍郎。二十一年，爲右軍府長史、征虜將軍、統軍。撰有馮氏《燕志》、《孝友傳》各十卷，所作文章，頗傳於世。《魏書》卷六〇、《北史》卷四〇有傳。兩《唐志》著錄《韓宗集》五卷，《宋志》無載，亡佚。《後魏文》卷三一有輯文。

後魏散騎常侍《溫子昇集》三十九卷。

溫子昇：見本書卷三三“地理類”。《魏書》卷八五載，溫子昇博覽百家，文章清婉。其卒，宋遊道集其文筆爲三十五卷，又有《永安記》三卷。《日本國見在書目錄》著錄《溫子昇集》廿八卷，兩《唐志》著錄《溫子昇集》三十五卷，《宋志》無載，亡佚。現有漢魏六朝百三名家集本《溫侍讀集》一卷，《後魏文》卷五一有輯文。

後魏太常卿《陽固集》三卷。

陽固：字敬安，北平無終（今天津市）人。太和中，除給事中，領侍御史。正光二年，爲從事中郎，加鎮遠將軍。四年卒，贈太常少卿。《魏書》卷七二、《北史》卷四九有傳。兩《唐志》有著錄，《宋志》無載，亡佚。《後魏文》卷四四有輯文。

北齊特進《邢子才集》三十一卷。

邢子才：名邵，河間鄚（今河北任丘市）人。釋褐爲魏宣帝挽郎，除奉朝請，遷著作佐郎。太昌中，累遷太常卿、中書監，攝國子祭酒。後授特進，卒。有集三十卷。《北齊書》卷三六、《北史》卷四三有傳。《舊唐志》著錄《邢子才集》三十卷，《新唐志》著錄《邢邵集》三十卷，《宋志》無載，亡佚。現有漢魏六朝百三名家集本《邢特進集》一卷，《北齊文》卷三有輯文。

北齊尚書僕射《魏收集》六十八卷。

魏收：見本書卷三三"正史類"。《北齊書》卷三七載，魏收以文華顯。有文集七十卷。兩《唐志》著錄《魏收集》七十卷，《宋志》無載，亡佚。現有漢魏六朝百三名家集本《魏特進集》一卷，《北齊文》卷四有輯文。

北齊儀同《劉逖集》二十六卷。

劉逖（tì）：字子長，彭城（今江蘇徐州市）人。留心文藻，頗工詩詠。遷給事黃門郎，加散騎常侍，後拜儀同三司。世祖崩，出爲江州刺史。所制詩賦及雜文筆三十卷，行於世。《北齊書》卷四五、《北史》卷四二有傳。兩《唐志》著錄《劉逖集》四十卷，《宋志》無載，亡佚。《北齊文》卷八有輯文。

後周《明帝集》九卷。

明帝：宇文氏，諱毓，代武川（今内蒙古自治區境内）人。周太祖長子。及孝閔帝廢，即天王位，後改稱皇帝，改元武成。所著文章十卷。《周書》卷四、《北史》卷九有紀。《舊唐志》著錄後周《明帝集》十卷，《新唐志》著錄後周《明帝集》五十卷，《宋志》無載，亡佚。《後周文》卷一有輯文。

後周《趙王集》八卷。

趙王：宇文招，字豆盧突，文帝子。武成初，進封趙國公。建德三年，進爲王。大象二年，隋文帝輔政，將遷周鼎，趙王招等欲圖之，事覺，陷以謀反，被誅。所著文集十卷，行於世。《周書》卷一三、《北史》卷五八有傳。《日本國見在書目録》《舊唐志》著録後周《趙王集》十卷，《新唐志》著録《趙平王集》十卷，《宋志》無載，亡佚。

後周《滕簡王集》八卷。

滕簡王：宇文逌，字爾固突，文帝子。武成初，封滕國公。建德三年，進爵爲王。大象元年，出就國。二年，爲隋文帝所害。逌所作文章頗行於世。《周書》卷一三、《北史》卷五八有傳。《舊唐志》著録後周《滕王集》十二卷，《新唐志》著録《滕簡王集》十二卷，《宋志》無載，亡佚。《後周文》卷四有輯文。

後周儀同《宗懍集》十二卷。并《録》。

宗懍：字元懍，南陽涅陽（今河南鎮平縣南）人。歷任臨汝、建成、廣晉三縣令。江陵没，入於周。孝閔帝踐祚，拜車騎大將軍、儀同三司。有文集行於世。《梁書》卷四一、《周書》卷四二、《北史》卷七〇有傳。《舊唐志》著録《宗懍集》三十卷，《新唐志》著録《宗懍集》十卷，《宋志》無載，亡佚。

後周沙門《釋亡名集》十卷。

釋亡名：俗姓宋，南郡（今湖北境内）人。事梁元帝，官爵不明。梁亡，出家，爲夏州三藏。見《後周文》卷二二。《法苑珠林·傳記》載，沙門釋亡名著有《至道論》等，凡十二卷。《日本國見在書目録》著録《無名師集》十卷，兩《唐志》著録《亡名集》十卷，《宋志》無載，亡佚。《後周文》卷二二有輯文。

後周小司空《王褒集》二十一卷。并《録》。

王褒：見本書卷三三"雜傳類"。《周書》卷四一載，王褒博覽史傳，尤工屬文。高祖作《象經》，令王褒注之。引據該洽，甚見稱賞。《舊唐志》著録《王褒集》三十卷，《新唐志》著録《王褒集》二十卷，《宋志》無載，亡佚。現有六朝詩集本《王子淵集》一卷，漢魏六朝百三名家集本《王司空集》一卷，增定漢魏六朝別解本《王司空集》，《後周文》卷七有輯文。

後周少傅《蕭撝集》十卷。

蕭撝（huī）：字智遐，蘭陵（今江蘇常州市）人。在梁，封永豐縣侯。魏恭帝時，授侍中、開府儀同三司，封歸善縣公。周時，進爵黃臺郡公。歷授少保、少傅，改封蔡陽郡公。建德二年卒，贈少傅。所著詩賦雜文數萬言，頗行於世。《周書》卷四二、《北史》卷二九有傳。兩《唐志》著録《蕭撝集》十卷，《宋志》無載，亡佚。《後周文》卷一九有輯文。

後周開府儀同《庾信集》二十一卷。并《録》。

庾信：字子山，南陽新野（今河南新野縣）人。庾信文章辭令，盛爲鄴下所稱。累遷通直散騎常侍。梁元帝即位，爲右衛將軍，封武康縣侯。周孝閔帝踐祚，封臨清縣子，遷驃騎大將軍、開府儀同三司，後進爵義城縣侯。有文集二十卷。《周書》卷四一、《北史》卷八三有傳。《日本國見在書目録》、兩《唐志》著録《庾信集》二十卷，《宋志》著録《庾信集》二十卷、《哀江南賦》一卷。《直齋書録解題》卷一六著録《庾開府集》二十卷，稱庾信在揚都有集四十卷，及江陵又有三卷，皆兵火不存。今集止自入魏以來所作，而《哀江南賦》實爲首冠。《四庫全書總目》卷一四八著録清吳兆宜《庾開府集箋注》十卷，提要稱，《北史》本傳稱有集二十卷，與後周滕王（宇文逌）之序合，《隋志》作二十一卷，皆已久佚。元末明初尚有重編之本，今亦未見此本，雖冠以滕王逌序，實由諸書鈔撮而成，非其原帙也。現有四部叢刊本《庾子山集》十六卷，漢魏諸名家集本《庾開府集》十二卷，四庫本、四部備要本《庾子山集注》十六卷等。《後周文》卷八至卷一八有輯文。

《陳後主集》三十九卷。

陳後主：諱叔寶，字元秀，吳興（今浙江湖州市）人。太建元年，立爲皇太子，十四年，即皇帝位。禎明三年春，後主爲隋軍所獲，入於長安。隋仁壽四年，崩於洛陽，謚曰煬。《陳書》卷六、《南史》卷一〇有紀。《舊唐志》著錄《陳後主集》五十卷，《新唐志》著錄《陳後主集》五十五卷，《宋志》著錄《陳後主集》一卷。現有漢魏六朝百三名家集本《陳後主集》一卷，漢魏六朝名家集初刻本《陳後主集》二卷，《全陳文》卷四有輯文。

《陳後主沈后集》十卷。

沈后：諱婺華，吳興（今浙江湖州市）人。太建三年，納爲皇太子妃，後主即位，爲皇后。涉獵經史，工書翰。陳亡，隨後主入長安。隋煬帝被殺，沈后自廣陵渡江，於毗陵天静寺爲尼，名觀音，貞觀初卒。《陳書》卷七、《南史》卷一二有傳。兩《唐志》無載是集，亡佚。《全陳文》卷四有輯文。

陳大匠卿《杜之偉集》十二卷。

杜之偉：字子大，吳郡錢塘（今浙江杭州市）人。梁中大同初，起補東宮學士。侯景亂，逃至山澤。陳高祖受禪，轉大匠卿，遷中大夫。所著多失，存者十七卷。《陳書》卷三四、《南史》卷七二有傳。兩《唐志》無載，亡佚。《全陳文》卷一三有輯文。

陳金紫光禄大夫《周弘讓集》九卷。

陳《周弘讓後集》十二卷。

　　周弘讓：見本書卷三三“傳記類”。兩《唐志》著録《周弘讓集》十八卷，《宋志》無載，亡佚。《全陳文》卷五有輯文。

陳侍中《沈炯前集》七卷。

陳《沈炯後集》十三卷。

　　沈炯：字禮明，吴興武康（今浙江德清縣）人。梁時，爲尚書左民侍郎，出爲吴令。梁元帝徵爲給事黄門侍郎，領尚書左丞。陳文帝即位，得重用，多預軍國大政。有集二十卷行於世。《陳書》卷一九、《南史》卷六九有傳。《日本國見在書目録》著録《沈炯集》十卷、《沈炯後集》十卷，兩《唐志》著録《沈炯前集》六卷、《後集》十三卷，《宋志》著録《沈炯集》七卷。現有漢魏六朝百三名家集本《沈侍中集》一卷，《全陳文》卷一四有輯文。

陳沙門《釋標集》二卷。

　　釋標：姚振宗以爲當作釋慧標，其涉獵有才思。陳寶應起兵反，慧標有響應之意，後被誅。見《陳書》卷一九。兩《唐志》無載，亡佚。

陳沙門《釋洪偃集》八卷。

　　釋洪偃：俗姓謝氏，會稽山陰（今浙江紹興市）人。風神秀穎，弱齡悟道。梁簡文帝欲令還俗，引爲學士，洪偃執意不從。梁亂，天嘉五年卒。見《古詩紀》。兩《唐志》無載，亡佚。

陳沙門《釋瑗集》六卷。

　　釋瑗：即釋曇瑗，見本書卷三三“儀注類”。兩《唐志》有著録，《宋志》無載，亡佚。《全陳文》卷一八有輯文。

陳沙門《釋靈裕集》四卷。

釋靈裕：俗姓趙，定州曲陽（今河北曲陽縣）人。有道行，爲齊文宣帝、隋文帝所尊禮。住演空寺，大業元年終。見《續高僧傳》。《法苑珠林·傳記》載，靈裕撰《安民論》《因果論》等。兩《唐志》無載，亡佚。

陳尚書僕射《周弘正集》二十卷。

周弘正：見本書卷三二"易類"。《南史》卷三四載，周弘正有集二十卷行於世。兩《唐志》有著録，《宋志》無載，亡佚。《全陳文》卷五有輯文。

陳鎮南府司馬《陰鏗集》一卷。

陰鏗：字子堅，武威（今甘肅武威市）人。博涉史傳，尤善五言詩，爲當世所重。釋褐梁湘東王法曹參軍。得陳文帝賞識，累遷招遠將軍、晋陵太守、員外散騎常侍。有集三卷行於世。《陳書》卷三四、《南史》卷六四有傳。兩《唐志》、《宋志》無載。《郡齋讀書志》卷一七著録《陰鏗集》一卷，稱有集三卷，《隋志》已亡其二，今存者十數詩而已。現有六朝詩集本《陰常侍集》一卷，叢書集成初編本《陰常侍詩集》一卷。

陳右衛將軍《顧野王集》十九卷。

顧野王：見本書卷三二"小學類"。"右衛將軍"原作"左衛將軍"，據《陳書》卷三〇、《南史》卷六九本傳改。《陳書》卷三〇載，顧野王著述頗多，《玉篇》《輿地志》《顧氏譜傳》等，有文集二十卷。兩《唐志》無載是集，亡佚。《全陳文》卷一三有輯文。

陳沙門《策上人集》五卷。

策上人：生平事迹不詳。兩《唐志》無載，亡佚。

陳尚書左僕射《徐陵集》三十卷。

徐陵：見本書卷三四"雜家"。《陳書》卷二六載，徐陵文頗變舊體，多有新意。每一文出手，好事者已傳寫成誦。後逢喪亂，多散失，存者三十卷。《日本國見在書目錄》著錄《徐陵筆集》十卷、《徐陵集》卅卷，兩《唐志》著錄《徐陵集》三十卷，《崇文總目》著錄《徐陵文集》二卷，《宋志》著錄《徐陵詩》一卷。《直齋書錄解題》卷一九著錄《徐孝穆集》一卷，稱"今惟詩五十餘篇"。《四庫全書總目》卷一四八著錄清吳兆宜《徐孝穆集箋注》六卷，提要稱《徐陵集》久佚不傳，此本乃後人從《藝文類聚》《文苑英華》諸書內采掇而成。現有漢魏六朝百三名家集本《徐僕射集》一卷，增定漢魏六朝別解本《徐僕射集》，四部叢刊本《徐孝穆集》十卷，四部備要本、四庫本《徐孝穆集》六卷《備考》一卷，《全陳文》卷六至卷一一一有輯文。

陳右衛將軍《張式集》十四卷。

張式：見本書卷三四"雜家"。兩《唐志》著錄《張式集》十三卷，《宋志》無載，亡佚。

陳尚書度支郎《張正見集》十四卷。

張正見：字見頤，清河東武城（今山東武城縣）人。陳高祖受禪，累遷尚書度支郎、通直散騎侍郎。有集十四卷，其五言尤善，大行於世。《陳書》卷三四、《南史》卷七二有傳。《日本國見在書目錄》著錄《張正見集》三卷，兩《唐志》著錄《張正見集》四卷，《宋志》著錄《張正見集》一卷。現有漢魏六朝百三名家集本

《陳張散騎集》一卷，《全陳文》卷一六有輯文。

陳司農卿《陸琰集》二卷。

陸琰：字溫玉，吳郡吳（今江蘇蘇州市）人。累遷法曹外兵參軍，直嘉德殿學士。太建初，爲武陵王明威府功曹史，兼東宮管記。五年卒。至德二年，追贈司農卿。《陳書》卷三四、《南史》卷四八有傳。兩《唐志》無載，亡佚。

陳少府卿《陸玠集》十卷。

陸玠（jiè）：字潤玉，吳郡吳（今江蘇蘇州市）人。舉秀才，超授衡陽王文學，直天保殿學士。太建初，遷長沙王友，領記室。八年卒。至德二年，追贈少府卿。有文集十卷。《陳書》卷三四、《南史》卷四八有傳。兩《唐志》著錄《陸珍（疑爲"玠"之誤）集》五卷，《宋志》無載，亡佚。

陳光禄卿《陸瑜集》十一卷。并《録》。

陸瑜：字幹玉，吳郡吳（今江蘇蘇州市）人。少篤學，美詞藻。累遷永陽王文學、太子洗馬、中舍人。時皇太子好學，命其鈔子集，未就而卒。至德二年，追贈光禄卿。有集十卷。《陳書》卷三四、《南史》四八有傳。兩《唐志》著錄《陸瑜集》十卷，《宋志》無載，亡佚。《全陳文》卷一七有輯文。

陳護軍將軍《蔡景歷集》五卷。

蔡景歷：字茂世，濟陽考城（今河南蘭考縣）人。解褐諸王府佐，出爲海陽令。陳世祖即位，以策功，封新豐縣子，又進爵爲侯。累遷通直散騎常侍，兼御史中丞，守度支尚書。有文集三十卷。《陳書》卷一六、《南史》卷六八有傳。兩《唐志》無載，亡佚。《全陳文》卷一五有輯文。

陳沙門《釋曇集》六卷。

　　釋曇（gǎo）：生平事迹不詳。兩《唐志》無載，亡佚。

陳御史中丞《褚玠集》十卷。

　　褚玠：字温理，河南陽翟（今河南禹州市）人。天嘉中，兼通直散騎常侍，遷太子庶子、中書侍郎。太建十二年，遷御史中丞，卒於官。所撰章奏雜文二百餘篇，皆切事理，由是見重於時。《陳書》卷三四、《南史》卷二八有傳。兩《唐志》著録《褚介（疑爲"玠"之誤）集》十卷，《宋志》無載，亡佚。《全陳文》卷一六有輯文。

陳安右府諮議《司馬君卿集》二卷。

　　司馬君卿：生平事迹不詳。兩《唐志》無載，亡佚。

陳著作佐郎《張仲簡集》一卷。

　　張仲簡：生平事迹不詳。兩《唐志》無載，亡佚。

《煬帝集》五十五卷。

　　煬帝：諱楊廣，一名英，弘農郡華陰（今陝西華陰市）人，隋文帝第二子。《隋書》卷三、卷四，《北史》卷一二有紀。《日本國見在書目録》著録《隋煬帝集》廿八卷，兩《唐志》著録《隋煬帝集》三十卷，《宋志》無載，亡佚。現有漢魏六朝百三名家集本《隋煬帝集》一卷，漢魏六朝名家集初刻本《隋煬帝集》五卷，《全隋文》卷四至卷七有輯文。

《王祐集》一卷。

　　王祐：生平事迹不詳。兩《唐志》無載，亡佚。

武陽太守《盧思道集》三十卷。

盧思道：見本書卷三三"雜傳類"。《隋書》卷五七載，盧思道有集三十卷。兩《唐志》著錄《盧思道集》二十卷，《宋志》無載，亡佚。現有漢魏六朝百三名家集本《盧武陽集》一卷，增定漢魏六朝別解本《盧武陽集》，《全隋文》卷一六有輯文。

金州刺史《李元操集》十卷。

李元操：名孝貞，趙郡柏人（今河北隆堯縣北）人。在齊，解褐司徒府參軍事。周武帝平齊，授儀同三司。隋開皇初，拜馮翊太守，因犯廟諱，以字行。出爲金州刺史，卒官。所著文集二十卷，行於世。《隋書》卷五七、《北史》卷三三有傳。兩《唐志》著錄《李元操集》二十二卷，《宋志》無載，亡佚。《全隋文》卷二〇有輯文。

蜀王府記室《辛德源集》三十卷。

辛德源：字孝基，隴西狄道（今甘肅臨洮縣）人。起家奉朝請，累遷比部郎中，又兼通直散騎常侍。隋文帝受禪，因牛弘舉薦，得與王劭同修國史。後轉諮議參軍，卒官。有集二十卷。《隋書》卷五八、《北史》卷五〇有傳。兩《唐志》有著錄，《宋志》無載，亡佚。《全隋文》卷二〇有輯文。

太尉《楊素集》十卷。

楊素：字處道，弘農華陰（今陝西華陰市）人。周武帝拜其爲車騎大將軍、儀同三司。齊平，加上開府，進封清河郡公。隋文帝受禪，封越國公。累遷上柱國、尚書僕射、太子太師。煬帝大業二年，拜司徒，改封楚公，其年卒官。贈光祿大夫、太尉公。有集十卷。《周書》卷三四、《隋書》卷四八、《北史》卷四一有傳。兩

《唐志》無載，亡佚。《全隋文》卷二五有輯文。

懷州刺史《李德林集》十卷。

李德林：字公輔，博陵安平（今河北安平縣）人。善屬文，詞覈而理暢。開皇五年，敕令撰錄作相時文翰，勒成五卷，謂之《霸朝雜集》。後轉爲懷州刺史，歲餘，卒官。所撰文集，勒成八十卷，有五十卷行於世。《隋書》卷四二、《北史》卷七二有傳。兩《唐志》有著錄，《宋志》無載，亡佚。現有漢魏六朝百三名家集本《李懷州集》一卷，《全隋文》卷一七、卷一八有輯文。

吏部尚書《牛弘集》十二卷。

牛弘：見本書卷三二“大序”。《隋書》卷四九載，牛弘有文集十三卷行於世。兩《唐志》有著錄，《宋志》無載，亡佚。現有漢魏六朝百三名家集本《牛奇章集》一卷，《全隋文》卷二四有輯文。

司隸大夫《薛道衡集》三十卷。

薛道衡：字玄卿，河東汾陰（今山西萬榮縣）人。在齊爲主客郎，拜中書侍郎。入周，授儀同，攝邛州刺史。隋煬帝嗣位，上《高祖文皇帝頌》，令煬帝不悦。有集七十卷，行於世。《隋書》卷五七、《北史》卷三六有傳。兩《唐志》有著錄，《宋志》無載。《直齋書錄解題》卷一九著錄《薛道衡集》一卷，稱“詩凡十九篇。本集三十卷，所存止此。大抵隋以前文集存全者亡幾，多好事者於類書中鈔出，以備家數也”。現有漢魏六朝百三名家集本《薛司隸集》一卷，《全隋文》卷一九有輯文。

國子祭酒《何妥集》十卷。

何妥：見本書卷三二“易類”。《隋書》卷七五載，何妥撰有文集十卷，行於世。兩《唐志》有著録，《宋志》無載，亡佚。
《全隋文》卷一二有輯文。

秘書監《柳顧集》五卷。

柳顧（biàn）：字顧言，本河東（今山西境内）人，永嘉之亂，
徙家襄陽。仕梁，釋褐著作佐郎。仁壽初，引爲東宮學士，加通直
散騎常侍。煬帝即位，拜秘書監，封漢南縣公。撰《晋王北伐記》
十五卷，有集十卷，行於世。《隋書》卷五八、《北史》卷八三有
傳。《日本國見在書目録》、兩《唐志》著録《柳顧言集》十卷，
《宋志》無載，亡佚。《全隋文》卷一二有輯文。

開府《江總集》三十卷。
《江總後集》二卷。

江總：字總持，濟陽考城（今河南蘭考縣）人。仕梁，官至太
子中舍人。陳後主即位，累遷太常卿、吏部尚書、尚書令。京城
陷，入隋，爲上開府。有文集三十卷。《陳書》卷二七、《南史》
卷三六有傳。《日本國見在書目録》著録《江令集》卅卷、《江令
君集》廿卷，兩《唐志》著録《江總集》二十卷，《宋志》著録
《江總集》七卷。《直齋書録解題》卷一九著録《江總集》一卷，
稱“《唐志》集二十卷，《中興書目》七卷，今惟存詩近百首云”。
現有漢魏六朝百三名家集本《江令君集》一卷，增定漢魏六朝別解
本《江令君集》，《全隋文》卷一〇、卷一一有輯文。

記室參軍《蕭慤集》九卷。

蕭慤（què）：字仁祖，蘭陵（今江蘇常州市）人。天保中入
齊，武平中爲太子洗馬。文林館立，入館撰書。入隋，爲記室參
軍。見《北齊書》卷四五、《北史》卷八三。兩《唐志》有著録，
《宋志》無載，亡佚。《全隋文》卷一三有輯文。

著作郎《魏彦深集》三卷。

　　魏彦深：名澹，見本書卷三三"正史類"。《隋書》卷五八載，魏澹博涉經史，善屬文，詞采贍逸。有文集三十卷，行於世。兩《唐志》著録《魏澹集》四卷，《宋志》無載，亡佚。《全隋文》卷二〇有輯文。

著作郎《諸葛穎集》十四卷。

　　諸葛穎：見本書卷三三"地理類"。《隋書》卷七六載，諸葛穎能屬文，有文集二十卷，行於世。兩《唐志》有著録，《宋志》無載，亡佚。

劉子政母《祖氏集》九卷。

　　祖氏：生平事迹不詳。兩《唐志》無載，亡佚。

著作郎《王胄集》十卷。

　　王胄：字承基，琅邪臨沂（今山東臨沂市）人。仕陳，歷太子舍人、東陽王文學。大業初，爲著作佐郎，以文詞爲煬帝所重，從征遼東，進授朝散大夫。所著辭賦，多行於世。《隋書》卷七六、《北史》卷八三有傳。兩《唐志》有著録，《宋志》無載，亡佚。《全隋文》卷一四有輯文。

　　右四百三十七部，四千三百八十一卷。通計亡書，合八百八十六部，八千一百二十六卷。

　　四百三十七部：實際爲四百五十三部。八百八十六部：經統計亡書爲四百七十三部，故合計爲九百二十六部。

　　別集之名，蓋漢東京之所創也。[1]自靈均已降，屬文之士衆矣，然其志尚不同，風流殊別。後之君子，欲觀其體勢，而見其心靈，故別聚焉，名之爲集。辭人景慕，並自記載，[2]以成書部。年代遷徙，亦頗遺散。其高唱絶俗者，略皆具存，今依其先後，次之於此。

[1]漢東京之所創也：由於典籍載體的原因，最早以單篇流傳，直到東漢劉向校書，纔把單篇文章編輯成書。而將一個作者所作詩賦頌誄贊等編輯成册，即爲別集。

[2]並自記載：別集始於東漢，則爲後人追題。其自製名者，則始於南齊張融《玉海集》。自此別集，多爲作者自撰自集。

《文章流別集》四十一卷。梁六十卷，《志》二卷，《論》二卷，摯虞撰。

《文章流別志》、《論》二卷。摯虞撰。

《晋書》卷五一載，摯虞撰古文章，類聚區分爲三十卷，名曰《流別集》，各爲之論，辭理愜當，爲世所重。《四庫全書總目·總集序》言，總集是文章之衡鑒，著作之淵藪，而體例所成，以摯虞《流別》爲始。兩《唐志》著録《文章流別集》三十卷，《宋志》無載，亡佚。

《文章流別本》十二卷。謝混撰。

兩《唐志》無載，亡佚。

《續文章流別》三卷。孔甯撰。

孔甯：生平事迹不詳。兩《唐志》無載，亡佚。

《集苑》四十五卷。梁六十卷。

不署撰者。《舊唐志》著録《集苑》六十卷，謝琨（疑爲"混"之誤）撰；《新唐志》著録謝混《集苑》六十卷；《宋志》無載，亡佚。

《集林》一百八十一卷。宋臨川王劉義慶撰。梁二百卷。

《南史》卷一三載，劉義慶撰《集林》二百卷，行於世。兩《唐志》著録劉義慶《集林》二百卷，《宋志》無載，亡佚。

《集林鈔》十一卷。

不署撰者。兩《唐志》無載，亡佚。

《集鈔》十卷。沈約撰。梁有《集鈔》四十卷，丘遲撰，亡。

沈約撰《集鈔》，兩《唐志》無載，亡佚。《舊唐志》著録《集鈔》四十卷，不署撰者；《新唐志》著録丘遲《集鈔》四十卷。《宋志》無載，亡佚。

《集略》二十卷。

不署撰者。兩《唐志》無載，亡佚。

《撰遺》六卷。梁又有《零集》三十六卷，亡。

不署撰者。兩《唐志》無載，亡佚。《零集》：不署撰者，兩《唐志》無載，亡佚。

《翰林論》三卷。李充撰。梁五十四卷。

《文心雕龍·序志》言李充《翰林論》"淺而寡要"。《舊唐志》著録李充《翰林論》二卷，《新唐志》《崇文總目》著録李充《翰林論》三卷，《宋志》著録李允（疑爲"充"之誤）《翰林論》三卷，後無載，亡佚。

《文苑》一百卷。孔逭撰。

　　孔逭（huàn）：會稽（今浙江紹興市）人。抗直有才藻，撰《東都賦》，於時才士稱之。終於衞軍武陵王東曹掾。見《南史》卷七二。兩《唐志》有著錄，《宋志》著錄孔逭《文苑》十九卷，後無載，亡佚。

《文苑鈔》三十卷。

　　不署撰者。兩《唐志》無載，亡佚。

《文選》三十卷。梁昭明太子撰。

　　《梁書》卷八載，昭明太子撰有《文選》三十卷。兩《唐志》著錄昭明太子《文選》三十卷，《新唐志》又著錄李善注《文選》六十卷。《宋志》著錄蕭統《文選》六十卷，李善注。《直齋書錄解題》卷一五著錄李善注《文選》六十卷、《六臣文選》六十卷。《四庫全書總目》卷一八六著錄《文選注》六十卷、《六臣注文選》六十卷，提要稱《文選》舊本三十卷，唐高宗時，江都李善爲之注，始每卷各分爲二。玄宗開元六年，呂延祚以李善注重引證，忽略疏通文義，召集呂延濟、劉良、張銑、呂向、李周翰作新注，即《五臣注文選》。而自南宋以來，李善注皆與五臣注合刊，名曰《六臣注文選》，而李善注單行之本世遂罕傳。據明胡克家《重刻宋淳熙本文選序》言，宋淳熙中，尤袤取李善注讎校刊行，厥後單行之本，皆由此出。現有宋刻本李善注《文選》六十卷，宋杭州開牋紙馬鋪鍾家刻本《五臣注文選》三十卷（存一卷），宋刻本《六臣注文選》六十卷，又有明萬曆吳近仁刻《文選》十二卷、《音注》十二卷等。李善注《文選》六十卷，通行本有四庫本、四部備要本；《六臣注文選》六十卷，通行本有四庫本、四部叢刊本。中華書局1977年影印胡克家本李善注《文選》，1987年影印四部叢刊本《六臣注文選》。

《詞林》五十八卷。

不署撰者。《隋書》卷五八載，魏澹撰《詞林集》。兩《唐志》著録《小辭林》五十三卷，《宋志》無載，亡佚。

《文海》五十卷。

不署撰者。《周書》卷四二載，蕭圓肅撰時人詩筆，爲《文海》四十卷，兩《唐志》著録蕭圓（疑"圓"後脱"肅"）《文海集》三十六卷，《宋志》無載，亡佚。

《吳朝士文集》十卷。梁十三卷。又有《漢書文府》三卷，亡。

不署撰者。兩《唐志》無載，亡佚。《漢書文府》：不署撰者。兩《唐志》無載，亡佚。

《巾箱集》七卷。梁有《文章志録雜文》八卷，謝沈撰；又《名士雜文》八卷。亡。

不署撰者。《南史》卷四一載，蕭鈞手自細書寫五經，部爲一卷，置於巾箱中，以備遺忘。諸王聞而爭相效仿，巾箱五經自此始也。《巾箱集》大抵也屬這類。兩《唐志》無載，亡佚。《文章志録雜文》：兩《唐志》著録謝沈《名文集》四十卷，而無載是書，《宋志》無載，亡佚。《名士雜文》：不署撰者。兩《唐志》無載，亡佚。

《婦人集》二十卷。梁有《婦人集》三十卷，殷淳撰；又《婦人集》十一卷。亡。

不署撰者。兩《唐志》無載，亡佚。《婦人集》：《新唐志》著録殷淳《婦人集》三十卷，《宋志》無載，亡佚。《婦人集》：不署撰者。兩《唐志》無載，亡佚。

《婦人集鈔》二卷。

不署撰者。兩《唐志》無載，亡佚。

《雜文》十六卷。爲婦人作。

不署撰者。兩《唐志》無載，亡佚。

《文選音》三卷。蕭該撰。

蕭該：見本書卷三三“正史類”。《隋書》卷七五載，蕭該撰《漢書》及《文選》音義，皆爲當時所貴。兩《唐志》著録蕭該《文選音》十卷，《宋志》無載，亡佚。

《文心雕龍》十卷。梁兼東宮通事舍人劉勰撰。

劉勰（xié）：字彦和，東莞莒（今山東莒縣）人。篤志好學，依沙門僧祐，遂博通經論。天監初，起家奉朝請，中軍臨川王蕭宏引兼記室。除仁威南康王記室，兼東宮通事舍人。撰《文心雕龍》五十篇，論古今文體，引而次之。後出家，改名慧地。不及一年而卒。有文集行於世。《梁書》卷五〇、《南史》卷七二有傳。《日本國見在書目録》子部“雜家”及集部“總集”著録劉勰《文心雕龍》十卷，兩《唐志》、《宋志》著録劉勰《文心雕龍》十卷。《四庫全書總目》卷一九五著録《文心雕龍》十卷，提要稱其書《原道》以下二十五篇，論文章體制；《神思》以下二十四篇，論文章工拙；合《序志》一篇，爲五十篇。現存最早刻本爲明弘治十七年馮允中刻本，通行本有四部叢刊本、四庫本、叢書集成本。注本有清黃叔琳《文心雕龍輯注》、近人楊明照《增訂文心雕龍校注》。

《文章始》一卷。姚察撰。梁有《文章始》一卷，任昉撰；《四

代文章記》一卷，吳郡功曹張防撰。亡。

姚察：見本書卷三三“正史類”。兩《唐志》“雜家”著錄姚察《續文章始》一卷，《宋志》無載，亡佚。《文章始》：兩《唐志》著錄任昉《文章始》一卷，張績補，《宋志》著錄任昉《文章緣起》一卷。《直齋書錄解題》卷二二著錄任昉《文章緣起》一卷，稱“但取秦漢以來，不及六經”。《四庫全書總目》卷一九五著錄《文章緣起》一卷，提要稱唐已由張績補，唐已無此書。檢其所列引據頗疏，疑爲依託。北宋王得臣《麈史·論文》有曰“梁任昉集秦漢以來文章名之始，目曰《文章緣起》，自《詩賦》、《離騷》，至於《藝》，約八十五題，可謂博矣”。此本與王得臣所論相合，疑爲張績所補，後人誤以爲任昉本書。現存最早刻本爲清康熙三十三年方氏侑静齋刻本，通行本有四庫本、叢書集成本。張防：生平事迹不詳。兩《唐志》無載，亡佚。

《賦集》九十二卷。謝靈運撰。梁又有《賦集》五十卷，宋新渝惠侯撰；《賦集》四十卷，宋明帝撰；《樂器賦》十卷；《伎藝賦》六卷。亡。

兩《唐志》無載，亡佚。新渝惠侯：即劉義宗。兩《唐志》無載，亡佚。《賦集》：《新唐志》著錄宋明帝《賦集》四十卷，《宋志》無載，亡佚。《樂器賦》：不署撰者。兩《唐志》無載，亡佚。《伎藝賦》：不署撰者。兩《唐志》無載，亡佚。

《賦集鈔》一卷。

不署撰者。兩《唐志》無載，亡佚。

《賦集》八十六卷。後魏秘書丞崔浩撰。

崔浩：見本書卷三二“易類”。兩《唐志》無載，亡佚。

《續賦集》十九卷。殘缺。

　　不署撰者。兩《唐志》無載，亡佚。

《歷代賦》十卷。梁武帝撰。

　　《梁書》卷四九載，左衛率周捨奉敕注梁武帝所製《歷代賦》，啓周興嗣助焉。兩《唐志》無載，亡佚。

《皇德瑞應賦頌》一卷。梁十六卷。

　　不署撰者。兩《唐志》著録《皇帝瑞應頌集》十卷，不署撰者。疑或即此書。

《五都賦》六卷。并《録》。張衡及左思撰。

　　《文選》卷二至卷六，有張衡《西京賦》《東京賦》《南都賦》，左思《三都賦序》《蜀都賦》《吳都賦》《魏都賦》。兩《唐志》著録《五都賦》五卷，不署撰者。《宋志》無載，亡佚。

《雜都賦》十一卷。梁《雜賦》十六卷。又有《東都賦》一卷，孔逭作；《二京賦音》二卷，李軌、綦毋邃撰；《齊都賦》二卷并《音》，左思撰；《相風賦》七卷，傅玄等撰；《迦維國賦》二卷，晋右軍行參軍虞千紀撰；《遂志賦》十卷，《乘輿赭白馬》二卷。亡。

　　不署撰者。兩《唐志》無載，亡佚。《雜賦》：不署撰者。兩《唐志》無載，亡佚。《東都賦》：《南史》卷七二載，孔逭作《東都賦》，於時才士稱之。兩《唐志》無載，亡佚。綦毋邃：見本書卷三三“雜傳類”。兩《唐志》著録綦毋邃《三（疑爲“二”之誤）京賦音》，未署李軌名。疑此二卷爲李軌《音》一卷與綦毋邃《音》一卷合爲一帙，而唐僅存綦毋邃《音》一卷。《宋志》無載，亡佚。《齊都賦》：《晋書》卷九二載，左思造《齊都賦》，一年乃成。兩《唐志》著録左思《齊都賦》一卷、李軌《齊都賦音》一卷，《宋志》無載，亡佚。《全晉文》卷七四有其佚文五條。《相風賦》：《藝文類聚》卷六八載有張華、孫楚、傅玄、潘岳、陶侃《相風賦》。《全晉文》卷五一有傅咸、卷六七有杜萬年、卷八四有牽秀《相風賦》之佚文。兩《唐志》無載，亡佚。虞干紀：生平事迹不詳。兩《唐志》無載，亡佚。《遂志賦》：不署撰者。《藝文類聚》卷二六有陸機、劉楨之《遂志賦》，此書大抵裒合諸家之作而成。兩《唐志》無載，亡佚。《乘輿赭白馬（疑"馬"下脱"賦"字）》：《文選》卷一四有顏延之《赭白馬賦》一篇。兩《唐志》無載是書，亡佚。

《述征賦》一卷。

不署撰者。《藝文類聚》卷五九引魏文帝《述征賦》。兩《唐志》無載，亡佚。

《神雀賦》一卷。後漢傅毅撰。

《論衡·佚文》有曰，永平中，神雀群集，孝明詔上爵頌。百官頌上，文皆比瓦石，唯班固、賈逵、傅毅、楊終、侯諷五頌金玉，孝明覽焉。兩《唐志》無載，亡佚。

《雜賦注本》三卷。梁有郭璞注《子虛》《上林賦》一卷，薛綜注張衡《二京賦》二卷，晁矯注《二京賦》一卷，傅巽注《二京賦》二卷，張載及晉侍中劉逵、晉懷令衛權注左思《三都賦》三卷，綦毋邃注《三都賦》三卷，項氏注《幽通賦》，蕭廣濟注木玄虛《海賦》一卷，徐爰注《射雉賦》一卷，亡。

郭璞注《子虛》《上林賦》：《晉書》卷七二載，郭璞注《子虛》《上林》，傳於世。兩《唐志》著録司馬相如《上林賦》一卷，未署郭璞注。今傳《文選》卷七司馬長卿《子虛賦》一首、卷八司馬長卿《上林賦》一首，篇首皆題郭璞注。李善注體例之一，爲"舊注是者，因而留之，並於篇首題其姓名。其有乖謬，臣乃具釋，並稱臣善以別之"。可知郭璞注依李善注得以基本保存。薛綜注《二京賦》：《三國志》卷五三載，薛綜定《二京解》。兩《唐志》著録薛綜《二京賦音》二卷，《宋志》無載。《文選》卷二張平子《西京賦》一首，卷三張平子《東京賦》一首，篇首皆題薛綜注，薛綜注《二京賦》基本保存至今。晁矯：生平事迹不詳。兩《唐志》無載，亡佚。傅巽注《二京賦》：兩《唐志》無載，亡佚。張載：字孟陽，安平（今河北安平縣）人。起家佐著作郎，歷任太子中舍人、弘農太守、中書侍郎。見世方亂，即稱疾篤告歸，卒於家。《晉書》卷五五有傳。劉逵：見本書卷三二"禮類"。衛權：字伯輿，陳留襄邑（今河南睢縣西）人，爲尚書郎。作左思《吳都賦》叙及注。叙粗有文辭，至於爲注，了無所發明。見《三國志》卷二二裴注。《世説新語·文學》注引《左思別傳》"劉淵林、衛伯輿並蚤終，皆不爲思《賦》序注也"。兩《唐志》著録《三都賦》三卷，不署撰者。《宋志》無載，亡佚。縈毋邃注《三都賦》：兩《唐志》無載，亡佚。《幽通賦》：《漢書》卷一〇〇載，班固弱冠而孤，作《幽通賦》，以致命遂志。項氏：疑爲項岱。《文選》卷一四李善注《幽通賦》引項岱注。《舊唐志》著録《幽通賦》一卷，班固撰，曹大家注；又一卷項岱注。《新唐志》著録曹大家注班固《幽通賦》一卷，項岱注《幽通賦》一卷。《宋志》無載，曹注、項注皆僅存於《文選》注中。木玄虛：名華，廣川（今河北景縣）人，爲楊駿府主簿，作《海賦》，文甚偉麗，足繼前良。見《文選》卷一二李善注。蕭廣濟：見本書卷三三"雜傳類"。兩《唐志》無載，亡佚。今《文選》李善注中亦未見蕭注。徐爰注《射雉賦》：兩《唐志》無載。《文選》卷九潘安仁《射雉賦》一首，篇首題徐爰注，徐爰注基本保存於《文選》李善注中。

《獻賦》十八卷。

不署撰者。兩《唐志》著録卜鑠《獻賦集》十卷，《宋志》無載，亡佚。

《圍碁賦》一卷。梁武帝撰。

兩《唐志》無載，亡佚。《藝文類聚》卷七四引此賦語。

《觀象賦》一卷。

不署撰者。兩《唐志》無載。《魏書》卷九一載，張淵嘗著《觀象賦》，並載其賦文。

《洛神賦》一卷。孫壑注。

孫壑：生平事迹不詳。《文選》卷一九曹子建《洛神賦》一首，李善引《記》言，曹植作《感甄賦》，後明帝見之改爲《洛神賦》。李善注《洛神賦》，未引孫壑注，其注亡佚。

《枕賦》一卷。張君祖撰。

張君祖：生平事迹不詳。兩《唐志》無載，亡佚。

《二都賦音》一卷。李軌撰。

前已著録李軌、綦毋邃爲張衡撰《二京賦音》二卷，兩《唐志》無載是書。此書是重出，還是爲班固《兩都賦》所撰，不得而知。

《百賦音》十卷。宋御史褚詮之撰。梁有《賦音》二卷，郭徵之撰；《雜賦圖》十七卷。亡。

《顏氏家訓·勉學》有曰，"習賦誦者，信褚詮而忽吕忱"。兩《唐志》著録褚令（疑"詮"之誤）之《百賦音》一卷，《宋志》

無載，亡佚。郭徵之：或作郭微之，生平事迹不詳。兩《唐志》著錄郭微之《賦音》二卷，《宋志》無載，亡佚。《雜賦圖》：不署撰者。兩《唐志》無載，亡佚。

《大隋封禪書》一卷。

不署撰者。《隋書》卷七五載，何妥撰《封禪書》一卷。《廿二史考異》卷三四稱《大隋封禪書》蓋何妥所撰。兩《唐志》無載，亡佚。

《上封禪書》二卷。梁有《雜封禪文》八卷；《秦帝刻石文》一卷，宋會稽太守褚淡撰。亡。

不署撰者。《隋書》卷五六載，薛冑以天下太平，登封告禪，撰《封禪圖》及儀上之。兩《唐志》無載，亡佚。《雜封禪文》：不署撰者。兩《唐志》無載，亡佚。褚淡：或作褚淡之，字仲源，河南陽翟（今河南禹州市）人。歷顯官，爲侍中，後任會稽太守。《宋書》卷五二、《南史》卷二八有傳。兩《唐志》無載，亡佚。

《集雅篇》五卷。

不署撰者。兩《唐志》無載，亡佚。

《靖恭堂頌》一卷。晋涼王李暠撰。梁有《頌集》二十卷，王僧綽撰；《木連理頌》二卷，太元十九年群臣上。亡。

李暠（gǎo）：字玄盛，隴西成紀（今甘肅秦安縣北）人，漢李廣十六世孫。隆安中，爲大都督、涼公、領秦涼二州牧、護羌校尉。於敦煌南門外，臨水建靖恭之堂，李暠親爲序頌。自餘詩賦數十篇。《晋書》卷八七、《魏書》卷九九、《北史》卷一〇〇有傳。《魏書》卷五二載，劉昞撰有《靖恭堂銘》一卷。兩《唐志》著錄李暠《靖恭堂頌》一卷，《宋志》無載，亡佚。《頌集》：兩《唐志》無載，亡佚。《木連理頌》：不署撰者。《宋書》卷二九載，木連理，王者德澤純洽，八方合爲一，則生。晋武帝太元十一年、十八年、十九年皆現木連理。兩《唐志》著録《木連理頌》二卷，《宋志》無載，亡佚。

《詩集》五十卷。謝靈運撰。梁五十一卷。又有宋侍中張敷、袁淑補謝靈運《詩集》一百卷；又《詩集》百卷，并《例》《録》二卷，顔峻撰；《詩集》四十卷，宋明帝撰；《雜詩》七十九卷，江邃撰；《雜詩》二十卷，宋太子洗馬劉和注；《二晋雜詩》二十卷；《古今五言詩美文》五卷，苟綽撰；《詩鈔》十卷。亡。

兩《唐志》著録謝靈運《詩集》五十卷，《宋志》無載，亡佚。張敷：字景胤，吳郡吳（今江蘇蘇州市）人。遷黄門郎、司徒左長史，未拜。父亡，悲傷過度，不及一年而卒。孝武帝即位，追贈侍中。《宋書》卷四六及六二、《南史》卷三二有傳。兩《唐志》無載是書，亡佚。《詩集》百卷并《例》《録》：《舊唐志》著録《詩集》百卷，顔峻撰；《詩例録》二卷，顔峻撰。《新唐志》著録顔峻《詩集》百卷，於“文史類”著録顔峻《詩例録》二卷。《宋志》均無載，亡佚。《詩集》四十卷：《舊唐志》著録《詩集新撰》三十卷，宋明帝撰；《詩集》二十卷，宋明帝撰。《新唐志》著録宋明帝《新撰詩集》三十卷、《詩集》二十卷。《宋志》無載，亡佚。江邃（suì）：或作邃之，字玄運，濟陽考城（今河南蘭考縣）人。頗有文義，撰《文釋》傳於世。官爲司徒記室參軍。見《宋書》卷六三、《南史》卷三六。兩《唐志》無載，亡佚。劉和：生平事迹不詳。兩《唐志》著録劉和《詩集》二十卷，《宋志》無載，亡佚。《二晋雜詩》：不署撰者。兩《唐志》無載，亡佚。《古今五言詩美文》：兩《唐志》無載，亡佚。《詩鈔》：不署撰者，兩《唐志》無載，亡佚。

《詩集鈔》十卷。謝靈運撰。梁有《雜詩鈔》十卷，《録》一卷，謝靈運撰，亡。

　　兩《唐志》著録謝靈運《詩集鈔》十卷，《宋志》無載，亡佚。《雜詩鈔》：疑即前《詩集鈔》，兩《唐志》無載。

《古詩集》九卷。

　　不署撰者。兩《唐志》無載，亡佚。

《六代詩集鈔》四卷。梁有《雜言詩鈔》五卷，謝朓撰，亡。

　　不署撰者。兩《唐志》著録徐陵《六代詩集鈔》四卷，《新唐志》又有許凌《六代詩集鈔》四卷，《宋志》均無載，亡佚。《雜言詩鈔》：兩《唐志》無載，亡佚。

《詩英》九卷。謝靈運集。梁十卷。又有《文章英華》三十卷，梁昭明太子撰，亡。

　　兩《唐志》著録謝靈運《詩英》十卷，《宋志》無載，亡佚。《文章英華》：《梁書》卷八載，昭明太子以“五言詩之善者，爲《文章英華》二十卷”。兩《唐志》無載，亡佚。

《今詩英》八卷。

　　不署撰者。兩《唐志》無載，亡佚。

《古今詩苑英華》十九卷。梁昭明太子撰。

　　兩《唐志》著録此書，《宋志》無載，亡佚。

《詩纘》十三卷。

　　不署撰者。兩《唐志》著録《詩纘》十二卷，《宋志》無載，亡佚。

《衆詩英華》一卷。

　　不署撰者。兩《唐志》無載，亡佚。

《詩類》六卷。

　　不署撰者。兩《唐志》無載，亡佚。

《玉臺新詠》十卷。徐陵撰。

　　《日本國見在書目録》著録《玉臺新詠》十卷，徐瑗（疑
"陵"之誤）撰；兩《唐志》、《宋志》著録徐陵《玉臺新詠》十
卷。《四庫全書總目》卷一八六著録《玉臺新詠》十卷，提要稱
《大唐新語》曰，梁簡文帝令徐陵爲《玉臺新詠》，以大其體。可
知此書作於梁。此書有補闕，以資考證之價值。在流傳中有後人附
益。現存最早的刻本爲明嘉靖十九年鄭玄撫刻本，通行本有四庫
本、四部叢刊本、四部備要本。

《百志詩》十卷。干寶撰。梁五卷。又有《古遊仙詩》一卷；
應貞注應璩《百一詩》八卷；《百一詩》二卷，晋蜀郡太守李彪
撰。亡。

　　兩《唐志》著録干寶《百志詩集》五卷，《宋志》無載，亡
佚。《古遊仙詩》：不署撰者。兩《唐志》無載，亡佚。《百一詩》：
《文選》卷二一收應璩《百一詩》一首，李善注列"百一"之解。
李善注中未見應貞注。兩《唐志》著録應璩《百一詩》八卷，未
署應貞注。《宋志》無載，亡佚。李彪：生平事迹不詳。兩《唐
志》著録李夔《百一詩集》二卷，《宋志》無載，亡佚。

《齊釋奠會詩》一十卷。

　　一十：疑爲"二十"之誤。不署撰者。《南齊書》卷三載，永

明三年冬十月壬戌，詔曰"皇太子長懋講畢，當釋奠，王公以下可悉往觀禮"。兩《唐志》著録《齊釋奠會詩集》二十卷，《宋志》無載，亡佚。

《齊讌會詩》十七卷。

不署撰者。《南齊書》卷二載，建元元年九月戊申，車駕幸宣武堂宴會，詔諸王公以下賦詩。二年三月己亥，車駕幸樂游苑宴會，王公以下賦詩。兩《唐志》無載，亡佚。

《青溪詩》三十卷。齊讌會作。梁有魏、晋、宋《雜祖餞讌會詩集》二十一部，一百四十三卷，亡，今略其數。

不署撰者。《南齊書》卷三載，永明元年，築青溪舊宫。二年八月丙午，車駕幸舊宫小會，設金石樂，在位者賦詩。《舊唐志》著録《清溪集》三十卷，齊武帝命撰；《新唐志》著録《清溪集》三十卷，齊武帝敕撰。《宋志》無載，亡佚。《雜祖餞讌會詩集》：不署撰者。《舊唐志》著録《晋元氏宴會遊集》四卷，伏滔、袁豹、謝靈運等撰；《新唐志》著録《晋元正宴會詩集》四卷，伏滔、袁豹、謝靈運集。又著録顏延之《元嘉西池宴會詩集》三卷、《元嘉宴會遊山詩集》五卷，蓋即二十一部之存於唐代者。《宋志》均無載，亡佚。

《西府新文》十一卷。并《録》。梁蕭淑撰。

蕭淑：蘭陵（今江蘇常州市）人。《顏氏家訓·文章》曰，"梁孝元在藩邸時，撰《西府新文》"。疑此書爲孝元使蕭淑輯録諸臣僚之文而成。兩《唐志》著録蕭淑《西府新文》十卷，《宋志》無載，亡佚。

《百國詩》四十三卷。

不署撰者。兩《唐志》著録崔光《百國詩集》二十九卷，《宋志》無載，亡佚。《魏書》卷六七載，太和中，崔光爲百三郡國詩答李彪，國別爲卷，爲百三卷焉。

《文林館詩府》八卷。後齊文林館作。

《北齊書》卷八載，後主武平四年二月丙午，置文林館。更召引文學士，謂文林館待詔。兩《唐志》著録北齊後主《文林詩府》六卷，《宋志》無載，亡佚。

《詩評》三卷。鍾嶸撰，或曰《詩品》。

鍾嶸：字仲偉，潁川長社（今河南長葛縣）人。仕齊，入梁，官至西中郎晉安王記室。卒官。曾品古今五言詩，論其優劣，名爲《詩評》。《梁書》卷四九、《南史》卷七二有傳。《新唐志》著録鍾嶸《詩評》三卷，《宋志》著録鍾嶸《詩評》一卷，《崇文總目》著録鍾嶸《詩品》三卷。《四庫全書總目》卷一九五著録《詩品》三卷，提要稱此書所品古今五言詩，自漢魏以來一百有三人，論其優劣，分爲上中下三品，每品之首冠以序，皆妙達文理，可與《文心雕龍》並稱。然其間亦不免有違失、附會之處。現存最早的本子爲明正德退翁書院抄本，通行本有四庫本、學津討源本、四部備要本等。

《古樂府》八卷。

不署撰者。《漢志》有曰，自孝武立樂府，而采歌謠，於是代趙之謳，秦楚之風，皆感於哀樂，緣事而發，亦可以觀風俗，知厚薄云。兩《唐志》無載，亡佚。

《文會詩》三卷。陳仁威記室徐伯陽撰。

徐伯陽：字隱忍，東海（今山東境內）人。梁大同中，爲侯官令。陳天嘉中，除司空侯安府記室參軍事。太建初，李爽等一時之士游宴賦詩，勒成卷軸，徐伯陽爲其集序，盛傳於世。十一年，除鎮右新安王府諮議參軍事。《陳書》卷三四、《南史》卷七二有傳。兩《唐志》著錄徐伯陽《文會詩集》四卷，《宋志》無載，亡佚。

《五岳七星迴文詩》一卷。梁有《雜詩圖》一卷，亡。

　　不署撰者。兩《唐志》無載，亡佚。《雜詩圖》：不署撰者。兩《唐志》無載，亡佚。

《毛伯成詩》一卷。伯成，東晉征西參軍。

　　毛伯成：其他事迹不詳。兩《唐志》無載，亡佚。

《春秋寶藏詩》四卷。張朏撰。

　　張朏：生平事迹不詳。兩《唐志》無載，亡佚。

《江淹擬古》一卷。羅潛注。

　　羅潛：生平事迹不詳。兩《唐志》無載，亡佚。

《樂府歌辭鈔》一卷。

　　不署撰者。兩《唐志》無載，亡佚。

《歌録》十卷。

　　不署撰者。兩《唐志》著錄《歌録集》八卷，《宋志》無載，亡佚。

《古歌録鈔》二卷。

　　不署撰者。兩《唐志》無載，亡佚。

《晋歌章》八卷。梁十卷。

　　不署撰者。两《唐志》無載，亡佚。

《吳聲歌辭曲》一卷。梁二卷。又有《樂府歌詩》二十卷，秦伯文撰；《樂府歌詩》十二卷；《樂府三校歌詩》十卷；《樂府歌辭》九卷；《太樂歌詩》八卷；《歌辭》四卷，張永記；《魏謙樂歌辭》七卷；《晋歌章》十卷；又《晋歌詩》十八卷，《晋謙樂歌辭》十卷，荀勖撰；《宋太始祭高禖歌辭》十一卷；《齊三調雅辭》五卷；《古今九代歌詩》七卷，張湛撰；《三調相和歌辭》五卷；《三調詩吟録》六卷；《奏鞞鐸舞曲》二卷；《管絃録》一卷；《伎録》一卷；《太樂備問鍾鐸律奏舞歌》四卷，郝生撰；《迴文集》十卷，謝靈運撰；又《迴文詩》八卷；《織錦迴文詩》一卷，苻堅秦州刺史竇氏妻蘇氏作；《頌集》二十卷，王僧綽撰；《木連理頌》二卷，晋太元十九年群臣上；又有鼓吹、清商、樂府、謙樂、高禖、鞞、鐸等《歌辭舞録》，凡十部。

　　不署撰者。《宋書》卷一九載，“吳哥雜曲，並出江東，晋宋以來，稍有增廣”。兩《唐志》無載，亡佚。秦伯文：生平事迹不詳。兩《唐志》無載，亡佚。《樂府歌詩》：不署撰者。兩《唐志》無載，亡佚。《樂府三校歌詩》：不署撰者。兩《唐志》無載，亡佚。《樂府歌辭》：不署撰者。兩《唐志》無載，亡佚。《太樂歌詩》：不署撰者。兩《唐志》無載，亡佚。張永：《宋書》卷五三載，張永曉音律。其他事迹不詳。兩《唐志》無載，亡佚。《魏謙樂歌辭》：不署撰者。兩《唐志》無載，亡佚。《晋歌章》：前已著録，疑此爲重出。荀勖：《晋書》卷三九載，荀勖既掌樂事，又修律吕，並行於世。《宋書》卷一九載，泰始五年，荀勖造歌，皆爲四言。《舊唐志》著録《太樂雜歌詞》三卷，荀勖撰，及《太樂歌詞》二卷、《樂府歌詞》十卷、《樂府歌詩》十卷。《新唐志》“樂類”著録荀勖《太樂雜歌辭》三卷，又《太樂歌辭》二卷、《樂府歌詩》十卷。《宋志》無載，亡佚。《宋太始祭高禖歌辭》：不署撰者。兩《唐志》無載，亡佚。《齊三調雅辭》：《宋書》卷一九載，凡此諸曲，始皆徒歌，既而被之絃管。兩《唐志》無載，亡佚。張湛：見本書卷三四"道家"。兩《唐志》無載，亡佚。《三調相和歌辭》：《宋書》卷二一載，《相和》，漢舊歌也。絲竹更相和，執節者歌。《舊唐志》著録《三調相和歌辭》三卷，不署撰者；《新唐志》著録翟子《樂府歌詩》十卷，又《三調相和歌辭》五卷。《宋志》無載，亡佚。《三調詩吟録》：不署撰者。兩《唐志》無載，亡佚。《奏鞞鐸舞曲》：《宋書》卷一九載，《鞞舞》，未詳所起，然漢代已施於燕享矣。兩《唐志》無載，亡佚。《管絃録》：不署撰者。兩《唐志》無載，亡佚。《伎録》：不署撰者。兩《唐志》無載，亡佚。郝生：《宋書》卷一九載，魏晋之世，有郝索善彈筝。不知是否爲此郝生。兩《唐志》無載，亡佚。《迴文集》：兩《唐志》著録謝靈運《迴文詩集》一卷，《宋志》無載，亡佚。《迴文詩》：不署撰者。兩《唐志》無載，亡佚。蘇氏：名蕙，字若蘭，始平（今陝西興平市）人。善屬文。其夫竇滔被徙流沙，蘇氏思之，織錦爲迴文旋圖詩以贈滔。《晋書》卷九六有傳。兩《唐志》無載，亡佚。《頌集》：前已附注於《靖恭堂頌》條下，此爲重出。《木連理頌》：前已附注於《靖恭堂頌》條下，此爲重出。《歌辭舞録》十部：皆不署撰者。兩《唐志》無載，亡佚。

《陳郊廟歌辭》三卷。并《録》。徐陵撰。

　　兩《唐志》無載，亡佚。

《樂府新歌》十卷。秦王記室崔子發撰。

　　崔子發：見本書卷三三"古史類"。兩《唐志》無載，亡佚。

《樂府新歌》二卷。秦王司馬殷僧首撰。

殷僧首：陳郡長平（今河南西華縣東北）人，陳孝子殷不害長子。見《陳書》卷三二。兩《唐志》無載，亡佚。

《古今箴銘集》十四卷。張湛撰。《録》一卷。梁有《箴集》十六卷，《雜誡箴》二十四卷，《女箴》一卷，《女史箴圖》一卷，又有《銘集》十一卷，又陸少玄撰《佛像雜銘》十三卷，釋僧祐撰《箴器雜銘》五卷，亡。

兩《唐志》著録《古今箴銘集》十三卷，《宋志》無載，亡佚。《箴集》：不署撰者。兩《唐志》無載，亡佚。《雜誡箴》：不署撰者。兩《唐志》有著録，《宋志》無載，亡佚。《女箴》：不署撰者。兩《唐志》無載，亡佚。《女史箴圖》：不署撰者。兩《唐志》無載，亡佚。《銘集》：不署撰者。兩《唐志》無載，亡佚。陸少玄：吳郡吳（今江蘇蘇州市）人，陸澄子。見《南史》卷三一。兩《唐志》無載，亡佚。釋僧祐：見本書卷三三"雜傳類"。兩《唐志》無載，亡佚。

《衆賢誡集》十卷。殘缺。梁有《誡林》三卷，綦毋邃撰；《四帝誡》三卷，王誕撰；《雜家誡》七卷；《諸家雜誡》九卷；《集誡》二十二卷。亡。

不署撰者。本書卷三四"儒家"著録《衆賢誡》十三卷，此爲重出，且殘缺。《宋志》無載，亡佚。《誡林》：兩《唐志》著録綦毋氏《誡林》三卷，當即此書。《宋志》無載，亡佚。《四帝誡》：兩《唐志》無載，亡佚。《雜家誡》：不署撰者。兩《唐志》無載，亡佚。《諸家雜誡》：不署撰者。兩《唐志》無載，亡佚。《集誡》：不署撰者。兩《唐志》無載，亡佚。

《諸葛武侯誡》一卷、《女誡》一卷。

本書卷三四"儒家"著録《諸葛武侯集誡》二卷，或即此

《諸葛武侯誡》一卷與《女誡》一卷。此處當爲重出。

《女誡》一卷。曹大家撰。

　　曹大家：見本書卷三三"雜傳類"。本書卷三四"儒家"著録《曹大家女誡》一卷，此處爲重出。

《女鑒》一卷。梁有《女訓》十六卷。

　　不署撰者。本書卷三四"儒家"著録《女鑒》一卷，此處爲重出。《女訓》：不署撰者。《晋書》卷四〇載，賈充前妻李氏淑美有才行，作《女訓》行於世。《舊唐志》著録《女訓集》六卷，《新唐志》"雜傳記類"著録《女訓集》六卷，《宋志》無載，亡佚。

《婦人訓誡集》十一卷。并《録》。梁十卷。宋司空徐湛之撰。

　　徐湛之：字孝源，東海郯（今山東郯城縣）人。歷任中書令、太子詹事、尚書僕射。劉劭反，被害。孝武帝即位，追贈司空，謚曰忠烈公。《宋書》卷七一、《南史》卷一五有傳。本書卷三四"儒家"著録《婦人訓誡集》十一卷，不署撰者，當即此書，此處爲重出。

《娣姒訓》一卷。馮少胄撰。

　　馮少胄：名紞（dǎn），安平（今河北安平縣）人。得幸於武帝，遷左衛將軍，又遷御史中丞，轉侍中。太康七年，詔以其爲散騎常侍，不久卒。《晋書》卷三九有傳。本書卷三四"儒家"著録《娣姒訓》一卷，不署撰者，當即此書，此處爲重出。

《貞順志》一卷。

　　不署撰者。本書卷三四"儒家"著録《貞順志》一卷，此處爲重出。

《讚集》五卷。謝莊撰。

　　兩《唐志》著録謝莊《讚集》五卷，《宋志》無載，亡佚。

《畫讚》五卷。漢明帝殿閣畫，魏陳思王讚。梁五十卷。又有《誄集》十五卷，謝莊撰，亡。

　　漢明帝：諱莊，光武帝之子。兩《唐志》"雜傳類"著録漢明帝《畫讚》五十卷，《宋志》無載，亡佚。《後漢書》卷三有傳。陳思王：即曹植。《全三國文》卷一七有曹植《畫讚》輯文。《誄集》：兩《唐志》無載，亡佚。

《七集》十卷。謝靈運撰。

　　《新唐志》有著録，《宋志》無載，亡佚。

《七林》十卷。梁十二卷，《録》二卷。卞景撰。梁又有《七林》三十卷，《音》一卷，亡。

　　卞景：生平事迹不詳。兩《唐志》著録卞氏《七林集》十二卷，《宋志》無載，亡佚。《七林》：不署撰者。兩《唐志》無載，亡佚。《音》：應爲《七林音》，不署撰者。兩《唐志》無載，亡佚。

《七悟》一卷。顏之推撰。梁有《弔文集》六卷，《録》一卷；《弔文》二卷。亡。

　　顏之推：見本書卷三二"小學類"。兩《唐志》著録顏之推《七悟集》一卷，《宋志》無載，亡佚。《弔文集》：不署撰者。兩《唐志》無載，亡佚。《弔文》：不署撰者。兩《唐志》無載，亡佚。

《碑集》二十九卷。

《雜碑集》二十九卷。

二書皆不署撰者。兩《唐志》均無載，亡佚。

《雜碑集》二十二卷。梁有《碑集》十卷，謝莊撰；《釋氏碑文》三十卷，梁元帝撰；《雜碑》二十二卷；《碑文》十五卷，晉將作大匠陳勰撰；《碑文》十卷，車灌撰；又有《羊祜墮淚碑》一卷；《桓宣武碑》十卷；《長沙景王碑文》三卷；《荊州雜碑》三卷；《雍州雜碑》四卷；《廣州刺史碑》十二卷；《義興周處碑》一卷；《太原王氏家碑誄頌讚銘集》二十六卷；《諸寺碑文》四十六卷，釋僧祐撰；《雜祭文》六卷；《衆僧行狀》四十卷，釋僧祐撰。亡。

不署撰者。兩《唐志》著録《雜碑文》二十卷，《宋志》無載，亡佚。《碑集》：兩《唐志》無載，亡佚。《釋氏碑文》：《金樓子》卷五著録《碑集》十秩百卷。此三十卷，或爲其佚存。《雜碑》：不署撰者。兩《唐志》無載，亡佚。陳勰：生平事迹不詳。兩《唐志》無載，亡佚。《碑文》：兩《唐志》無載，亡佚。《羊祜墮淚碑》：《晉書》卷三四載，襄陽百姓於峴山羊祜平生游憩之所建碑立廟，歲時饗祭焉，望其碑者莫不流涕，杜預因名爲《墮淚碑》。兩《唐志》無載，亡佚。《桓宣武碑》：桓宣武，即桓温。不署撰者。兩《唐志》無載，亡佚。《長沙景王碑文》：長沙景王，即劉道憐。不署撰者。兩《唐志》無載，亡佚。《荊州雜碑》：不署撰者。兩《唐志》無載，亡佚。《雍州雜碑》：不署撰者。兩《唐志》無載，亡佚。《廣州刺史碑》：不署撰者。兩《唐志》無載，亡佚。《義興周處碑》：不署撰者。兩《唐志》無載，亡佚。《全晉文》卷一四六有《晉平西將軍周處碑》，並稱碑在宜興孝侯廟，題陸機撰，王羲之書。唐元和六年義興縣令陳從諫重樹。《太原王氏家碑誄頌讚銘集》：不署撰者。兩《唐志》無載，亡佚。
《諸寺碑文》：兩《唐志》無載，亡佚。《雜祭文》：不署撰者。兩
《唐志》無載，亡佚。《衆僧行狀》：兩《唐志》無載，亡佚。

《設論集》二卷。劉楷撰。梁有《設論集》三卷，東晋人撰；
《客難集》二十卷。亡。

　　劉楷：生平事迹不詳。兩《唐志》著録劉楷《設論集》三卷，
《宋志》無載，亡佚。東晋人：疑爲謝靈運，兩《唐志》著録謝靈
運《設論集》五卷，《宋志》無載，亡佚。《客難集》：不署撰者。
兩《唐志》無載，亡佚。

《論集》七十三卷。

　　不署撰者。兩《唐志》無載，亡佚。

《雜論》十卷。

　　不署撰者。兩《唐志》無載，亡佚。

《明真論》一卷。晋兖州刺史宗岱撰。

　　宗岱：或作宋岱。兩《唐志》無載，亡佚。

《東西晋興亡論》一卷。

　　不署撰者。兩《唐志》無載，亡佚。

《陶神論》五卷。

　　不署撰者。《舊唐志》著録《陶神論》五卷，釋靈祐撰。《法
苑珠林·著作》載，靈祐撰《陶神論》十卷。《宋志》無載，
亡佚。

《正流論》一卷。

> 不署撰者。本書卷三三"簿録類"著録《正流論》一卷，此處爲重出。

《黄芳引連珠》一卷。

> 黄芳：生平事迹不詳。兩《唐志》無載，亡佚。

《梁武連珠》一卷。沈約注。

> 《金樓子》卷一《興王》載，梁武帝作《連珠》五十首。兩《唐志》無載是書，亡佚。《全梁文》卷六有梁武帝《連珠》輯文。

《梁武帝制旨連珠》十卷。梁邵陵王綸注。

> 兩《唐志》著録《制旨連珠》四卷，梁武帝撰。《宋志》無載，亡佚。

《梁武帝制旨連珠》十卷。陸緬注。梁有《設論連珠》十卷；謝靈運撰《連珠集》五卷；陳證撰《連珠》十五卷；又《連珠》一卷，陸機撰，何承天注；又班固《典引》一卷，蔡邕注。亡。

> 陸緬：吴郡吴（今江蘇蘇州市）人。酷似其父陸倕。見《南史》卷四八。《舊唐志》著録《制旨連珠》十一卷，陸緬撰；《新唐志》著録陸緬注《制旨連珠》十一卷。《宋志》無載，亡佚。《設論連珠》：不署撰者。兩《唐志》無載，亡佚。兩《唐志》著録謝靈運《連珠集》五卷，《宋志》無載，亡佚。陳證：生平事迹不詳。兩《唐志》無載，亡佚。《南史》卷七六載，沈麟士重陸機《連珠》，每爲諸生講之。兩《唐志》無載何承天注陸機《連珠》，今《文選》卷五五收陸機《演連珠》五十首。兩《唐志》無載班固撰、蔡邕注《典引》，此書今存《文選》卷四八。

《梁代雜文》三卷。

不署撰者。兩《唐志》無載，亡佚。

《詔集區分》四十一卷。後周獸門學士宗幹撰。

宗幹：或作宋幹，生平事迹不詳。《舊唐志》著録《詔集區別》二十七卷，宗幹撰；《新唐志》史部"起居注類"著録宋幹《詔集區別》二十七卷，《宋志》無載，亡佚。

《魏朝雜詔》二卷。梁有《漢高祖手詔》一卷，亡。

不署撰者。兩《唐志》無載，亡佚。《漢高祖手詔》：不署撰者，兩《唐志》無載，亡佚。

《録魏吴二志詔》二卷。梁有《三國詔誥》十卷，亡。

不署撰者。兩《唐志》無載，亡佚。《三國詔誥》：不署撰者。兩《唐志》無載，亡佚。

《晋咸康詔》四卷。

不署撰者。兩《唐志》無載，亡佚。

《晋朝雜詔》九卷。梁有《晋雜詔》百卷，《録》一卷；又有《晋雜詔》二十八卷，《録》一卷；又《晋詔》六十卷；《晋文王、武帝雜詔》十二卷。亡。

不署撰者。兩《唐志》無載，亡佚。《晋雜詔》：不署撰者。《舊唐志》史部"起居注類"著録《晋書（疑"書"爲衍字）雜詔書》一百卷，《新唐志》史部"起居注類"著録《晋雜詔書》一百卷，《宋志》無載，亡佚。《晋雜詔》：不署撰者。兩《唐志》史部"起居注類"著録《晋雜詔書》二十八卷，《宋志》無載，亡佚。《晋詔》：不署撰者。兩《唐志》無載，亡佚。《晋文王、武帝雜詔》：文王，乃司馬昭。武帝，即司馬炎。不署撰者。兩《唐志》無載，亡佚。

《録晉詔》十四卷。梁有《晉武帝詔》十二卷，《成帝詔草》十七卷，《康帝詔草》十卷，《建元直詔》三卷，《永和副詔》九卷，《升平、隆和、興寧副詔》十卷，《泰元、咸寧、寧康副詔》二十二卷，《隆安直詔》五卷，《元興、大亨副詔》三卷，亡。

不署撰者。兩《唐志》無載，亡佚。《晉武帝詔》：不署撰者。兩《唐志》無載，亡佚。《成帝詔草》：不署撰者。晉成帝，即司馬衍。兩《唐志》無載，亡佚。《康帝詔草》：不署撰者。晉康帝，即司馬岳。兩《唐志》無載，亡佚。《建元直詔》：建元，晉康帝年號。不署撰者。兩《唐志》無載，亡佚。《永和副詔》：永和，晉穆帝年號。不署撰者。兩《唐志》無載，亡佚。《升平、隆和、興寧副詔》：升平，晉穆帝年號；隆和、興寧，晉哀帝年號。不署撰者。兩《唐志》無載，亡佚。《泰元、咸寧、寧康副詔》：泰元、寧康，晉孝武帝年號；咸寧，晉武帝年號。不署撰者。兩《唐志》史部“起居注類”著録《晉太元副詔》二十一卷，《宋志》無載，亡佚。《隆安直詔》：隆安，晉安帝年號。不署撰者。兩《唐志》無載，亡佚。《元興、大亨副詔》：元興、大亨，晉安帝年號。不署撰者。兩《唐志》史部“起居注類”著録《崇安、元興、大亨副詔》八卷，《宋志》無載，亡佚。

《晉義熙詔》十卷。梁有《義熙副詔》十卷；《義熙以來至于大明詔》三十卷；《晉宋雜詔》四卷；又《晉宋雜詔》八卷，王韶之撰；又《雜詔》十四卷；《班五條詔》十卷。亡。

義熙，晉安帝年號。不署撰者。兩《唐志》史部“起居注類”著録《晉義熙詔》二十二卷，《宋志》無載，亡佚。《義熙副詔》：不署撰者。兩《唐志》無載，亡佚。《義熙以來至于大明詔》：大明，宋孝武帝年號。不署撰者。兩《唐志》無載，亡佚。《晉宋雜詔》：不署撰者。兩《唐志》無載，亡佚。《晉宋雜詔》：兩《唐志》無載，亡佚。《雜詔》：不署撰者。兩《唐志》無載，亡佚。《班五條詔》：不署撰者。《晉書》卷三載，泰始四年十二月，班五條詔書於郡國，一曰正身，二曰勤百姓，三曰撫孤寡，四曰敦本息末，五曰去人事。兩《唐志》無載，亡佚。

《宋永初雜詔》十三卷。梁有《詔集》百卷，起漢訖宋；《武帝詔》四卷；《宋元熙詔令》五卷；《永初二年、五年詔》三卷；《永初已來中書雜詔》二十卷。亡。

　　永初：宋武帝年號。不署撰者。兩《唐志》史部"起居注類"著録《宋永初詔》六卷，《宋志》無載，亡佚。《詔集》：不署撰者。兩《唐志》無載，亡佚。《武帝詔》：不署撰者。兩《唐志》無載，亡佚。《宋元熙詔令》：晉恭帝元熙二年六月，宋改元永初。兩《唐志》無載，亡佚。《永初二年、五年詔》：永初僅三年，疑"五年"爲"三年"之誤。兩《唐志》無載，亡佚。《永初已來中書雜詔》：不署撰者。兩《唐志》無載，亡佚。

《宋孝建詔》一卷。梁有《宋景平詔》三卷，亡。

　　孝建：宋孝武帝年號。不署撰者。兩《唐志》無載，亡佚。《宋景平詔》：景平，宋少帝年號。不署撰者。兩《唐志》無載，亡佚。

《宋元嘉副詔》十五卷。梁有《宋元嘉詔》六十二卷，又《宋孝武詔》五卷，《宋大明詔》七十卷，《宋永光、景和詔》五卷，《宋泰始、泰豫詔》二十二卷，《宋義嘉僞詔》一卷，《宋元徽詔》十三卷，《宋昇明詔》四卷。亡。

　　元嘉：宋文帝年號。不署撰者。兩《唐志》無載，亡佚。《宋元嘉詔》：不署撰者。兩《唐志》史部"起居注類"著録《宋元嘉詔》二十一卷，《宋志》無載，亡佚。《宋孝武詔》《宋大明詔》：孝建、大明，皆爲宋孝武帝的年號，疑《宋孝武詔》應爲《宋孝建詔》。皆不署撰者，兩《唐志》皆無載，亡佚。《宋永光、景和詔》：永光、景和，皆爲宋前廢帝的年號。不署撰者。兩《唐志》無載，亡佚。《宋泰始、泰豫詔》：泰始、泰豫，皆爲宋明帝的年號。不署撰者。兩《唐志》無載，亡佚。《宋義嘉僞詔》：泰始二年正月，晉安王劉子勛即僞位於尋陽城，年號義嘉。見《宋書》卷八〇。不署撰者。兩《唐志》無載，亡佚。《宋元徽詔》：元徽，宋後廢帝年號。不署撰者。兩《唐志》無載，亡佚。《宋昇明詔》：昇明，宋順帝年號。不署撰者。兩《唐志》無載，亡佚。

《齊雜詔》十卷。

不署撰者。兩《唐志》無載，亡佚。

《齊中興二年詔》三卷。梁有《齊建元詔》五卷，《永明詔》三卷，《武帝中詔》十卷，《齊隆昌、延興、建武詔》九卷，《齊建武二年副詔》九卷，《梁天監元年至七年詔》十二卷，《天監九年、十年詔》二卷，亡。

中興：齊和帝年號，其二年乃梁武帝受禪之時。不署撰者。兩《唐志》無載，亡佚。《齊建元詔》：建元，齊高帝年號。不署撰者。兩《唐志》無載，亡佚。《永明詔》：永明，齊武帝年號。不署撰者。兩《唐志》無載，亡佚。《武帝中詔》：不署撰者。兩《唐志》無載，亡佚。《齊隆昌、延興、建武詔》：隆昌，鬱林王年號；延興，海陵王年號；建武，齊明帝年號。不署撰者。兩《唐志》無載，亡佚。《齊建武二年副詔》：不署撰者。兩《唐志》無載，亡佚。《梁天監元年至七年詔》：天監，梁武帝年號。不署撰者。兩《唐志》無載，亡佚。《天監九年、十年詔》：不署撰者。

兩《唐志》無載，亡佚。

《後魏詔集》十六卷。

不署撰者。《魏書》卷八二載，延昌初，常景受敕撰門下詔書，凡四十卷。此書或是其部分。兩《唐志》無載，亡佚。

《後周雜詔》八卷。

不署撰者。兩《唐志》無載，亡佚。

《雜詔》八卷。

不署撰者。兩《唐志》無載，亡佚。

《雜赦書》六卷。

不署撰者。兩《唐志》無載，亡佚。

《陳天嘉詔草》三卷。

天嘉：陳文帝年號。不署撰者。兩《唐志》無載，亡佚。

《霸朝集》三卷。李德林撰。

《隋書》卷四二載，開皇五年，敕令李德林撰録作相時文翰，勒成五卷，謂之《霸朝雜集》。《日本國見在書目録》著録《霸朝集》三卷，李德林撰；兩《唐志》著録李德林《霸朝雜集》五卷。《宋志》無載，亡佚。

《皇朝詔集》九卷。

不署撰者。兩《唐志》無載，亡佚。

《皇朝陳事詔》十三卷。梁有《雜九錫文》四卷，亡。

不署撰者。兩《唐志》無載，亡佚。《雜九錫文》：不署撰者。《文選》卷三五所收潘勖《册魏公九錫文》，即屬此類。兩《唐志》無載，亡佚。

《上法書表》一卷。虞和撰。

虞和：或作虞龢，會稽餘姚（今浙江餘姚市）人。少好學，位至中書郎、廷尉。《南史》卷七二有傳。本書卷三三“簿錄類”著錄《法書目錄》六卷，不署撰者。而兩《唐志》著錄虞和《法書目錄》六卷。此表當爲上《法書目錄》表。兩《唐志》無載，或亡佚，或在《法書目錄》之中。

《梁中表》十一卷。梁邵陵王撰。梁有《漢名臣奏》三十卷；

《魏名臣奏》三十卷，陳長壽撰；《魏雜事》七卷；《晉諸公奏》十一卷；《雜表奏駁》三十五卷；《漢丞相匡衡、大司馬王鳳奏》五卷；《劉隗奏》五卷；《孔群奏》二十二卷；《晉金紫光禄大夫周閔奏事》四卷；《晉中丞劉邵奏事》六卷；《中丞司馬無忌奏事》十三卷；《中丞虞谷奏事》六卷；《中丞高崧奏事》五卷；又《諸彈事》等十四部。亡。

邵陵王：即蕭綸。《梁書》卷三三載，王筠奉敕撰《中書表奏》三十卷。兩《唐志》著錄《梁中書表集》二百五十卷，《宋志》無載，亡佚。《漢名臣奏》：本志史部“刑法類”著錄《漢名臣奏事》三十卷，應即此書，此爲重出。《舊唐志》“刑法類”著錄《漢名臣奏》三十卷，陳壽撰，又二十九卷。《新唐志》“刑法類”著錄陳壽《漢名臣奏事》三十卷。《魏名臣奏》：本志史部“刑法類”著錄《魏名臣奏事》四十卷，《目》一卷，陳壽撰。即此《魏名臣奏》，此處爲重出。《魏雜事》：不署撰者。兩《唐志》無載，亡佚。《晉諸公奏》：不署撰者。兩《唐志》無載，亡佚。《雜表奏駁》：不署撰者。兩《唐志》無載，亡佚。匡衡：字稚圭，東海（今山東境内）人。元帝時爲郎中，遷博士、給事中。建昭三年，爲丞相，封樂安侯。《漢書》卷八一有傳，又見《史記》卷九六。王鳳：字孝卿，東平陵（今山東濟南市）人。嗣侯，爲衛尉侍中。成帝即位，爲大司馬大將軍領尚書事，輔政十一年。見《漢書》卷九八。兩《唐志》無載，亡佚。《劉隗奏》：《晉書》卷六九載，劉隗彈奏不畏强禦，不容於王敦而流亡於石勒。兩《唐志》無載，亡佚。孔群：字敬林，山陰（今浙江紹興市）人。有智局，志尚不羈。仕歷中丞，卒於官。《晉書》卷七八有傳。兩《唐志》無載，亡佚。周閔：字子騫，汝南安成（今河南汝南縣東南）人。歷任衡陽、建安、臨川太守，尚書僕射，領秘書監。卒，追贈金紫光禄大夫，謚曰烈。《晉書》卷六九有傳。兩《唐志》無載，亡佚。劉邵：彭城（今江蘇徐州市）人。成帝朝，歷任御史中丞、侍中、尚書、豫章太守。《晉書》卷六九有傳。兩《唐志》無載，亡佚。司馬無忌：即譙烈王。《晉書》卷三七載，建元初，司馬無忌爲御史中丞。兩《唐志》無載，亡佚。虞谷：會稽餘姚（今浙江餘姚市）人。位至吳國内史。見《晉書》卷七六。兩《唐志》無載，亡佚。高崧：字茂琰，廣陵（今江蘇揚州市）人。舉州秀才，除太學博士，拜黄門侍郎。累遷侍中，以公事免，卒於家。《晉書》卷七一有傳。兩《唐志》無載，亡佚。《諸彈事》等：皆不署撰者。兩《唐志》無載，亡佚。

《雜露布》十二卷。梁有《雜檄文》十七卷，《魏武帝露布文》九卷，亡。

不署撰者。兩《唐志》無載，亡佚。《雜檄文》：不署撰者。兩《唐志》無載，亡佚。《魏武帝露布文》：不署撰者。兩《唐志》無載，亡佚。

《山公啓事》三卷。

　　《晋書》卷四三載，山濤居選職十餘年，濤所奏甄拔人物，各爲題目，時稱《山公啓事》。《舊唐志》著録《山濤啓事》三卷，《新唐志》著録《山濤啓事》十卷，《宋志》無載，亡佚。《全晋文》卷三四有輯文。

《范甯啓事》三卷。梁十卷。梁有《雜薦文》十二卷，《薦文集》七卷，亡。

　　《舊唐志》著録《范甯啓事》十卷，《宋志》無載，亡佚。《雜薦文》：不署撰者。兩《唐志》無載，亡佚。《薦文集》：不署撰者。兩《唐志》有著録，《宋志》無載，亡佚。

《善文》五十卷。杜預撰。

　　兩《唐志》著録杜預《善文》四十九卷，《宋志》無載，亡佚。

《雜集》一卷。殷仲堪撰。

　　兩《唐志》無載，亡佚。

《梁魏周齊陳皇朝聘使雜啓》九卷。

　　不署撰者。兩《唐志》無載，亡佚。

《政道集》十卷。

　　不署撰者。兩《唐志》子部"法家類"著録李文博《治道集》十卷，《宋志》子部"法家類""雜家類"著録李文博《治道集》十卷。《北史》卷八三載，李文博著《政道集》十卷，大行於世。此書後無著録，亡佚。

《書集》八十八卷。晋散騎常侍王履撰。梁八十卷，亡。

王履：生平事迹不詳。兩《唐志》著録王履《書集》八十卷，《宋志》無載，亡佚。

《書林》十卷。

不署撰者。兩《唐志》無載，亡佚。

《雜逸書》六卷。梁二十二卷。徐爰撰。《應璩書林》八卷，夏赤松撰；《抱朴君書》一卷，葛洪撰；《蔡司徒書》三卷，蔡謨撰；《前漢雜筆》十卷；《吳晋雜筆》九卷；《吳朝文》二十四卷；《李氏家書》八卷；《晋左將軍王鎮惡與劉丹陽書》一卷。亡。

兩《唐志》無載，亡佚。《三國志》卷二五注，提及《應璩書林》。夏赤松：會稽（今浙江紹興市）人。善棋，爲第二品。其下棋思速，善於大行。見《南史》卷一八。兩《唐志》著録夏赤松《書林》六卷，《宋志》無載，亡佚。《抱朴君書》：兩《唐志》無載，亡佚。《蔡司徒書》：兩《唐志》無載，亡佚。《前漢雜筆》：不署撰者。兩《唐志》無載，亡佚。《吳晋雜筆》：不署撰者。兩《唐志》無載，亡佚。《吳朝文》：不署撰者。前已著録《吳朝士文集》十卷，或與此書有交集。兩《唐志》無載，亡佚。《李氏家書》：不署撰者。《後漢書》卷一一、卷一八之注皆引《李氏家書》，其内容乃司空李郃之上書諫。疑此書爲李郃所作。李郃，《後漢書》卷八二上有傳。兩《唐志》無載，亡佚。王鎮惡：北海劇（今山東壽光市）人。義熙八年，佐宋武帝討劉毅。後被沈田子殺，追贈左將軍。《宋書》卷四五、《南史》卷一六有傳。劉丹陽：當爲劉穆之，義熙八年加丹陽尹，參與討劉毅之戰。《宋書》卷四二、《南史》卷一五有傳。兩《唐志》無載，亡佚。

《後周與齊軍國書》二卷。

不署撰者。兩《唐志》無載，亡佚。

《高澄與侯景書》一卷。

高澄：字子惠，北齊文襄帝。高澄即位，侯景舉河南內附。高澄擔心侯景與西南合縱，方爲己患，乃以書曉喻侯景。《梁書》卷五六及《北齊書》卷三皆收錄高澄遺侯景書，及侯景之答書。

《策集》一卷。殷仲堪撰。

兩《唐志》無載，亡佚。

《策集》六卷。梁有《孝秀對策》十二卷，亡。

不署撰者。《舊唐志》著錄謝靈運《策集》六卷，《新唐志》著錄宋伯宜《策集》六卷，《宋志》無載，亡佚。《孝秀對策》：不署撰者。兩《唐志》無載，亡佚。

《宋元嘉策孝秀文》十卷。

不署撰者。兩《唐志》無載，亡佚。

《誹諧文》三卷。

不署撰者。兩《唐志》無載，亡佚。

《誹諧文》十卷。袁淑撰。梁有《續誹諧文集》十卷；又有《誹諧文》一卷，沈宗之撰；《任子春秋》一卷，杜嵩撰；《博陽秋》一卷，宋零陵令辛邕之撰。亡。

兩《唐志》著錄袁淑《誹諧文》十五卷，《宋志》無載，亡佚。《全宋文》卷四四有輯文。《續誹諧文集》：不署撰者。兩《唐志》無載，亡佚。兩《唐志》無載沈宗之《誹諧文》，亡佚。杜嵩：或作杜崧，字子高，廬江灊（今安徽霍山縣）人。有志節。惠帝時，俗多浮僞，著《任子春秋》以刺之。見《晋書》卷四、卷九一。兩《唐志》無載，亡佚。辛邕之：生平事迹不詳。兩《唐志》無載，亡佚。

《法集》百七卷。梁沙門釋寶唱撰。

　　釋寶唱：見本書卷三三"雜傳類"。兩《唐志》無載，亡佚。

　　右一百七部，二千二百一十三卷。通計亡書，合二百四十九部，五千二百二十四卷。

　　一百七部：實際爲一百四十七部。二百四十九部：經統計亡書一百九十九部，故合計爲三百四十六部。

　　總集者，以建安之後，[1]辭賦轉繁，衆家之集，日以滋廣，晋代摯虞，苦覽者之勞倦，於是採摘孔翠，[2]芟剪繁蕪，[3]自詩賦下，各爲條貫，合而編之，謂爲《流別》。是後文集總鈔，作者繼軌，屬辭之士，[4]以爲覃奥，[5]而取則焉。今次其前後，并解釋評論，總於此篇。

　　[1]建安：後漢獻帝年號（196—220）。
　　[2]採摘（zhāi）：采取、選擇。孔翠，原指孔雀和翠鳥，此喻精華。
　　[3]芟（shān）剪：除草。
　　[4]屬辭：連綴文辭，泛指撰寫文章。
　　[5]覃（tán）奥：廣蓄深藏。

　　凡集五百五十四部，六千六百二十二卷。

　　通計亡書，合一千一百四十六部，一萬三千三百九十卷。

五百五十四部：實際爲六百一十部。一千一百四十六部：經統計亡書六百七十三部，故合一千二百八十三部。

　　文者，所以明言也。古者登高能賦，山川能祭，師旅能誓，喪紀能誄，作器能銘，則可以爲大夫。言其因物騁辭，情靈無擁者也。[1]唐歌虞詠，[2]商頌周雅，叙事緣情，紛綸相襲，自斯已降，其道彌繁。世有澆淳，[3]時移治亂，文體遷變，邪正或殊。宋玉、屈原，激情風於南楚，嚴、鄒、枚、馬，[4]陳盛藻於西京，平子艷發於東都，[5]王粲獨步於漳、滏。[6]爰逮晉氏，見稱潘、陸，[7]並縟藻相輝，宮商間起，[8]清辭潤乎金石，精義薄乎雲天。永嘉已後，[9]玄風既扇，[10]辭多平淡，文寡風力。降及江東，不勝其弊。宋、齊之世，下逮梁初，靈運高致之奇，延年錯綜之美，[11]謝玄暉之藻麗，[12]沈休文之富溢，[13]煇焕斌蔚，[14]辭義可觀。梁簡文之在東宮，亦好篇什，清辭巧製，止乎衽席之間，彫琢蔓藻，思極閨闈之内。後生好事，遞相放習，朝野紛紛，號爲宮體。[15]流宕不已，訖于喪亡。陳氏因之，未能全變。其中原則兵亂積年，文章道盡。後魏文帝頗效屬辭，未能變俗，例皆淳古。齊宅漳濱，[16]辭人間起，高言累句，紛紜絡繹，清辭雅致，是所未聞。後周草創，干戈不戢，[17]君臣戮力，專事經營，風流文雅，我則未暇。其後南平漢、沔，[18]東定河朔，[19]訖于有隋，四海一統，采荆南之杞梓，[20]收會稽之箭竹，[21]辭人才士，總萃京師。屬以高祖少文，煬帝多忌，當路執權，逮相擯壓。[22]於是握靈蛇之珠，[23]韞荆山之玉，[24]轉死溝壑之内者，不可勝數，草澤怨刺，[25]於是興焉。古者陳詩觀風，斯亦所以關乎盛衰者也。班固有《詩賦略》，凡五種，今引而伸之，合爲三種，謂之集部。

[1]情靈：心性，思想感情。

[2]唐歌虞詠：指唐堯虞舜時代的文學作品，如流傳下來的《帝舜歌》《皋陶賡歌》等。

[3]澆淳：浮薄，質樸、敦厚。

[4]嚴鄒枚馬：《漢書》卷五七上載，梁孝王來朝，從游説之士齊人鄒陽、淮陰枚乘、吳嚴忌夫子之徒，相如見而説之。嚴忌：字夫子，本姓莊，因避漢明帝諱，改姓嚴，吳（今江蘇境内）人。善辭賦，《漢志》著録《莊夫子賦》二十四篇。今存《哀時命》一篇，見《楚辭》。鄒陽：齊（今山東境内）人。漢興，與嚴忌、枚乘仕吳，皆以文辯著名。後赴梁，從孝王游。因有人進讒，下獄，上書梁王，獲免，並爲上客。《漢書》卷五一有傳。枚：當指枚乘。馬：當指司馬相如。

[5]平子：即張衡。

[6]王粲獨步於漳滏：滏水在鄴，向東流入漳。曹操以鄴爲都。此句言王粲勸劉表子歸於曹操，後王粲在魏拜爲侍中。

[7]潘陸：指潘岳、陸機。

[8]宫商：本指五音中的宫音、商音，又泛指音律。此應借指詩律中的平仄和聲韻中的四聲。

[9]永嘉：晋懷帝年號（307—313）。

[10]玄風：玄談風尚。扇：通“搧”。

[11]延年：即顔延之。

[12]謝玄暉：即謝朓。

[13]沈休文：即沈約。

[14]輝煥斌蔚：光輝鮮明，文采繁茂。

［15］宮體：始於梁簡文帝。此類詩内容多寫宮廷生活和男女私情，形式上追求詞藻靡麗，華而不實。後世稱艷情詩爲宮體詩。

［16］齊宅漳濱：指北齊建都於鄴。

［17］戢（jí）：止息。

［18］漢沔：沔水出自陝西略陽，乃漢水之上游。此指漢水、沔水流經區域。

［19］河朔：泛指黄河以北地域。

［20］杞梓：楚地所産兩種優質木材，此指楚地優秀人才。

［21］箭竹：竹之一種，會稽所産最佳。此喻江南才俊。

［22］擯壓：排斥彈壓。

［23］靈蛇之珠：傳説隋侯見大蛇傷斷，以藥敷之。後蛇於江中銜大珠以報之，因曰隋侯之珠。見《淮南子・覽冥》注。

［24］荆山之玉：楚人卞和得美玉璞於荆山，幾經周折，成王纔准剖石，得美玉以爲璧。即和氏璧。見《淮南子・覽冥》注。

［25］草澤：此喻在野未仕之人。怨刺：怨恨、諷刺。

凡四部經傳三千一百二十七部，三萬六千七百八卷。

通計亡書，合四千一百九十一部，四萬九千四百六十七卷。

三千一百二十七部：實際爲三千二百三十三部。四千一百九十一部：經統計亡書一千六百四十三部，故合四千八百七十六部。

經戒三百一部，九百八卷。餌服四十六部，一百六十七卷。房中十三部，三十八卷。符録十七部，[1]一百三卷。

［1］符録：道家秘密文書。

右三百七十七部，一千二百一十六卷。

道經者，云有元始天尊，[1]生於太元之先，[2]稟自然之氣，沖虛凝遠，[3]莫知其極。所以説天地淪壞，劫數終盡，[4]略與佛經同。以爲天尊之體，常存不滅。每至天地初開，或在玉京之上，[5]或在窮桑之野，[6]授以祕道，謂之開劫度人。然其開劫，非一度矣，故有延康、赤明、龍溪、開皇，是其年號。其間相去經四十一億萬載。所度皆諸天仙上品，有太上老君、[7]太上丈人、[8]天真皇人、[9]五方天帝及諸仙官，[10]轉共承受，世人莫之豫也。[11]所説之經，亦稟元一之氣，[12]自然而有，非所造爲，亦與天尊常在不滅。天地不壞，則蘊而莫傳，劫運若開，其文自見。凡八字，盡道體之奧，謂之天書。[13]字方一丈，八角垂芒，光輝照耀，驚心眩目，雖諸天仙，不能省視。天尊之開劫也，乃命天真皇人，改囀天音而辯析之。[14]自天真以下，至于諸仙，展轉節級，[15]以次相授。諸仙得之，始授世人。然以天尊經歷年載，始一開劫，受法之人，得而寶祕，亦有年限，方始傳授。上品則年久，下品則年近。故今授道者，經四十九年，始得授人。推其大旨，蓋亦歸於仁愛清静，積而修習，漸致長生，自然神化，或白日登仙，與道合體。其受道之法，初受《五千文籙》，次受《三洞籙》，次受《洞玄籙》，次受《上清籙》。籙皆素書，[16]紀諸天曹官屬佐史之名有多少，又有諸符，錯在其間，[17]文章詭怪，世所不識。受者必先潔齋，[18]然後齎金環一，[19]并諸贄幣，[20]以見於師。師受其贄，以籙授之，仍剖金環，各持其半，云以爲約。弟子得籙，緘而佩之。[21]

[1]元始天尊：玉清元始天尊之簡稱。道教最高之神生於劫先，故以元始稱之，亦稱元始天王。

[2]太元：即太玄。指混沌未開時之大道。

[3]沖虛：沖淡虛静，無所拘繫。

[4]劫數：或作劫運，即厄運。

[5]玉京：道家言，天上有黄金闕、白玉京，爲天帝所居。

[6]窮桑：《拾遺記·少昊》"窮桑者，西海之濱，有孤桑之樹，直上千尋，葉紅椹紫，萬歲一實，食之後天而老"。

[7]太上老君：道教以老子爲道祖，尊稱爲太上老君。

[8]太上丈人：不詳，或太上老君化身。

[9]天真皇人：先天真聖，是前劫修真極道人，爲元始天王所化身。

[10]五方天帝：隨方立名，有青帝、赤帝、黄帝、白帝、黑帝，實則皆一天帝。

[11]豫：參與。

[12]元一：萬物唯一之本源。

[13]天書：道教稱元始天尊所説之書。

[14]囀（zhuàn）：轉折發聲。

[15]節級：次第。

[16]素書：原因書信寫在素絹之上，故稱素書。後泛指書籍。

[17]錯：放置、安置。

[18]潔齋：净潔身心，誠敬齋戒。

[19]齎（jī）：付與、送與。

[20]贄幣：見面時所贈財物。

[21]緘：封存。

　　其潔齋之法，有黃籙、玉籙、金籙、塗炭等齋。[1]為壇三成，[2]每成皆置緣蒢，[3]以為限域。傍各開門，皆有法象。[4]齋者亦有人數之限，以次入於緣蒢之中，魚貫面縛，[5]陳說愆咎，[6]告白神祇，晝夜不息，或一二七日而止。其齋數之外有人者，並在緣蒢之外，謂之齋客，但拜謝而已，不面縛焉。而又有諸消災度厄之法，依陰陽五行數術，推人年命書之，[7]如章表之儀，并具贄幣，燒香陳讀。云奏上天曹，請為除厄，謂之上章。[8]夜中，於星辰之下，陳設酒脯鮮餌幣物，[9]歷祀天皇太一，[10]祀五星列宿，[11]為書如上章之儀以奏之，名之為醮。[12]又以木為印，刻星辰日月於其上，吸氣執之，以印疾病，多有愈者。又能登刀入火而焚勑之，[13]使刃不能割，火不能熱。而又有諸服餌、辟穀、金丹、[14]玉漿、雲英，[15]蠲除滓穢之法，不可殫記。[16]云自上古黃帝、帝嚳、夏禹之儔，[17]並遇神人，咸受道籙，年代既遠，經史無聞焉。

　　[1]黃籙：道教醮名。設壇普祭天神、地祇、人鬼，用以懺罪祈福。

　　[2]成：重、層。

　　[3]緣蒢（jué）：引繩為緣，束茅以表位為蒢。即劃定範圍。

　　[4]法象：帝王、聖賢之像。此指道教所奉神之像。

　　[5]面縛：兩手反綁於身後而面向前。

　　[6]愆咎：罪過。

　　[7]年命：人的壽命。

　　[8]上章：道士替人上表給天神，祈求消災免禍的行為。

　　[9]餅：通“餅”。

　　[10]天皇：天帝。太一：天帝之別名，天神之最尊貴者。

　　[11]五星：金、木、水、火、土五大行星。列宿：衆星宿。

　　[12]醮（jiào）：道士設壇祭祀。

　　[13]勑：通“敕”，整飭。

　　[14]辟穀：道士修養之術，謂屏除穀食。金丹：道士修煉之丹，有内外丹之别。内丹乃修煉自身氣神而成，外丹則以金石丹砂等燒煉而成。

　　[15]雲英：即雲母。

　　[16]殫：盡。

　　[17]帝嚳（kù）：名高辛，姬姓，黄帝之曾孫。三十歲登位，以亳爲都。見《史記·五帝本紀》。

　　推尋事迹，漢時諸子，道書之流有三十七家，大旨皆去健羨，[1]處沖虚而已，無上天官符籙之事。其《黄帝》四篇，《老子》二篇，最得深旨。故言陶弘景者，隱於句容，好陰陽五行，風角星算，[2]修辟穀導引之法，受道經符籙，武帝素與之游。及禪代之際，弘景取圖讖之文，[3]合成“景梁”字以獻之，[4]由是恩遇甚厚。又撰《登真隱訣》，以證古有神仙之事；又言神丹可成，服之則能長生，與天地永畢。帝令弘景試合神丹，竟不能就，乃言中原隔絶，藥物不精故也。帝以爲然，敬之尤甚。然武帝弱年好事，[5]先受道法，及即位，猶自上章，朝士受道者衆。三吳及邊海之際，信之踰甚。陳武世居吳興，[6]故亦奉焉。後魏之世，嵩山道士寇謙之，[7]自云嘗遇真人成公興，[8]後遇太上老君，授謙之爲天師，而又賜之《雲中音誦科誡》二十卷。又使玉女授其服氣導引之法，遂得辟穀，氣盛體輕，顏色鮮麗。弟子十餘人，皆得其術。其後又遇神人李譜，[9]云是老君玄孫，授其圖籙真經，劾召百神，六十餘卷，及銷鍊金丹雲英八石玉漿之法。太武始光之初，[10]奉其書而獻之。帝使謁者，奉玉帛牲牢，祀嵩岳，迎致其餘弟子，於代都東南起壇宇，[11]給道士百二十餘人，顯揚其法，宣布天下。太武親備法駕，[12]而受符籙焉。自是道業大行，每帝即位，必受符籙，以爲故事，刻天尊及諸仙之象，而供養焉。遷洛已後，置道場於南郊之傍，方二百步。正月、十月之十五日，並有道士哥人百六人，[13]拜而祠焉。後齊武帝遷鄴，[14]遂罷之。文襄之世，[15]更置館宇，選其精至者使居焉。後周承魏，崇奉道法，每帝受籙，如魏之舊，尋與佛法俱滅。開皇初又興，高祖雅信佛法，於道士蔑如也。大業中，道士以術進者甚眾。其所以講經，由以《老子》爲本，次講《莊子》及《靈寶》、《昇玄》之屬。其餘眾經，或言傳之神人，篇卷非一。自云天尊姓樂名靜信，例皆淺俗，故世甚疑之。其術業優者，行諸符禁，往往神驗。而金丹玉液長生之事，歷代糜費，不可勝紀，竟無效焉。今考其經目之數，附之於此。

[1]健羨：貪欲。

[2]風角星算：風角，指四方四隅之風，以此占吉凶，爲古代占候之術。星算，天文算術。

[3]圖讖：圖，河圖；讖，符命之書。謂漢代盛行的符命占驗之書。

[4]合成景梁字以獻之:《南史》卷七六載,陶弘景聞議禪代,援引圖讖,數處皆成"梁"字,令弟子進之。

[5]弱年:年少,弱冠。

[6]陳武:陳霸先,字興國,吳興(今浙江湖州市)人。梁敬帝於太平二年禪位於陳,陳霸先即帝位,改元永定。見《陳書》卷一。

[7]嵩山:五岳之中岳,位於河南登封北。寇謙之:字輔真。入嵩山修道十年,授以天師。後又從李譜文受錄圖真經,奏於太武帝,頗受寵信。見《魏書》卷一一四。

[8]成公興:字廣明,自言膠東人。山居隱跡,希在人間。見《魏書》卷九一、卷一一四。

[9]李譜:《魏書》卷一一四作李譜文,自稱爲老君之玄孫,爲牧土上師。

[10]太武:即魏太武帝拓跋燾。見《魏書》卷四、《北史》卷二。始光,魏太武帝年號(424—428)。

[11]代都:今山西大同市。

[12]法駕:皇帝車駕。

[13]哥人:哥,通"歌"。哥人,唱歌的人。

[14]後齊武帝:高歡,字賀六渾,渤海蓚(今河北景縣)人。仕魏,專朝政十六年。其子高洋建北齊,追尊爲神武帝,廟號高祖。見《北齊書》卷一、卷二,《北史》卷六。

[15]文襄:高澄,字子惠,高歡之長子。仕魏,位至相國,封齊王。武定七年,遇盜而亡。天保初,追尊文襄皇帝,廟號世宗。見《北齊書》卷三、《北史》卷六。

大乘經六百一十七部,二千七十六卷。五百五十八部,一千六百九十七卷,經。五十九部,三百七十九卷,疏。小乘經四百八十七部,八百五十二卷。雜經三百八十部,七百一十六卷。雜經目殘缺甚，見數如此。雜疑經一百七十二部，三百三十六卷。大乘律五十二部，九十一卷。小乘律八十部，四百七十二卷。[1]七十七部，四百九十卷，律。二部，二十三卷，講疏。雜律二十七部，四十六卷。大乘論三十五部，一百四十一卷。[2]三十部，九十四卷，論。十五部，四十七卷，疏。小乘論四十一部，五百六十七卷。[3]二十一部，四百九十一卷，論。十部，七十六卷，講疏。雜論五十一部，四百三十七卷。[4]三十二部，二百九十九卷，論。九部，一百三十八卷，講疏。記二十部，四百六十四卷。

[1]八十部：下注曰，律七十七部、疏二部，合計爲七十九部。四百七十二卷，下注曰，律四百九十卷，講疏二十三卷，合計爲五百一十三卷。

[2]三十五部：下注曰，論三十部，疏十五部，合計爲四十五部。

[3]四十一部：下注曰，論二十一部，講疏十部，合計爲三十一部。

[4]五十一部：下注曰，論三十二部，講疏九部，合計爲四十一部。

　　右一千九百五十部，六千一百九十八卷。

一千九百五十部：若按右大字所記數字，應爲一千九百六十二部；若按注所記數字計算，則爲一千九百三十一部。

　　佛經者，西域天竺之迦維衛國淨飯王太子釋迦牟尼

所説。[1]釋迦當周莊王之九年四月八日,[2]自母右脅而
生,姿貌奇異,有三十二相,[3]八十二好。[4]捨太子位,
出家學道,勤行精進,覺悟一切種智,而謂之佛,亦曰
佛陀,亦曰浮屠,皆胡言也。華言譯之爲净覺。其所說
云,人身雖有生死之異,至於精神,則恒不滅。此身之
前,則經無量身矣。積而修習,精神清净,則成佛道。
天地之外,四維上下,[5]更有天地,亦無終極,然皆有
成有敗。一成一敗,謂之一劫。自此天地已前,則有無
量劫矣。[6]每劫必有諸佛得道,出世教化,其數不同。
今此劫中,當有千佛。自初至于釋迦,已七佛矣。[7]其
次當有彌勒出世,[8]必經三會,[9]演說法藏,[10]開度衆
生。由其道者,有四等之果。一曰須陁洹,二曰斯陁
含,三曰阿那含,四曰阿羅漢。至羅漢者,則出入生
死,去來隱顯,而不爲累。阿羅漢已上,至菩薩者,深
見佛性,以至成道。每佛滅度,[11]遺法相傳,有正、
象、末三等淳醨之異。[12]年歲遠近,亦各不同。末法已
後,衆生愚鈍,無復佛教,而業行轉惡,年壽漸短,經
數百千載間,乃至朝生夕死。然後有大水、大火、大風
之災,一切除去之,而更立生人,又歸淳樸,謂之小
劫。每一小劫,則一佛出世。

[1]天竺:今印度之古稱。迦維衛國。古國名,位於今尼泊爾
南部提羅拉科特附近。釋迦牟尼,姓喬答摩,名悉達多,屬刹帝利
種姓。對其生卒年,記載不一。或作公元前 565 年至前 485 年,或
作公元前 624 年至前 544 年。本志記載其生於公元前 688 年。因不
滿婆羅門教,捨棄王族身份生活,出家修道,奠定原始佛教的基本

教義。八十歲時於拘尸那迦城逝世。釋迦牟尼，乃佛教徒對其之尊稱。

〔2〕周莊王：姬姓，名佗。公元前696—前682在位。

〔3〕三十二相：佛家用語，謂佛陀生來容貌不同凡俗，其顯著之點稱三十二相。

〔4〕八十二好：或作八十種好，佛教用語。言佛陀天生姿貌超凡，其細微隱秘難見之處，稱爲八十種好。

〔5〕四維：東南西北四方之隅。

〔6〕無量劫：佛教指計數不盡的時節。

〔7〕七佛：釋迦牟尼前有六佛，即毗婆尸佛、尸棄佛、毗舍婆佛、拘樓孫佛、拘那含佛、迦葉佛，加上釋迦牟尼，通稱過去七佛。

〔8〕彌勒：從佛受記（預言）將繼承釋迦佛位爲未來的菩薩。

〔9〕三會：彌勒佛的三次説法大會。佛教記載兜率天彌勒在華林園龍華樹下開三次法會，初會、再會、三會説法，衆多信徒得阿羅漢。

〔10〕法藏：指佛所説的教法，教法含藏無量妙義，故名法藏。

〔11〕滅度：謂僧人死亡。梵語涅槃、泥洹之義譯。

〔12〕正象末三等：即佛教所謂三時。佛教認爲釋迦牟尼逝後，佛法日益衰微，其可分爲正、象、末三法時期。然其説法亦不一。可參見《大乘法苑義林章》卷六、《雜阿含經》三二、《安樂集》卷下等。淳醨（lí）：淳，通醇，厚酒，引申爲厚重；醨，薄酒，引申爲淡薄。

初天竺中多諸外道，並事水火毒龍，而善諸變幻。釋迦之苦行也，是諸邪道，並來嬲惱，[1]以亂其心，而不能得。及佛道成，盡皆摧伏，並爲弟子。弟子，男曰桑門，譯言息心，而總曰僧，譯言行乞。女曰比丘尼。

皆剃落鬚髮，釋累辭家，[2]相與和居，治心修浄，行乞以自資，而防心攝行。[3]僧至二百五十戒，尼五百戒。俗人信憑佛法者，男曰優婆塞，女曰優婆夷，皆去殺、盜、淫、妄言、飲酒，是爲五誡。釋迦在世教化四十九年，乃至天龍人鬼並來聽法，弟子得道，以百千萬億數。然後於拘尸那城娑羅雙樹間，以二月十五日，入般涅槃。涅槃亦曰泥洹，譯言滅度，亦言常樂我浄。初釋迦説法，以人之性識根業各差，[4]故有大乘小乘之説。[5]至是謝世，弟子大迦葉與阿難等五百人，[6]追共撰述，綴以文字，集載爲十二部。後數百年，有羅漢菩薩相繼著論，贊明其義。然佛所説，我滅度後，正法五百年，像法一千年，末法三千年，其義如此。

[1]嬲（niǎo）惱：煩擾、戲弄。

[2]累：憂患、煩勞。

[3]攝行：正其行爲。

[4]性識：思想意識。根業：佛教語，指根性與業力。眾生因根業不同，修行正果亦不同。

[5]大乘：佛教語。公元一世紀逐漸形成的佛教派別，主張利他，普度眾生。小乘：大乘教流行之後，原部派佛教被貶爲小乘，它保持早期佛教之教理。

[6]大迦葉：或作迦葉，全稱爲摩訶迦葉，古印度摩揭陀國王舍城人，屬婆羅門種姓。釋迦牟尼十大弟子之一。阿難：全稱阿難陀，釋迦牟尼的堂弟，侍從釋迦二十五年，亦其十大弟子之一。

推尋典籍，自漢已上，中國未傳。或云久以流布，遭秦之世，所以堙滅。[1]其後張騫使西域，[2]蓋聞有浮屠之教。哀帝時，[3]博士弟子秦景使伊存口授浮屠經，[4]中土聞之，未之信也。後漢明帝夜夢金人飛行殿庭，[5]以問於朝，而傅毅以佛對。帝遣郎中蔡愔及秦景使天竺求之，[6]得《佛經四十二章》及釋迦立像。[7]并與沙門攝摩騰、竺法蘭東還。[8]愔之來也，以白馬負經，因立白馬寺於洛城雍門西以處之。其經緘于蘭臺石室，而又畫像於清凉臺及顯節陵上。[9]章帝時，[10]楚王英以崇敬佛法聞，[11]西域沙門齎佛經而至者甚衆。永平中，[12]法蘭又譯《十住經》。其餘傳譯，多未能通。至桓帝時，[13]有安息國沙門安静，[14]齎經至洛，翻譯最爲通解。靈帝時，[15]有月支沙門支讖、天竺沙門竺佛朗等，[16]並翻佛經。而支讖所譯《泥洹經》二卷，學者以爲大得本旨。漢末，太守竺融亦崇佛法。[17]三國時，有西域沙門康僧會，[18]齎佛經至吳譯之，吳主孫權甚大敬信。[19]魏黄初中，[20]中國人始依佛戒，剃髮爲僧。先是西域沙門來此，譯《小品經》，首尾乖舛，未能通解。甘露中，[21]有朱仕行者往西域，[22]至于闐國，[23]得經九十章，晉元康中至鄴譯之，[24]題曰《放光般若經》。太始中，[25]有月支沙門竺法護，[26]西游諸國，大得佛經，至洛翻譯，部數甚多。佛教東流，自此而盛。

[1]堙（yīn）滅：堵塞、埋没。

[2]張騫：漢中（今陝西境内）人。建元中，以郎應募出使月氏。經匈奴，被扣十餘年。亡走大宛，抵康居，傳致大月氏。歸漢，拜大中大夫。再次出使西域，其所至西北諸國，皆始通於漢。還，拜大行，列爲九卿，歲餘卒。見《史記》卷一二三，《漢書》

卷六一有傳。

[3]哀帝：劉欣之，定陶王恭之子，十八歲立爲皇太子。綏和二年即皇帝位，元壽二年崩。《漢書》卷一一有紀。

[4]秦景：生平事迹不詳。伊存：生平事迹不詳。

[5]後漢明帝：劉莊，建武十九年立爲太子。中元二年即皇帝位，永平十八年崩。《後漢書》卷二有紀。

[6]蔡愔（yīn）：生平事迹不詳。

[7]佛經四十二章：佛經。《出三藏記集》卷六《四十二章經序》載，張騫、羽林中郎將秦景等十二人，至大月支國，寫取佛經《四十二章》。

[8]攝摩騰：本中天竺人。解《大小乘經》，常游化爲任。遇秦景等來尋訪佛法，來到洛陽。受明帝禮遇，自此漢地始有沙門。有記曰攝摩騰譯《四十二章》，緘於蘭臺室第十四間中。見《高僧傳》卷一。法蘭：《出三藏記集》卷一五提及，生平事迹不詳。

[9]顯節陵：後漢明帝陵寢，位於今河南洛陽市西北。

[10]章帝：劉炟，永平三年立爲皇太子。十八年即皇帝位，章和二年崩。《後漢書》卷三有紀。

[11]楚王英：劉英，光武帝子。建武十七年進爵爲楚王。晚年學爲浮屠齋戒祭祀。永平十三年，有人告其有逆謀，被廢。十四年自殺，後謚曰楚厲侯。《後漢書》卷四二有傳。

[12]永平：後漢明帝年號（58—75）。

[13]桓帝：劉志，本初元年即皇帝位。永康元年崩。《後漢書》卷七有紀。

[14]安息：伊朗高原古國，王治番兜城，去長安萬一千六百里。見《漢書》卷九六上。安静：《出三藏記集》《高僧傳》皆作安清，字世高，安息國正后之太子。讓位於叔，出家修道。遍歷諸國，桓帝初始到中夏，通習華語，宣譯衆經。靈帝末年，卒於廣州。見《出三藏記集》卷一三、《高僧傳》卷一。

[15]靈帝：劉宏，建寧元年即皇帝位，中平六年崩。《後漢

書》卷八有紀。

[16]月支：或作月氏，古西域國名，治鹽氏城，距長安萬一千六百里。見《漢書》卷九六上。支讖：月支人。諷誦群經，志存宣法。桓帝末年來洛陽。靈帝年間，翻譯佛經三部，後不知所終。見《出三藏記集》卷一三。竺佛朗：天竺人。桓帝時，攜經來洛陽，即轉胡文爲漢文，所譯深得經意。見《出三藏記集》卷一三。

[17]竺融：生平事迹不詳。《後漢書》及《三國志》均無記載，疑爲竇融。

[18]康僧會：康居人。出家，明練三藏，欲往東方運流大法。赤烏十年到建業，得孫權賞識。所譯經法，皆妙得經體，文義允正。晉太康元年卒。見《出三藏記集》卷一三。

[19]孫權：字仲謀，吳郡富春（今浙江杭州市）人。漢獻帝時，據江東六郡，後與曹魏、蜀漢形成三足鼎立的局面。黃龍元年稱帝，國號吳，都建業。神鳳元年崩，謚曰大皇帝。《三國志》卷四七有傳。

[20]黃初：魏文帝年號（220—226）。

[21]甘露：高貴鄉公年號（256—260）。

[22]朱仕行：潁川（今河南禹州市）人。出家後，即以宣大法爲己任。到于闐，得正品梵書，胡本九十章，六十餘萬言。譯出《放光經》二十卷。年八十而卒。見《出三藏記集》卷一三。

[23]于闐：漢代西域國名，位於今新疆和田一帶。《漢書》卷九六上有載。

[24]元康：晉惠帝年號（291—299）。

[25]太始：或作泰始，晉武帝年號（265—274）。

[26]竺法護：其先月支人，八歲出家，涉獵百家之言。晉武帝之世，隨師至西域，外國異言，無不備曉。所獲大小乘經凡一百四十九部，終身譯寫，使經法廣流於中華。年七十八卒於澠池。見《出三藏記集》卷一三。

　　石勒時，[1]常山沙門衛道安，[2]性聰敏，誦經日至萬餘言。以胡僧所譯《維摩》《法華》未盡深旨，精思十年，心了神悟，乃正其乖舛，宣揚解釋。時中國紛擾，四方隔絕，道安乃率門徒，南游新野，欲令玄宗所在流布，[3]分遣弟子，各趨諸方。法性詣揚州，[4]法和入蜀，[5]道安與慧遠之襄陽。後至長安，苻堅甚敬之。[6]道安素聞天竺沙門鳩摩羅什，[7]思通法門，勸堅致之。什亦聞安令問，遥拜致敬。姚興弘始二年，[8]羅什至長安，時道安卒後已二十載矣，什深慨恨。什之來也，大譯經論，道安所正，與什所譯，義如一，初無乖舛。

　　[1]石勒：字世龍，上黨武鄉（今山西榆社縣）人，羯族。據襄國，於晉大興二年稱趙王，滅前趙，統一北方大部分地區。晉咸和五年稱帝，改元建平，三年崩。《晉書》卷一〇四、一〇五有載記，《魏書》卷九五有傳。

　　[2]衛道安：即釋道安，又作竺道安，本姓衛，常山扶柳（今河北衡水市）人。十二歲出家，窮覽經典，所譯諸經，文理會通，經義克明。又總集佛經名目，撰成《綜理衆經目録》。後苻堅攻破襄陽，俘獲道安。東晉太元十年無疾而終。見《出三藏記集》卷一五、《高僧傳》卷五。

　　[3]玄宗：宗教之玄理。

　　[4]法性：《出三藏記集》《高僧傳》皆做法汰，即竺法汰，東莞（今山東莒縣周邊）人。道安令其赴京，至瓦官寺，深得晉簡文帝器重。太元十二年卒。《出三藏記集》卷一二載竺法汰《問釋道安三乘並書》《問釋道安神》。見《高僧傳》卷五。

　　[5]法和：冀州（今河北境内）人。少與道安同師受學，常與道安共校其所得群經。後游洛陽，居陽平寺，年八十餘卒。見《出

三藏記集》卷一五。

[6]苻堅：字永固，一名文玉，略陽臨渭（今甘肅秦安縣東南）人，氐族。升平元年，自立爲大秦天王。滅前燕、克前涼，成爲十六國中最强者。晋太元五年攻晋，在淝水大敗。太元十年，被姚萇所殺。《晋書》卷一一三有載記，《魏書》卷九五有傳。

[7]鳩摩羅什：齊言童壽，天竺人。七歲出家。苻堅建元十八年，遣吕光等西伐，獲鳩摩羅什，在涼多年。姚興弘始二年到長安，講説新經，續出《小品》《金剛般若》諸論。十一年卒於長安。見《出三藏記集》卷一四、《高僧傳》卷三。

[8]姚興：原作姚萇，據其史實及年號改。姚興，字子略，羌族，南安赤亭（今甘肅隴西縣）人。大秦姚萇長子。姚萇卒，即皇帝位。《晋書》卷一一七有載記，《魏書》卷九五、《北史》卷九三有傳。弘始，姚興年號（399—416）。

　　初，晋元熙中，[1]新豐沙門智猛，[2]策杖西行，到華氏城，[3]得《泥洹經》及《僧祇律》，東至高昌，[4]譯《泥洹》爲二十卷。後有天竺沙門曇摩羅讖復齎胡本，[5]來至河西。沮渠蒙遜遣使至高昌取猛本，[6]欲相參驗，未還蒙遜破滅。姚興弘始十年，猛本始至長安，譯爲三十卷。曇摩羅讖又譯《金光明》等經。時胡僧至長安者數十輩，惟鳩摩羅什才德最優。其所譯則《維摩》《法華》《成實論》等諸經，及曇無讖所譯《金光明》，曇摩羅讖所譯《泥洹》等經，並爲大乘之學。而什又譯《十誦律》，天竺沙門佛陀耶舍譯《長阿含經》及《四分律》，[7]兜佉勒沙門曇摩難提譯《增一阿含經》，[8]曇摩耶舍譯《阿毗曇論》，[9]並爲小乘之學。其餘經論，不可勝記。自是佛法流通，極於四海矣。東晋隆安中，[10]

又有罽賓沙門僧伽提婆譯《增一阿含經》及《中阿含經》。[11] 義熙中，[12] 沙門支法領從于闐國得《華嚴經》三萬六千偈，[13] 至金陵宣譯。[14] 又有沙門法顯，[15] 自長安游天竺，經三十餘國。隨有經律之處，學其書語，譯而寫之。還至金陵，與天竺禪師跋羅參共辯定，[16] 謂《僧祇律》，學者傳之。

[1] 元熙：東晉恭帝年號（419—420）。

[2] 智猛：雍州京兆（今陝西西安市附近）人。少年出家，修業專至。西行到華氏城，得梵本佛經，誓願譯經。元嘉十四年入蜀，後卒於成都。見《出三藏記集》卷八、《高僧傳》卷三。

[3] 華氏城：原爲樹名，因該城此樹較多，故以爲城名。此城位於恒河與桑河交匯處，即今印度比哈爾邦邦首府巴持那。

[4] 高昌：漢郡名，故城在今新疆吐魯番縣東。

[5] 曇摩羅讖：即曇摩讖，又作曇無讖，中天竺人，婆羅門種。攜胡本佛經至涼州，河西王勸請令譯，譯出《大集經》《金光明》等。後欲西行，沮渠蒙遜遣刺客殺之。見《出三藏記集》卷一四、《高僧傳》卷二。

[6] 沮渠蒙遜：臨松盧水（今甘肅張掖市附近）胡人，初佐涼王段業，東晉義熙八年僭立爲涼王。《晉書》卷一二九有載記，《魏書》卷九九、《北史》卷九三有傳。

[7] 佛陀耶舍：齊言覺明，罽賓（今喀布爾河下游喀什米爾一帶）人，十三歲出家。姚興弘始年間至長安，先後譯出《四分律》及《長阿含》等。後辭歸外國，不知所終。見《出三藏記集》卷一四、《高僧傳》卷二。四分律，原作“四方律”，據《高僧傳》改。

[8] 兜佉勒：不詳今爲何地。曇摩難提，兜佉勒國人，幼年出家。符堅建元二十年至長安，綿涉二載，譯《增一阿含》等經。後

辭還西域，不知所終。見《出三藏記集》卷一三、《高僧傳》卷一。

[9]曇摩耶舍：此言法明，罽賓人。年十四出家，明悟出群。東晉義熙年間來長安，譯經二十二卷。宋元嘉中，辭還西域，不知所終。見《高僧傳》卷一。

[10]隆安：東晉安帝年號（397—401）。

[11]僧伽提婆：罽賓國人，姓瞿曇氏。入道修學，兼通三藏。晉隆安元年，游京師。其在關、洛、江左所出衆經，凡百餘萬言。

[12]義熙：東晉安帝年號（405—418）。

[13]支法領：生平事迹不詳。《出三藏記集》卷二載，支法領在于闐國得胡本《大方廣佛華嚴經》，義熙十四年始譯，至宋永初二年全部完成。偈（jié），佛經中的頌詞，梵語偈陀的簡稱。每句字數不一，四句合爲一偈。

[14]金陵：今江蘇南京市。

[15]法顯：本姓龔，平陽武陽（今山西臨汾市）人。二十歲受大戒。晉隆安三年，與慧景等從長安出發，經歷三十餘國到中天竺，得諸部佛經。在其停留數年，返回中土，譯出《摩訶僧祇律》等多部佛經。年八十二卒。見《出三藏記集》卷一五、《高僧傳》卷三。

[16]跋羅：又作佛馱跋陀、佛馱跋陀羅，齊言佛賢，北天竺人。十七歲出家，少以禪律馳名。經歷三年到達青州，後到金陵。與慧嚴等百餘人譯出《泥洹》等十一部佛經。宋元嘉六年卒。見《出三藏記集》卷一四、《高僧傳》卷二。

齊、梁及陳，並有外國沙門。然所宣譯，無大名部可爲法門者。[1]梁武大崇佛法，於華林園中總集釋氏經典，凡五千四百卷。沙門寶唱，撰《經目録》。又後魏時，太武帝西征長安，以沙門多違佛律，群聚穢亂，乃詔有司，盡坑殺之，焚破佛像。長安僧徒，一時殲滅。自餘征鎮，[2] 豫聞詔書，亡匿得免者十一二。文成之世，[3] 又使修復。熙平中，[4] 遣沙門慧生使西域，[5] 采諸經律，得一百七十部。永平中，[6] 又有天竺沙門菩提留支大譯佛經，[7] 與羅什相埒。[8] 其《地持》《十地論》，並爲大乘學者所重。後齊遷鄴，佛法不改。至周武帝時，蜀郡沙門衛元嵩上書，[9] 稱僧徒猥濫，武帝出詔，一切廢毀。

[1]法門：佛教名詞。指通過習修佛法獲得佛果的門户，也指便於宣講佛法而劃分的門類。

[2]征鎮：魏晉以來，將軍、大將軍的稱號，有征東、征西、鎮東、鎮西之類，監臨軍事，守衛地方，總稱征鎮。又指征鎮管轄的地方和百姓。

[3]文成：拓跋濬，景穆皇帝長子。謚曰文成皇帝，廟號高宗。見《宋書》卷九五，《魏書》卷五、《北史》卷二有紀。

[4]熙平：魏孝明帝年號（516—518）。

[5]慧生：又作惠生，生平事迹不詳。《魏書》卷一一四載，熙平元年，詔遣沙門惠生使西域之事。

[6]永平：魏宣武帝年號（508—512）。

[7]菩提留支：又作菩提流支，魏言道希，北天竺人，遍通三藏。永平初，來游東夏。流支自洛陽至鄴，二十餘年所出經三十九部，一百二十七卷。見《續高僧傳》卷一。

[8]相埒（liè）：相等。

[9]衛元嵩：蜀郡（今四川境内）人，好言將來之事。天和中，著詩預論周、隋廢興及皇家受命，並有徵驗。性尤其不信佛教，曾上疏極論之。見《周書》卷四七、《北史》卷八九。

開皇元年，高祖普詔天下，任聽出家，仍令計口出錢，營造經像。而京師及并州、相州、洛州等諸大都邑之處，[1]並官寫一切經，置於寺內；而又別寫，藏于祕閣。天下之人，從風而靡，競相景慕，民間佛經，多於六經數十百倍。大業時，又令沙門智果，[2]於東京內道場，撰諸經目，分別條貫，以佛所説經爲三部，一曰大乘，二曰小乘，三曰雜經。其餘似後人假託爲之者，別爲一部，謂之疑經。又有菩薩及諸深解奧義、贊明佛理者，名之爲論，及戒律並有大、小及中三部之別。又所學者録其當時行事，名之爲記。凡十一種。今舉其大數，列於此篇。

[1]并州：今山西汾水中游地區。相州：今河南安陽周邊。洛州：今河南洛陽周邊。

[2]智果：會稽剡（今浙江嵊州市西南）人。其書法近王羲之，楊廣令其寫之，不從，被囚江都，令其守寶臺經藏。後上《太子東巡頌》而獲釋，六十餘歲卒。見《續高僧傳》卷三一。

右道、佛經二千三百二十九部，七千四百一十四卷。

二千三百二十九部：實際爲二千三百三十九部。

道、佛者，方外之教，聖人之遠致也。俗士爲之，不通其指，多離以迂怪，假託變幻亂於世，斯所以爲弊也。故中庸之教，是所罕言，然亦不可誣也。故録其大綱，附于四部之末。

　　大凡經傳存亡及道、佛，六千五百二十部，五萬六千八百八十一卷。

　　六千五百二十部：四部經傳存亡爲四千八百七十六部，道、佛二千三百三十九部，應爲七千二百一十五部。

隋書　卷三六

列傳第一

后妃

　　夫陰陽肇分，乾坤定位，君臣之道斯著，夫婦之義
存焉。陰陽和則裁成萬物，家道正則化行天下，由近及
遠，自家刑國，配天作合，不亦大乎！興亡是繫，不亦
重乎！是以先王慎之，正其本而嚴其防。後之繼體，靡
克聿修，[1]甘心柔曼之容，罔念幽閑之操。成敗攸屬，
安危斯在。故皇、英降而虞道隆，[2]任、姒歸而姬宗
盛，[3]妹、妲致夏、殷之釁，[4]褒、趙結周、漢之禍。[5]
爰歷晋、宋，[6]實繁有徒。皆位以寵升，榮非德進，恣
行淫僻，莫顧禮儀，爲梟爲鴟，[7]敗不旋踵。後之伉儷
宸極，[8]正位居中，罕蹈平易之塗，多遵覆車之轍。睢
鳩之德，[9]千載寂寥；牝雞之晨，[10]殊邦接響。窈窕淑
女，靡有求於寤寐；鏗鏘環珮，鮮克嗣於徽音。永念前
修，嘆深彤管。[11]覽載籍於既往，考行事於當時，存亡
得失之機，蓋亦多矣。故述《皇后列傳》，所以垂戒

將來。

　　[1]靡克聿修：典出《詩·大雅·文王》："無念爾祖，聿修厥德。"此處引用典故來指責後世的人沒有能夠繼承祖先的德行。

　　[2]皇、英：指娥皇、女英。相傳是堯的兩個女兒，同嫁虞舜為妃，相傳為古代賢妃。　虞：傳說中帝舜所建的朝代。

　　[3]任、姒：指周文王母太任和周武王母太姒，相傳為古代賢妃。　姬宗：指周王室。

　　[4]妹、妲：指夏桀王的寵妃妹喜和商紂王的寵妃妲己，據說是兩人導致了夏、商的滅亡。按，妹，亦稱末喜、末嬉、妺嬉等。

　　[5]褒、趙：指周幽王寵妃褒姒和漢成帝寵妃趙飛燕。

　　[6]宋：即南朝宋（420—479），都建康（今江蘇南京市）。

　　[7]為梟為鴟：典出《詩·大雅·瞻卬》："懿厥哲婦，為梟為鴟。"後世多用此來指斥女禍。

　　[8]宸極：指帝位。

　　[9]雎鳩之德：喻婦人干政。典出《詩·周南·關雎》。毛傳稱"關雎"喻后妃之德，後多沿用其説。

　　[10]牝雞之晨：喻女性掌權。典出《尚書·牧誓》："牝雞之晨，惟家之索。"

　　[11]彤管：喻指有才學的女子。典出《詩·邶風·靜女》："貽我彤管。"彤管為何物，一直存在争議。一説為赤管之筆也，古女史所執，以記宮中政令及后妃之事；一説為塗紅漆之管；一説為紅洞簫；一説為紅色管狀的荑。

　　然后妃之制，[1]夏、殷以前略矣。周公定禮，內職始備列焉。秦、漢以下，代有沿革，品秩差次，前史載之詳矣。齊、梁以降，[2]歷魏暨周，[3]廢置益損，參差不一。周宣嗣位，[4]不率典章，衣褕翟、稱中宮者，[5]凡有五。夫人以下，略無定數。高祖思革前弊，[6]大矯其違，唯皇后正位，傍無私寵，婦官稱號，未詳備焉。開皇二年，[7]著內宮之式，[8]略依《周禮》，[9]省減其數。嬪三員，[10]掌教四德，[11]視正三品。世婦九員，[12]掌賓客祭祀，視正五品。女御三十八員，[13]掌女工絲枲，[14]視正七品。又採漢、晉舊儀，置六尚、六司、六典，遞相統攝，以掌宮掖之政。一曰尚宮，掌導引皇后及閨閤稟賜。管司令三人，掌圖籍法式，糾察宣奏；典琮三人，掌琮璽器玩。[15]二曰尚儀，掌禮儀教學。管司樂三人，掌音律之事；典贊三人，掌導引內外命婦朝見。[16]三曰尚服，掌服章寶藏。管司飾三人，掌簪珥花嚴；典櫛三人，掌巾櫛膏沐。四曰尚食，掌進膳先嘗。管司醫三人，[17]掌方藥卜筮；典器三人，掌罇彝器皿。五曰尚寢，掌幃帳牀褥。管司筵三人，掌鋪設灑掃；典執三人，掌扇傘燈燭。六曰尚工，掌營造百役。管司製三人，掌衣服裁縫；典會三人，掌財帛出入。六尚各三員，視從九品，六司視勳品，[18]六典視流外二品。[19]初，文獻皇后功參歷試，[20]外預朝政，內擅宮闈，懷嫉妒之心，虛嬪妾之位，不設三妃，防其上逼。自嬪以下，置六十員。加又抑損服章，降其品秩。至文獻崩後，始置貴人三員，[21]增嬪至九員，世婦二十七員，御女八十一員。[22]貴人等關掌宮闈之務，六尚已下，皆分隸焉。

[1]后妃之制：底本作"妃后之制"。庫本、中華本作"后妃之制"。按，《後漢書》卷一〇上《皇后紀》記："夏、殷以上，后妃之制，其文略矣。"又《漢書》卷六〇《杜欽傳》記："后妃之

制，夭壽治亂存亡之端也。"可見"后妃之制"是比較固定的説法，恐底本有誤。

[2]齊：即南朝齊（479—502），都建康（今江蘇南京市）。梁：即南朝梁（502—557），都建康（今江蘇南京市）。

[3]魏：即北魏（386—557），亦稱後魏。初都平城（今山西大同市東北），公元494年遷都洛陽（今河南洛陽市東北白馬寺東）。公元534年分裂爲東魏和西魏兩個政權。東魏（534—550）都於鄴（今河北臨漳縣西南鄴鎮東），西魏（535—557）都於長安（今陝西西安市西北郊）。　周：即北周（557—581），都長安（今陝西西安市）。

[4]周宣：北周宇文贇的謚號。紀見《周書》卷七、《北史》卷一〇。

[5]褘翟：指皇后的服裝。褘，繪有野鷄圖紋的皇后祭服。翟，指用雉羽裝飾的衣服、車子。　中宮：一般指皇后之宮，亦指皇后。

[6]高祖：隋文帝楊堅的廟號。紀見本書卷一、二，《北史》卷一一。

[7]開皇：隋文帝楊堅年號（581—600）。

[8]内宮：底本、庫本作"内宮"，中華本作"内官"。按，"内官"稱后妃品秩，"内宮"指嬪妃的居所。應以"内官"爲是。

[9]《周禮》：又稱《周官》或《周官經》。按，底本原作"典禮"，中華本作"周禮"。張元濟《百衲本二十四史校勘記·隋書校勘記》已指出底本所記有誤，今從中華本改。

[10]嬪：後宮名號。周代置，歷代沿置。有三嬪、六嬪、九嬪等名號。西晉武帝時置九嬪，南朝沿置。北魏設三嬪，位視三卿。六嬪，位視六卿。北周設六嬪，隋開皇初設三嬪。

[11]四德：指婦德、婦言、婦容、婦功。《周禮·天官·九嬪》記："九嬪：掌婦學之法，以教九御，婦德、婦言、婦容、婦功，各帥其屬而以時御叙于王所。"

[12]世婦：後宮名號。周代置，位在九嬪之下。協助王后管理後宮事務。歷代沿置，名目或因或改，品位不一。北魏置世婦，位視中大夫。隋開皇初置九員。

[13]女御：帝王之妾名。周代置，位在世婦之下，協助世婦參與後宮祭祀、喪禮等活動。歷代沿置，名目或因或改，品位不一。隋開皇初置三十八員。

[14]枲（xǐ）：麻類植物的纖維。

[15]瓊璽：玉璽，皇帝或皇后的印。

[16]内外命婦：命婦，受帝王封號的婦女。周代置，歷代沿置，有内外命婦之分。内命婦，周代指王室宗親子姓世婦，或指三夫人以下的嬪妃。北周内命婦分五等：三妃，位視三公。三㜷，位視三孤。六嬪，位視六卿。御媛，位視大夫。分上、中、下媛婦。御婉，三人，位視士。外命婦，爲宮外命婦的統稱。周代指卿大夫之妻。西漢以後，皇帝外祖母、姊妹、女及大臣夫人有封爲郡縣鄉君者，皆爲外命婦。

[17]毉：同“醫”。

[18]勳品：北魏孝文帝時於九品職官之外，復置流外七品，以序下級官吏之品級。九品職官，稱爲流内，此七品在九品之外，故稱流外。流外一品，稱爲勳品。隋沿用其制。

[19]流外二品：北魏孝文帝時於九品職官之外，復置流外七品，以序下級官吏之品級。流外一品稱勳品，二品以下稱爲流外二品，流外三品，依此類推，至流外七品。無正、從及上、下階之分，故又稱勳品流外。隋沿用其制。

[20]歷試：屢次、多次考驗或考察。

[21]貴人：後宮名號。始於東漢，位僅次皇后，金印紫綬，奉粟數十斛。晉武帝時爲三夫人之一，低於夫人，位視三公。十六國成漢、後趙、後燕皆設。後趙置一人，位視列侯。南朝宋孝建三年（456）重定三夫人，以貴人位比三司。泰始三年（467）省。南朝齊建元元年（479）復置。梁沿置，北魏初無，至太武帝增置。隋

初爲内官之一，文帝置三員，掌宮闈事務，煬帝時罷。

［22］御女：後宮名號。北魏置爲内官，位視元士。隋仁壽二年（602）後置八十一員，煬帝時置二十四員，正六品。

煬帝時，[1]后妃嬪御，無釐婦職，唯端容麗飾，陪從宴游而已。帝又參詳典故，自製嘉名，著之於令。貴妃、淑妃、德妃，是爲三夫人，品正第一。順儀、順容、順華、修儀、修容、修華、充儀、充容、充華，是爲九嬪，品正第二。婕妤一十二員，品正第三，美人、才人一十五員，品正第四，是爲世婦。寶林二十四員，[2]品正第五；御女二十四員，品正第六；采女三十七員，[3]品正第七，是爲女御。總一百二十，以叙於宴寢。又有承衣刀人，皆趨侍左右，並無員數，視六品已下。

［1］煬帝：即楊廣。紀見本書卷三、四，《北史》卷一二。
［2］寶林：後宮名號。隋煬帝始置。正五品。
［3］采女：後宮名號。東漢始置，並無爵秩，歲時賞賜充給而已。隋煬帝時置，正七品。

時又增置女官，準尚書省，[1]以六局管二十四司。一曰尚宮局，管司言，掌宣傳奏啓；司簿，掌名録計度；司正，掌格式推罰；司闈，掌門閣管鑰。二曰尚儀局，管司籍，掌經史教學，紙筆几案；司樂，掌音律；司賓，掌賓客；司贊，掌禮儀贊相導引。三曰尚服局，管司璽，掌琮璽符節；司衣，掌衣服；司飾，掌湯沐巾櫛玩弄；司仗，掌仗衛戎器。四曰尚食局，管司膳，掌膳羞；司醞，掌酒醴酏醯；[2]司藥，掌醫巫藥劑；司饎，掌廩饎柴炭。五曰尚寢局，管司設，掌牀席帷帳，鋪設灑掃；司輿，掌輿輦傘扇，執持羽儀；司苑，掌園籞種植，[3]蔬菜瓜果；司燈，掌火燭。六曰尚工局，管司製，掌營造裁縫；司寶，掌金玉珠璣錢貨；司綵，掌繒帛；司織，掌織染。六尚二十二司，員各二人，唯司樂、司膳員各四人。每司又置典及掌，以貳其職。六尚十人，品從第五；司二十八人，品從第六；典二十八人，品從第七；掌二十八人，品從第九。[4]女使流外，[5]量局閑劇，多者十人，已下無定員數。[6]聯事分職，各有司存焉。

[1]尚書省：官署名。爲中央最高政令執行機關。凡中書省所出詔敕及批准章奏，經門下省過覆後，皆交本省頒下執行。中央九寺諸監發往州府的符移關牒，亦須經本省發布下達。

[2]醯（xī）：亦作「醯」，指醋。

[3]籞（yù）：帝王的禁苑。

[4]「六尚二十二司」至「品從第九」：關於六尚二十二司的員數，清代學者張映斗《隋書考證》認爲六尚二十二司，員各二人，司樂、司膳各四人，則合計四十八人，與後文所記六尚十人，司二十八人，合計三十八人不符，疑誤。《北史》卷一三《后妃傳》中華本校勘記亦指出「此段敘各司員數與總數不合，疑有訛誤」。其所言爲是。書稱：「六尚二十二司，員各二人，唯司樂、司膳員各四人。」則六尚員數應爲十二人，而下文記十人，不符。據《唐六典》卷一二《內官宮官內侍省》宮官條下注記：「煬帝改置六尚局，……六尚十二人。」則本書脫漏「二」字，應據補。又司

二十八人，若以二十二司各二人，司樂、司膳員各四人算，則合計四十八人，其數亦不符。或疑受下文典、掌二十八人人數之誤。

[5]女使：諸本皆作"女使"，《北史·后妃傳》作"女史"，《唐六典·内官宫官内侍省》宫官條注亦作"女史"。按，女史是自周代沿用的女官名，《周禮·天官·女史》記："女史，掌王后之禮職，掌内治之貳。"則此處應以"女史"爲是，諸本所記有誤。

[6]多者十人，已下無定員數：此句中華本斷作"多者十人已下，無定員數"。中華書局校點本《唐六典》卷一二《宫官》宫官條注文曰："女史，流外，量事而置，多者十人。皇朝内職多依隋制。"可見"多者十人已下"，斷句有誤。應斷在"十人"之後，意員數以十人爲限，已下不定。

文獻獨孤皇后，河南雒陽人，[1]周大司馬、河内公信之女也。[2]信見高祖有奇表，故以后妻焉，時年十四。高祖與后相得，誓無異生之子。后初亦柔順恭孝，不失婦道。后姊爲周明帝后，[3]長女爲周宣帝后，[4]貴戚之盛，莫與爲比，而后每謙卑自守，世以爲賢。及周宣帝崩，高祖居禁中，總百揆，[5]后使人謂高祖曰："大事已然，騎獸之勢，[6]必不得下，勉之！"高祖受禪，立爲皇后。

[1]河南：郡名。治所在雒陽縣（今河南洛陽市東北）。

[2]大司馬：官名。全稱爲大司馬卿。北周時爲夏官府之長，負責軍政、軍備、宿衛等事務。正七命。　河内公：爵名。北周時爲十一等爵中的第四等。正九命。　信：人名。即獨孤信。北周、隋時人。傳見《周書》卷一六、《北史》卷六一。

[3]周明帝：即北周皇帝宇文毓。紀見《周書》卷四、《北史》

卷九。　后：獨孤氏，北周、隋時人。傳見《周書》卷九、《北史》卷一四。

　　[4]周宣帝：即北周皇帝宇文贇。紀見《周書》卷七、《北史》卷一〇。　后：即楊麗華。北周、隋時人。傳見《周書》卷九、《北史》卷一四。

　　[5]總百揆：指總領各種政務。百揆，原爲堯時所置官，其職爲統領百官。西周改稱冢宰。

　　[6]騎獸之勢："獸"應作"虎"，乃避唐先世李虎諱改。

　　突厥嘗與中國交市，[1]有明珠一篋，價值八百萬，幽州總管陰壽白后市之。[2]后曰："非我所須也。當今戎狄屢寇，將士罷勞，未若以八百萬分賞有功者。"百寮聞而畢賀。高祖甚寵憚之。上每臨朝，后輒與上方輦而進，至閣乃止。使宦官伺上，政有所失，隨則匡諫，多所弘益。候上退朝而同反燕寢，相顧欣然。后早失二親，常懷感慕，見公卿有父母者，每爲致禮焉。有司奏以《周禮》百官之妻，命于王后，憲章在昔，請依古制。后曰："以婦人與政，或從此漸，不可開其源也。"不許。后每謂諸公主曰："周家公主，類無婦德，失禮於舅姑，[3]離薄人骨肉，此不順事，爾等當誡之。"大都督崔長仁，[4]后之中外兄弟也，[5]犯法當斬。高祖以后之故，欲免其罪。后曰："國家之事，焉可顧私！"長仁竟坐死。后異母弟陀，[6]以猫鬼巫蠱，[7]咒詛於后，坐當死。后三日不食，爲之請命，曰："陀若蠹政害民者，妾不敢言。今坐爲妾身，敢請其命。"陀於是減死一等。[8]后每與上言及政事，往往意合，宮中稱爲二聖。

　　[1]突厥：古族名、國名。廣義包括突厥、鐵勒諸部落，狹義專指突厥。公元六世紀時游牧於金山（今阿爾泰山）以南，因金山形似兜鍪，俗稱"突厥"，遂以名部落。西魏廢帝元年（552），土門自號伊利可汗，建立突厥汗國。後分裂爲西突厥、東突厥兩個汗國。傳見本書卷八四、《北史》卷九九、《舊唐書》卷一九四、《新唐書》卷二一五。　交市：即互市。民族或國家之間的貿易活動。

　　[2]幽州：治所在今北京市。　總管：官名。地方高級軍政官員。所轄區域增減無常，一般轄數州，多者可達數十州。邊鎮大州或置大總管。隋總管可由刺史以下官承制補授。其品秩分三等，上總管視從二品，中總管視正三品，下總管視從三品。　陰壽：人名。隋時人。傳見本書卷三九、《北史》卷七三。

　　[3]舅姑：古人對公婆的稱呼。

　　[4]大都督：散實官名。隋時爲勳官十一級中的第九級。《北史》作"都督"。　崔長仁：人名。正史無傳。據本書卷七九《獨孤羅傳》記獨孤信入關後復娶二妻，郭氏生子六人，崔氏生文獻皇后。則崔長仁爲文獻皇后母家兄弟。

　　[5]中外兄弟：表兄弟。父親的姊妹之子爲外兄弟，母親的兄弟姊妹之子爲內兄弟，合稱爲中外兄弟。

　　[6]陀：人名。即獨孤陀，北周、隋時人。《北史》卷六一作"陁"。本書卷七九、《北史》卷六一有附傳。

　　[7]猫鬼：古代行巫術者畜養的猫，謂有鬼物附著其身，可以咒語驅使害人，因稱猫鬼。

　　[8]陀於是減死一等：爲獨孤陀請命之人，諸史所記不一。《隋書・獨孤陀傳》中記爲獨孤陀弟獨孤整，《通鑑》卷一七八《隋紀》開皇十八年條記獨孤后與獨孤整皆爲請命。詳參羅振玉《隋書斠議》。

　　后頗仁愛，每聞大理決囚，[1]未嘗不流涕。然性尤妒忌，後宮莫敢進御。尉遲迥女孫有美色，[2]先在宮中。
上於仁壽宮見而悦之，[3]因此得幸。后伺上聽朝，陰殺
之。上由是大怒，單騎從苑中而出，不由徑路，入山谷
間二十餘里。高熲、楊素等追及上，[4]扣馬苦諫。上太
息曰：“吾貴爲天子，而不得自由！”高熲曰：“陛下豈
以一婦人而輕天下！”上意少解，駐馬良久，中夜方始
還宮。后俟上於閤内，及上至，后流涕拜謝，熲、素等
和解之。上置酒極歡，后自此意頗衰折。初，后以高熲
是父之家客，[5]甚見親禮。至是，聞熲謂己爲一婦人，
因此銜恨。又以熲夫人死，其妾生男，益不善之，漸加
譖毁，上亦每事唯后言是用。后見諸王及朝士有妾孕
者，必勸上斥之。時皇太子多内寵，妃元氏暴薨，[6]后
意太子愛妾雲氏害之。[7]由是諷上黜高熲，竟廢太子立
晋王廣，[8]皆后之謀也。

[1]大理：官署名。全稱爲大理寺。掌鞫獄，定刑名，並覆核
諸州刑獄。

[2]尉遲迥：人名。北周時人。傳見《周書》卷二一、《北史》
卷六二。

[3]仁壽宮：宮名。爲隋文帝所建的離宮，位於今陝西麟游縣。

[4]高熲：人名。北周、隋時人。傳見本書卷四一、《北史》
卷七二。　楊素：人名。北周、隋時人。傳見本書卷四八，《北史》
卷四一有附傳。

[5]家客：客指寄食於豪門貴族之人。漢以後社會地位低下，
魏晋時有官、私客之分，此指私客。其地位低於良人，高於奴婢，
身份卑微，普遍使用於農業生産。

[6]元氏：楊勇妃，遇心疾而亡。其事略見本書卷四五、《北

史》卷七一《房陵王勇傳》。

[7]雲氏：楊勇昭訓，有寵，生長寧王儼、平原王裕、安城王筠。其事略見本書卷四五《北史》卷七一《房陵王勇傳》。

[8]晋王廣：即隋煬帝楊廣。紀見本書卷三、四，《北史》卷一二。

仁壽二年八月甲子，[1]月暈四重，[2]己巳，太白犯軒轅。[3]其夜，后崩於永安宮，[4]時年五十。[5]葬於太陵。[6]其後，宣華夫人陳氏、容華夫人蔡氏俱有寵，上頗惑之，由是發疾。及危篤，謂侍者曰："使皇后在，吾不及此"云。

[1]仁壽：隋文帝楊堅年號（601—604）。

[2]月暈：又稱"風圈"，月光被雲層折射，在月亮周圍形成光圈，可以作爲天氣變化的預兆。

[3]太白犯軒轅：喻指女主有危。太白，星名。即金星。古星象家以爲太白星主殺伐，故多以喻兵戎。軒轅，星座名。在星宿北。其第十四星爲一等大星，因在五帝座之旁，故爲女主象。後多借指皇后。

[4]永安宮：宮名。爲隋皇后居所，宮址失載。

[5]時年五十：陶廣峰比對《北史》所記，考獨孤后卒時應爲五十九歲，而非五十歲，證《隋書》此條有誤。（參見陶廣峰《隋文獻獨孤皇后存年考辨》，《史學月刊》1987 年第 5 期）

[6]太陵：隋文帝及獨孤皇后葬地，位於今陝西扶風縣東南約二十里處。

宣華夫人陳氏，陳宣帝之女也。[1]性聰慧，姿貌無雙。及陳滅，[2]配掖庭，[3]後選入宮爲嬪。時獨孤皇后性妒，後宮罕得進御，唯陳氏有寵。晉王廣之在藩也，陰有奪宗之計，規爲內助，每致禮焉。進金蛇、金駝等物，以取媚於陳氏。皇太子廢立之際，頗有力焉。及文獻皇后崩，進位爲貴人，專房擅寵，主斷內事，六宮莫與爲比。及上大漸，遺詔拜爲宣華夫人。

[1]陳宣帝：即南朝陳陳頊。紀見《陳書》卷五、《南史》卷一〇。

[2]陳：即南朝陳（557—589），都建康（今江蘇南京市）。

[3]掖庭：宮中旁舍，妃嬪居住的地方。

　　初，上寢疾於仁壽宮也，夫人與皇太子同侍疾。平旦出更衣，爲太子所逼，夫人拒之得免，歸於上所。上怪其神色有異，問其故。夫人泫然曰：“太子無禮。”上恚曰：“畜生何足付大事，獨孤誠誤我！”意謂獻皇后也。因呼兵部尚書柳述、黃門侍郎元巖曰：[1]“召我兒！”述等將呼太子，上曰：“勇也。”述、巖出閤爲勅書訖，示左僕射楊素。[2]素以其事白太子，太子遣張衡入寢殿，[3]遂令夫人及後宮同侍疾者，並出就別室。俄聞上崩，而未發喪也。夫人與諸後宮相顧曰：“事變矣！”皆色動股慄。晡後，[4]太子遣使者齎金合子，[5]帖紙於際，親署封字，以賜夫人。夫人見之惶懼，以爲鴆毒，不敢發。使者促之，於是乃發，見合中有同心結數枚。諸宮人咸悅，相謂曰：“得免死矣！”陳氏恚而却坐，不肯致謝。諸宮人共逼之，乃拜使者。其夜，太子烝焉。[6]

　　[1]兵部尚書：官名。隋尚書省下聘六部之一兵部的長官。掌全國軍衛武官選授之改令，總判兵部、職方、駕部、庫部四曹事。正三品。　　柳述：人名。本書卷四七、《北史》卷六四有附傳。黄門侍郎：官名。隋屬門下省，最初稱給事黄門侍郎，煬帝時去給事二字。其職掌爲侍從皇帝左右，傳達詔令，掌管機密文字。正四品。　　元巖：人名。隋文帝末年官任給事黄門侍郎，深受文帝寵信；隋煬帝奪位時被執下獄，煬帝即位後被除名流徙南海，終被收殺。事亦見本書卷四五《房陵王勇傳》、卷四七《柳述傳》、卷八〇《華陽王楷妃傳》等。按，此元巖與本書卷六二、《北史》卷七五《元巖傳》所載之元巖，並非同一人。

　　[2]左僕射：官名。全稱爲尚書左僕射。隋尚書省置左右僕射各一人，地位僅次於尚書令。由於隋代尚書令不常置，僕射成爲尚書省實際長官，是宰相之職。從二品。

　　[3]張衡：人名。傳見本書卷五六、《北史》卷七四。

　　[4]晡：即申時，午後三時至五時。

　　[5]齎：送給。

　　[6]烝：古代指與母輩淫亂。

　　及煬帝嗣位之後，出居仙都宮。[1]尋召入，歲餘而終，時年二十九。帝深悼之，爲製《神傷賦》。

　　[1]仙都宮：宮名。隋離宮，位於今陝西西安市西北。

　　容華夫人蔡氏，丹陽人也。[1]陳滅之後，以選入宮，爲世婦。容儀婉嫟，[2]上甚悦之。以文獻皇后故，希得進幸。及后崩，漸見寵遇，拜爲貴人，參斷宮掖之務，與陳氏相亞。上寢疾，加號容華夫人。上崩後，自請言事，亦爲煬帝所烝。

[1]丹陽：郡名。治所在今江蘇南京市。

[2]婉嫕（yì）：性情和善可親。

煬帝蕭皇后，梁明帝巋之女也。[1]江南風俗，[2]二月生子者不舉。后以二月生，由是季父岌收而養之。[3]未幾，岌夫妻俱死，轉養舅氏張軻家。[4]然軻甚貧窶，后躬親勞苦。煬帝爲晉王時，高祖將爲王選妃於梁，[5]遍占諸女，諸女皆不吉。巋迎后於舅氏，令使者占之，曰：“吉。”於是遂策爲王妃。

[1]梁明帝：即蕭巋。傳見本書卷七九，《周書》卷四八有附傳。

[2]江南：區域名。泛指今長江以南地區。

[3]岌：人名。即蕭岌。南朝梁、隋蘭陵人。《周書》卷四八有附傳，事亦見《北史》卷九三《蕭詧傳》。

[4]張軻：人名。字子居，范陽方城人。（其事可參韓理洲輯校編年《全隋文補遺》卷四《張軻墓誌》，三秦出版社 2004 年版）

[5]梁：即後梁，亦稱西梁（555—587），都江陵（今湖北江陵縣）。

后性婉順，有智識，好學解屬文，頗知占候。高祖大善之，帝甚寵敬焉。及帝嗣位，詔曰：“朕祇承丕緒，憲章在昔，爰建長秋，[1]用承饗薦。妃蕭氏，夙稟成訓，婦道克修，宜正位軒闈，式弘柔教，可立爲皇后。”

[1]長秋：一指官名；一爲皇后的代稱。《後漢書》卷一〇上《明德馬皇后紀》章懷太子注稱長秋本爲宮名，後以之代稱皇后。此處代指皇后。

帝每游幸，后未嘗不隨從。時后見帝失德，心知不可，不敢厝言，因爲述志賦以自寄。其詞曰：

承積善之餘慶，備箕箒於皇庭。恐修名之不立，將負累於先靈。乃夙夜而匪懈，實寅懼於玄冥。[1]雖自彊而不息，亮愚矇之所滯。思竭節於天衢，[2]才追心而弗逮。實庸薄之多幸，荷隆寵之嘉惠。賴天高而地厚，屬王道之升平。均二儀之覆載，[3]與日月而齊明。乃春生而夏長，等品物而同榮。[4]願立志於恭儉，私自兢於誡盈。孰有念於知足，苟無希於濫名。惟至德之弘深，情不邇於聲色。感懷舊之餘恩，求故劍於宸極。[5]叨不世之殊盼，謬非才而奉職。何寵禄之踰分，撫胸襟而未識。雖沐浴於恩光，内懅惶而累息。顧微躬之寡昧，[6]思令淑之良難。實不遑於啓處，將何情而自安！若臨深而履薄，[7]心戰慄其如寒。

[1]玄冥：深遠幽寂。
[2]竭節：盡忠，堅持操守。　天衢：星名。《晋書·天文志上》：“房四星，爲明堂，天子布政之宮也……又爲四表，中間爲天衢，爲天關，黃道之所經也。”此處以天衢代指天子。
[3]二儀：指天地或陰陽。　覆載：覆蓋與承載。謂覆育包容。
[4]品物：即萬物。
[5]故劍：喻結髮夫妻。典出《漢書》卷九七上《孝宣許皇后傳》。

［6］微躬：謙詞，卑賤的身體。

［7］臨深而履薄：比喻處於危險恐懼的狀態。典出《詩·小雅·小旻》："戰戰兢兢，如臨深淵，如履薄冰。"此處"深"應爲"淵"，蓋避唐高祖李淵諱。

夫居高而必危，慮處滿而防溢。知恣夸之非道，乃攝生於冲謐。[1]嗟寵辱之易驚，尚無爲而抱一。[2]履謙光而守志，且願安乎容膝。[3]珠簾玉箔之奇，金屋瑤臺之美，雖時俗之崇麗，蓋吾人之所鄙。愧絺綌之不工，[4]豈絲竹之喧耳。知道德之可尊，明善惡之由己。蕩囂煩之俗慮，乃伏膺於經史。綜箴誡以訓心，[5]觀女圖而作軌。[6]遵古賢之令範，冀福禄之能綏。時循躬而三省，[7]覺今是而昨非。嗤黃老之損思，信爲善之可歸。慕周姒之遺風，美虞妃之聖則。仰先哲之高才，貴至人之休德。質菲薄而難蹤，心恬愉而去惑。乃平生之耿介，實禮義之所遵。雖生知之不敏，庶積行以成仁。懼達人之蓋寡，謂何求而自陳。誠素志之難寫，同絕筆於獲麟。[8]

［1］攝生：養生，保養身體。

［2］抱一：道家常用語，指專精固守不失其道。一，指道。

［3］容膝：僅能容納雙膝。多形容容身之地狹小。亦指狹小之地。

［4］絺（chī）綌（xì）：指細葛布製成的衣服。

［5］箴誡：此應指後漢班昭所著《女誡》及西晉張華所著《女史箴》。兩書主旨皆强調宮廷婦女應遵守的道德規範。

［6］女圖：古代描繪各類模範女性的圖畫。

[7]三省：省察三事。典出《論語·學而》："曾子曰：'吾日三省吾身：爲人謀而不忠乎？與朋友交而不信乎？傳不習乎？'"

[8]獲麟：最初指春秋魯哀公十四年（前481）獵取麒麟事。相傳孔子作《春秋》至此而輟筆。後多比喻著作的絶筆。

及帝幸江都，[1]臣下離貳，有宮人白后曰："外聞人人欲反。"后曰："任汝奏之。"宮人言於帝，帝大怒曰："非所宜言！"遂斬之。後人復白后曰："宿衛者往往偶語謀反。"后曰："天下事一朝至此，勢已然，無可救也。何用言之，徒令帝憂煩耳。"自是無復言者。

[1]江都：郡名。治所在今江蘇蘇州市。

及宇文氏之亂，[1]隨軍至聊城。[2]化及敗，沒於竇建德。[3]突厥處羅可汗遣使迎后於洺州，[4]建德不敢留，遂入於虜庭。大唐貞觀四年，[5]破滅突厥，乃以禮致之，歸于京師。

[1]宇文氏：人名。即宇文化及。傳見本書卷八五，《北史》卷七九有附傳。

[2]聊城：郡名。治所在今山東聊城市東北。

[3]竇建德：人名。傳見《舊唐書》卷五四、《新唐書》卷八五。

[4]處羅可汗：西突厥首領，姓阿史那，名達漫。其事略見本書卷八四、《北史》卷九九《突厥傳》。　洺州：治所在今河北永年縣東南。

[5]貞觀：唐太宗李世民年號（627—649）。

　　史臣曰：二后，帝未登庸，早儷宸極，恩隆好合，始終不渝。文獻德異鳲鳩，[1]心非均一，擅寵移嫡，傾覆宗社，惜哉！《書》曰：“牝雞之晨，惟家之索。”高祖之不能敦睦九族，抑有由矣。蕭后初歸藩邸，有輔佐君子之心。煬帝得不以道，便謂人無忠信。父子之間，尚懷猜阻，夫婦之際，其何有焉！暨乎國破家亡，竄身無地，飄流異域，良足悲矣！

　　[1]鳲（shī）鳩：比喻君主以仁德待下，毫無差別。典出《詩·曹風·鳲鳩》：“鳲鳩在桑，其子七兮。”

隋書　卷三七

列傳第二

李穆　子渾　穆兄子詢　詢弟崇　崇子敏

　　李穆字顯慶，自云隴西成紀人，[1]漢騎都尉陵之後也。[2]陵没匈奴，[3]子孫代居北狄，[4]其後隨魏南遷，[5]復歸汧、隴。[6]祖斌，[7]以都督鎮高平，[8]因家焉。父文保，早卒，及穆貴，贈司空。[9]穆風神警俊，倜儻有奇節。周太祖首建義旗，[10]穆便委質，[11]釋褐統軍。[12]永熙末，[13]奉迎魏武帝，[14]授都督，封永平縣子，[15]邑三百戶。[16]又領鄉兵，累以軍功進爵爲伯。[17]從太祖擊齊師於芒山，[18]太祖臨陣墮馬，穆突圍而進，以馬策擊太祖而罵之，[19]授以從騎，潰圍俱出。賊見其輕侮，謂太祖非貴人，遂緩之。以故得免。既而與穆相對泣，顧謂左右曰：“成我事者，其此人乎！”即令撫慰關中，[20]所至克定，擢授武衛將軍、儀同三司，[21]進封安武郡公，[22]增邑一千七百戶，賜以鐵券，[23]恕其十死。尋加開府，[24]領侍中。[25]初，芒山之敗，穆以驄馬授太祖。[26]

太祖於是廄內驄馬盡以賜之，封穆姊妹皆爲郡縣君，[27]宗從舅氏，頒賜各有差。轉太僕。[28]從于謹破江陵，[29]增邑千戶，進位大將軍。[30]擊曲沔蠻，[31]破之，授原州刺史，[32]拜嫡子惇爲儀同三司。[33]穆以二兄賢、遠並爲佐命功臣，[34]而子弟布列清顯，穆深懼盈滿，辭不受拜。太祖不許。俄遷雍州刺史，[35]兼小冢宰。[36]周元年，[37]增邑三千戶，通前三千七百戶。又別封一子爲升遷伯。穆讓兄子孝軌，[38]許之。

[1]隴西：郡名。治所在今甘肅隴西縣東南。隋開皇三年（583）改置渭州，大業三年（607）復爲隴西郡。 成紀：縣名。治所在今甘肅靜寧縣西南治平河西岸。

[2]騎都尉：官名。秦末漢初爲統領騎兵之武職，無員，無固定職掌，不統兵時爲侍衛武官。後又有領三輔胡越騎、監河堤事者。因親近皇帝，多以侍中兼任。 陵：人名。即李陵，字少卿，西漢李廣孫。善騎射，漢武帝時爲建章監，拜騎都尉，隨李廣利出征匈奴，兵敗而降。居匈奴二十餘年，病死。事見《史記》一〇九《李將軍列傳》、《漢書》卷五四《李廣傳》。

[3]匈奴：古族名。亦稱胡，公元前三世紀前後興起於大漠南北，西漢時常南下侵擾中原，武帝後勢力逐漸衰落。傳見《史記》卷一一〇、《漢書》卷九四、《後漢書》卷八九。

[4]北狄：古代北方少數民族的統稱。

[5]魏：即北魏（386—557）。初都平城（今山西大同市東北），公元494年遷都洛陽（今河南洛陽市東北白馬寺東）。公元534年分裂爲東魏和西魏兩個政權。東魏（534—550）都於鄴（今河北臨漳縣西南鄴鎮東），西魏（535—557）都於長安（今陝西西安市西北郊）。

[6]汧、隴：地區名。汧，即汧山，在陝西隴縣西南。隴，即隴山，在陝西隴縣。汧、隴泛指今陝西千河流域隴縣、千陽縣一帶。

[7]斌：人名。即李斌。隴西成紀人。父李富，北魏時征討兩山屠各，歿於陣。李斌襲領其父兵，鎮於高平。事見《周書》卷二五《李賢傳》。

[8]都督：官名。三國魏始置，稱都督諸州軍事，領駐在州刺史，兼理民政。無固定品級，多帶將軍名號。晋、南北朝沿置，爲地方軍政長官，分使持節、持節、假節三種，職權各有不同。　高平：郡名。北魏正光五年（524）置，治所在今寧夏固原市。

[9]司空：官名。三公之一。北朝、隋爲名譽宰相，多爲大臣加官，無實際職掌。北周，正七命；隋，正一品。

[10]周太祖：北周皇帝宇文泰的廟號。紀見《周書》卷一、《北史》卷九。

[11]委質：本意爲向君主獻禮，表示獻身。引申爲臣服、歸附。

[12]統軍：官名。北魏時爲統兵武官，位在軍主之上，別將之下，其地位相當於南朝的軍主。

[13]永熙：北魏孝武帝元脩年號（532—534）。

[14]魏武帝：即北魏孝武帝元脩。紀見《魏書》卷一一、《北史》卷五。

[15]縣子：爵名。西魏時置爲十一等爵的第九等。正六命。

[16]邑：即食邑。受封者所享有的封地，因收其租稅而食，而稱之爲食邑。亦稱爲采邑。春秋時晋國將縣邑分封給大夫，作爲俸禄形式。漢初，諸侯王、列侯對其封邑還享有一定的行政管理權，景帝後逐漸被剥奪，僅可斂取封邑内民户的租稅，數量按户數多少計算，食邑隨爵位黜升而損益，亦得世襲。魏晋南北朝沿置，其制大抵是受封者分成食封户所納租稅，其邑可在本封邑内，亦可不在本封邑。北魏王公侯伯子男開國食邑者，王食半，公三分食一，侯

伯四分食一，子男五分食一。自三國魏始，有些爵位是虚封的，有爵位但不食租，没有食邑。需加“真食”名號纔得食租。

［17］伯：爵名。即縣伯。西魏時置爲十一等爵的第八等。正七命。

［18］齊：即北齊（550—577），都鄴（今河北臨漳縣西南）。芒山：在今河南永城市東北。

［19］詈：責罵。

［20］關中：地區名。所指地區不一，大約相當於今河南靈寶市及其以西陝西關中盆地和丹江流域，並包括今甘肅隴山以東、寧夏固原縣以南地區。

［21］武衛將軍：官名。北齊時爲左、右衛府次官，佐左、右衛將軍掌宫禁宿衛，西魏亦置。　儀同三司：官名。三司即三公，儀同三司謂“開府之儀制援引三公成例”。西魏時光禄大夫以上並得儀同三司。

［22］安武郡公：爵名。西魏置爲十一等爵的第五等。正九命。

［23］鐵券：即鐵契。古代皇帝頒賜功臣授以世代享受某種特權的憑證。爲漢高祖所創。鐵製的契券上用丹砂書寫誓詞，從中剖開，朝廷和受賜者各保存一半。

［24］開府：官名。即開府儀同三司，西魏置爲勳官。九命。北周建德四年（575）改爲開府儀同大將軍。

［25］侍中：官名。西漢時置，爲列侯以下至郎中的加官，無定員。掌侍皇帝左右，出入宫禁。初僅伺應雜事，由於近在帝側，魏晋南北朝時其地位漸趨尊崇，爲實際上的宰相。

［26］驄（cōng）馬：青白色相間的馬。

［27］郡縣君：命婦封號。西魏時多封皇后之母、妻或郡公之妻。

［28］太僕：官名。西魏時掌供天子輿馬，傳達王命。

［29］于謹：人名。傳見《周書》卷一五，《北史》卷二三有附傳。　江陵：縣名。治所在今湖北江陵縣。

[30]大將軍：官名。西魏時置爲府兵專職統帥，凡十二人，各
領一軍，分隸六柱國大將軍，下統開府、儀同諸將軍。爲勳官第四
等，正九命。

[31]曲沔蠻：少數民族名。具體未詳。

[32]原州：治所在今寧夏固原市。 刺史：《周書》卷三〇、
《北史》卷五九《李穆傳》作“總管”。

[33]惇（dūn）：人名。即李惇，北周時人。事見《北史·李
穆傳》。

[34]賢、遠：皆人名。即李賢、李遠。北周時人。傳皆見《周
書》卷二五、《北史》卷五九。

[35]雍州：治所在今陝西西安市西北。

[36]小冢宰：官名。全稱爲小冢宰上大夫。西魏時置爲天官府
次官，佐大冢宰卿掌宮廷供奉、侍衛及全國財政收入、百官俸給等
事。正六命。

[37]周元年：即公元551年。西魏廢帝元欽此年即位，這一年
去年號，稱元年。

[38]孝軌：人名。即李孝軌。爲李穆兄李賢之子，隴西成紀
人。官至開府儀同大將軍、升遷縣伯。其事略見《周書》卷二五、
《北史》卷五九《李賢傳》。

　宇文護執政，[1]穆兄遠及其子植俱被誅，[2]穆當從
坐。[3]先是，穆知植非保家之主，每勸遠除之，遠不能
用。及遠臨刑，泣謂穆曰：“顯慶，吾不用汝言，以至
於此，將復奈何！”穆以此獲免，除名爲民，及其子弟
亦免官。植弟淅州刺史基，[4]當坐戮，穆請以二子代基
之命，護義而兩釋焉。未幾，拜開府儀同三司、直州刺
史，[5]復爵安武郡公。武成中，[6]子弟免官爵者悉復之。
尋除少保，[7]進位大將軍。[8]歲餘，拜小司徒，[9]進位柱

國,[10] 轉大司空。[11] 奉詔築通洛城。[12] 天和中,[13] 進爵申國公,[14] 持節綏集東境,[15] 築武申、旦郢、慈澗、崇德、安民、交城、鹿盧等諸鎮。建德初,[16] 拜太保。[17] 歲餘,出爲原州總管。[18] 數年,進位上柱國,[19] 轉并州總管。[20] 大象初,[21] 加邑至九千户,拜大左輔,[22] 總管如故。

[1]宇文護:人名。北周時人。傳見《周書》卷一一,《北史》卷五七有附傳。

[2]植:人名。即李植,北周時人。事見《周書》卷二五、《北史》卷五九《李遠傳》。

[3]從坐:即連坐,一人犯罪,他人連帶受罰的規定。戰國時秦國商鞅變法時所創,後代多沿用。

[4]淅州:"淅",底本、庫本作"浙"。中華本作"浙",中華本《北史》卷五九校勘記考"浙"應作"淅",從改。淅州,治所在今河南西峽縣北。　基:人名。即李基,北周時人。事見《周書》卷二五、《北史》卷五九《李遠傳》。

[5]直州:治所在今陝西石泉縣東南漢江西南岸石泉咀附近。

[6]武成:北周明帝宇文毓年號(559—560)。

[7]少保:官名。北周時爲大臣加官,位尊而無職司。正八命。

[8]大將軍:官名。北周時爲府兵專職統帥,凡十二人,各領一軍,分隸六柱國大將軍,下統開府、儀同諸將軍。爲勳官第四等,正九命。

[9]小司徒:官名。全稱爲小司徒上大夫,北周置爲地官府次官,佐大司徒卿掌民户、土地、賦役、教育、倉廩、關市及山澤漁獵等事。正六命。

[10]柱國:勳官名。全稱爲柱國大將軍,北魏太武帝置,以爲開國元勳長孫嵩的加官。孝莊帝因尒朱榮有擁立之功,特置以授

之，位在丞相上。西魏文帝以宇文泰有中興之功，又置此官授之。後凡屬功參佐命，望實俱重的，也得居之。自大統十六年（550）以前任此官的名義上有八人。但元欣以宗室任之，有名無實權，宇文泰爲統帥，其他六人分掌禁旅，各轄二大將軍。後功臣位至此官者愈多，遂成爲散秩，無所統御。北周武帝增置上柱國等官，並以上柱國大將軍爲勳官之首。柱國大將軍次之，正九命。

[11]大司空：官名。爲“大司空卿”的簡稱。西魏恭帝三年（556）仿《周禮》建六官，置大司空卿爲冬官府最高長官。掌邦事，以五材九範之徒佐皇帝富邦國；大祭司則灑掃；廟社四望，則奉豕牲。北周同。正七命。

[12]通洛城：地名。在今河南新安縣東。

[13]天和：北周武帝宇文邕年號（566—572）。

[14]申國公：爵名。北周置爲十一等爵的第四等。正九命。

[15]持節：亦稱使持節。漢朝官員奉使外出時，或由皇帝授予節杖，以提高其威權。魏、晋以後，凡重要軍事長官出征或出鎮時，加使持節，可誅殺二千石以下官員。皇帝派遣大臣出巡或祭吊等事時，也使持節，以表示權力和尊崇。　綏集：安撫籠絡。

[16]建德：北周武帝宇文邕年號（572—578）。

[17]太保：官名。北周時爲三公之一，正九命。

[18]總管：官名。東魏武定六年（548）始置。西魏也置。北周武成元年正式改都督諸州軍事爲總管，總管之設乃成定制。北周之制，總管加使持節諸軍事。總管或單任，然多兼帶刺史。故總管職權雖以軍事爲主，實際是一地區若干州、防（鎮）的最高軍政長官。

[19]上柱國：官名。北周置爲最高級勳官，正九命。

[20]并州：治所在今山西太原市西南。

[21]大象：北周静帝宇文闡年號（579—580）。

[22]大左輔：官名。北周大成元年（579）置四輔官（大前疑、大右弼、大左輔、大後承）。此爲其中之一，是主要執政大臣。

高祖作相，[1]尉迥之作亂也，[2]遣使招穆。穆鎖其
使，上其書。穆子士榮，[3]以穆所居天下精兵處，陰勸
穆反。穆深拒之，乃奉十三環金帶於高祖，[4]蓋天子之
服也。穆尋以天命有在，密表勸進。高祖既受禪，下詔
曰：“公既舊德，且又父黨，敬惠來旨，義無有違。便
以今月十三日恭膺天命。”俄而穆來朝，高祖降坐禮之，
拜太師，[5]贊拜不名，真食成安縣三千户。[6]於是穆子孫
雖在襁褓，悉拜儀同，[7]其一門執象笏者百餘人。[8]穆之
貴盛，當時無比。穆上表乞骸骨，[9]詔曰：“朕初臨宇
内，方藉嘉猷，[10]養老乞言，實懷虛想。七十致仕，本
爲常人。至若吕尚以期頤佐周，[11]張蒼以華皓相漢，[12]
高才命世，不拘恒禮，遲得此心，留情規訓。公年既耆
舊，筋力難煩，今勒所司，敬蠲朝集。[13]如有大事，須
共謀謨，别遣侍臣，就第詢訪。”

[1]高祖：隋文帝楊堅的廟號。紀見本書卷一、二，《北史》
卷一一。

[2]尉迥：人名。即尉遲迥。傳見《周書》卷二一、《北史》
卷六二。《魏書·官氏志》載北魏實行改姓之制，其中西方尉
遲氏改爲尉氏，但據《周書》卷二《文帝紀》載宇文泰於西魏恭帝元
年又改漢姓爲鮮卑姓，尉氏又由此而改回尉遲氏。此處仍沿用北魏
之制。

[3]士榮：人名。即李士榮。按，本卷下文記爲“榮”，《周
書》卷三〇《李穆傳》亦作“榮”，李穆長子惇，字士獻，或疑榮
爲其名。

[4]十三環金帶：一種帶鈎的皮腰帶。北周、隋時貴臣僅服九

環帶，十三環爲天子所服。《舊唐書・輿服志》："隋代帝王貴臣，多服……九環帶……天子朝服亦如之，惟帶加十三環，以爲差異。"

[5]太師：官名。隋三師之首。名爲訓導之官，與天子坐而論道，實無具體職權。多贈與德高望重的元老大臣爲榮譽銜，無其人則缺。正一品。

[6]成安縣：治所在今河南民權縣東北。

[7]儀同：官名。爲十一等勳官中的第八等。正五品上。大業三年罷。

[8]象笏：用象牙製成的板子，代表官員的品第較高。笏，古代君臣在朝廷上相見時手中所拿的狹長板子，按品第分別用玉、象牙或竹製成，以爲指畫及記事之用。

[9]乞骸骨：古代官吏自請退職，意謂使骸骨得歸葬故鄉。

[10]嘉猷：治國的好計劃。

[11]吕尚：即姜太公望。其事詳見《史記》卷三二《齊太公世家》。　期頤：百歲高壽。

[12]張蒼：人名。傳見《史記》九六。　華皓：鬚髮花白，指年老。

[13]蠲（juān）：除去，驅出，去掉。

時太史奏云，[1]當有移都之事。上以初受命，甚難之。穆上表曰：

帝王所居，隨時興廢，天道人事，理有存焉。始自三皇，暨夫兩漢，有一世而屢徙，無革命而不遷。曹、馬同洛水之陽，[2]魏、周共長安之内，[3]此之四代，蓋聞之矣。曹則三家鼎立，馬則四海尋分，有魏及周，甫得平定，事乃不暇，非曰師古。

[1]太史：官名。即太史令。掌天文曆法及修撰史書。隋初爲

太史曹（局）長官，隸秘書省。大業三年改名太史監令。從七品下。此處太史令爲庾季才，其傳見本書卷七八。（參見魏斌《關於周隋之際的洛陽經營》，《魏晋南北朝隋唐史資料》第20輯）

　　[2]曹、馬：代指魏、西晋。　　洛水：河名。一作雒水。即今河南洛河。

　　[3]魏、周：指北魏、北周。　　長安：縣名。治所在今陝西西安市西北。

　　往者周運將窮，禍生華裔，廟堂冠帶，屢覿姦回，[1]士有苞藏，[2]人稀柱石。四海萬國，皆縱豺狼，不叛不侵，百城罕一。伏惟陛下膺期誕聖，秉籙受圖，始晦君人之德，俯從將相之重。内翦群凶，崇朝大定，外誅巨猾，不日肅清。變大亂之民，成太平之俗，百靈符命，兆庶謳歌。幽顯樂推，日月填積，方屈箕、穎之志，[3]始順内外之請。自受命神宗，弘道設教，陶冶與陰陽合德，覆育共天地齊旨。萬物開闢之初，八表光華之旦，視聽以革，風俗且移。至若帝室天居，未議經刱，非所謂發明大造，光贊惟新。自漢已來，爲喪亂之地，爰從近代，累葉所都。未嘗謀龜問筮，[4]瞻星定鼎，[5]何以副聖主之規，表大隋之德？

　　[1]姦回：奸惡邪僻的人或事。

　　[2]苞藏：裏藏、隱藏。

　　[3]箕、穎：代指隱士。箕即箕子。又稱箕伯、箕仁。商紂之諸父，一說爲庶兄。商紂時任太師，因紂王淫亂暴虐，屢諫不聽，乃披髮裝瘋爲奴。周武王破商後被釋。穎指堯時的隱士許由，隱於沛澤，堯聞其賢，欲以天下讓之，而逃於穎水之陽箕山下。堯又欲

召其爲九州長，不願聞，洗耳於潁水之濱。

　　[4]謀龜問筮：問卜、求卜。

　　[5]瞻星定鼎：瞻星，觀星。定鼎，舊傳禹鑄九鼎，以象九州，歷商至周，作爲傳國重器，置於國都。因稱定立國都爲“定鼎”。

　　竊以神州之廣，福地之多，將爲皇家興廟建寢，上玄之意，[1]當別有之。伏願遠順天人，取決卜筮，時改都邑，光宅區夏。[2]任子來之民，垂無窮之業，應神宮於辰極，[3]順和氣於天壤，理康物阜，永隆長世。臣日薄桑榆，位高軒冕，[4]經邦論道，自顧缺然。丹赤所懷，無容噤默。[5]

　　[1]上玄：上天。
　　[2]區夏：諸夏之地，指華夏、中國。
　　[3]辰極：北斗。
　　[4]軒冕：指國君或地位顯貴者。
　　[5]噤默：指緘默不語。

　　上素嫌臺城制度迮小，[1]又宮內多鬼妖，蘇威嘗勸遷，[2]上不納。遇太史奏狀，意乃惑之。至是，省穆表，上曰：“天道聰明，已有徵應，太師民望，復抗此請，[3]則可矣。”遂從之。

　　[1]臺城：禁城。　迮（zé）：狹窄。
　　[2]蘇威：人名。傳見本書卷四一，《北史》卷六三有附傳。
　　[3]抗：進呈。

歲餘，下詔曰："禮制凡品，不拘上智，法備小人，不防君子。太師、上柱國、申國公，器宇弘深，風猷遐曠，社稷佐命，公爲稱首，位極帥臣，才爲人傑，萬頃不測，百鍊彌精。乃無伯玉之非，[1]豈有顏回之貳，[2]故以自居寥廓，弗關憲網。然王者作教，惟旌善人，去法弘道，示崇年德。自今已後，雖有愆罪，[3]但非謀逆，縱有百死，終不推問。"

[1]伯玉：人名。即蘧伯玉。春秋末衛國大夫，以賢德聞名於諸侯。

[2]顏回：人名。孔子七十二弟子之一，以德行著稱。

[3]愆罪：罪過、罪惡。

開皇六年薨于第，[1]年七十七。遺令曰："吾荷國恩，年宦已極，啓足歸泉，無所復恨。竟不得陪玉鑾於岱宗，[2]預金泥於梁甫，[3]眷眷光景，其在斯乎！"詔遣黃門侍郎監護喪事，[4]賵馬四匹，[5]粟麥二千斛，布絹一千匹。贈使持節、冀定趙相瀛毛魏衛洛懷十州諸軍事、冀州刺史。[6]諡曰明。[7]賜以石椁、前後部羽葆鼓吹、輼輬車。[8]百僚送之郭外。詔遣太常卿牛弘賫哀册，[9]祭以太牢。[10]孫筠嗣。

[1]開皇：隋文帝楊堅年號（581—600）。

[2]岱宗：泰山。

[3]金泥：以水銀和金粉爲泥，作封印之用。　梁甫：山名。泰山下的一座小山，在今山東新泰市西。古代皇帝常在此山辟基祭

奠山川。

[4]黄門侍郎：官名。隋初於門下省置給事黄門侍郎，是門下省長官納言之副職，協助納言參議政令的制定。置四員，正三品。

[5]賵（fèng）：贈送車馬束帛等以助葬。

[6]冀定趙相瀛毛魏衛洛懷十州諸軍事：冀，州名。治所在今河北冀州市。定，州名。治所在今河北定州市。趙，州名。治所今河北隆堯縣東。相，州名。治所在今河南安陽市南。瀛，州名。治所在今河北河間市。毛，州名。治所在今河北館陶縣。魏，州名。治所在今河北大名縣東北。衛，州名。治所在今河南淇縣。懷，州名。治所在今河南沁陽市。諸軍事，官名。全稱都督中外諸軍事。總統禁衛軍、地方軍在内的内外諸軍，爲全國最高軍事統帥。一般祇有特殊權臣就任，不常置。多以他官兼任，無品階。

[7]謚：古人死後依其生前行迹而爲之立特定稱號的行爲。帝王的謚號一般由禮官議上；臣下的謚號由朝廷賜予。一般文人學士或隱士的謚號，則由其親友、門生或故吏所加，稱爲私謚。與朝廷頒賜不同。

[8]羽葆：古時葬禮儀仗的一種，以鳥羽聚於柄頭如蓋。　鼓吹：演奏樂曲的樂隊。　輼輬車：古代的臥車，亦用做喪車。

[9]太常卿：官名。太常寺長官，掌國家禮樂、郊廟社稷祭祀等事，總轄郊社、太廟等十一署。置一員，正三品。　牛弘：人名。傳見本書卷四九、《北史》卷七二。　哀册：亦作“哀策”。古代頌揚帝王、后妃生前功德的韻文，多書於玉石木竹之上。行葬禮時，由太史令讀後，埋於陵中。

[10]太牢：古代祭祀，牛羊豕三牲皆備稱爲太牢。

筠父惇，字士獻，穆長子也。仕周，[1]官至安樂郡公、鳳州刺史，[2]先穆卒。筠幼以穆功，拜儀同。[3]開皇八年，以嫡孫襲爵。仁壽初，[4]叔父渾忿其恡嗇，陰遣兄子善衡賊殺之。[5]求盜不獲，高祖大怒，盡禁其親族。初，筠與從父弟瞿曇有隙，[6]時渾有力，遂證瞿曇殺之。瞿曇竟坐斬，而善衡獲免。四年，議立嗣。邳公蘇威奏筠不義，[7]骨血相殺，請絕其封。上不許。惇弟怡，官至儀同，早卒，贈渭州刺史。[8]

[1]周：即北周（557—581），都於長安（今陝西西安市西北郊）。

[2]安樂郡公：爵名。北周置爲十一等爵的第五等。正九命。鳳州：治所在今陝西鳳縣東北鳳州鎮。

[3]儀同：官名。北周府兵制中儀同府長官加此名，爲散實官。九命。

[4]仁壽：隋文帝楊堅年號（601—604）。

[5]善衡：人名。即李善衡。與李敏、李渾等人交好，相與議論政事，爲宇文述所告。事見《北史》卷五九《李賢傳》。

[6]瞿曇：人名。即李瞿曇。隋時人，其事不詳。

[7]邳公：爵名。即邳國公，隋九等爵的第三等。從一品。

[8]渭州：治所在今甘肅隴西縣東南。

怡弟雅，少有識量。周保定中，[1]屢以軍功封西安縣男，[2]拜大都督。[3]天和中，從元定征江西，[4]時諸軍失利，遂没於陳。[5]後得歸國，拜開府儀同三司，領左、右軍。[6]其年，從太子西征吐谷渾，[7]雅率步騎二千，督軍糧於洮河，[8]爲賊所躡，相持數日。雅患之，遂與僞和，虜備稍解，縱奇兵擊破之。賜奴婢百口，封一子爲侯。[9]後拜齊州刺史，[10]俄徵還京。數載，授瀛州刺史。高祖作相，鎮靈州以備胡。[11]還授大將軍，遷荊州總管，[12]加邑八百户。開皇初，進爵爲公。[13]

[1]保定：北周武帝宇文邕年號（561—565）。

[2]西安縣男：爵名。北周置爲十一等爵的第十等。正五命。

[3]大都督：官名。原爲高級軍事長官之職。北周初規定授柱國大將軍、開府、儀同等官號者，並加使持節、大都督名義，後改都督諸州軍事爲總管，大都督與都督遂成爲没有實際職權的勳官。

[4]元定：人名。北周時人。傳見《周書》卷三四、《北史》卷六九。　江西：地區名。隋、唐以前，習慣上稱長江下游北岸、淮水以南爲江西。有時又稱長江以北包括中原地區在内爲江西。

[5]陳：即南朝陳（557—589），都於建康（今江蘇南京市）。

[6]領左、右軍：左、右軍之制乃西周始設，時置左、中、右軍，其統帥則簡稱左軍、中軍、右軍，北周改制，亦沿其制。如《周書》卷一七《若干惠傳》：“及戰，惠爲右軍，與中軍大破之，逐北數里，虜其步卒。齊神武兵乃萃於左軍，軍將趙貴等與戰不利，諸軍因之並退。”可見，左軍與右軍爲獨立軍隊，左右之間應以頓號斷開。

[7]太子：指北周宣帝宇文贇。紀見《周書》卷七、《北史》卷一〇。　吐谷（yù）渾：古族名。屬鮮卑族的一支，本居遼東，後遷至甘肅、青海一帶居住。傳見《晋書》卷九七、《宋書》卷九六、《魏書》卷一〇一、《周書》卷五〇、本書卷八三、《北史》卷九六。

[8]洮河：河名。爲甘肅黄河支流。

[9]侯：爵名。隋九等爵的第六等。正二品。

[10]齊州：治所在今山東濟南市。

[11]靈州：治所在今寧夏靈武市西南。

[12]荆州：治所在今河南鄧州市。

[13]公：爵名。即縣公，隋九等爵的第五等。從一品。

　　雅弟恒，官至鹽州刺史，[1]封陽曲侯。恒弟榮，官至合州刺史、長城縣公。[2]榮弟直，官至車騎將軍、歸政縣侯。[3]直弟雄，官至柱國、密國公、驃騎將軍。[4]雄弟渾，最知名。

　　[1]鹽州：治所在今陝西定邊縣。

　　[2]合州：治所在今重慶合川市。

　　[3]車騎將軍：官名。高級武官稱號。隋初置爲府兵制的中級將領，爲車騎府長官，置於驃騎府則爲次官。正五品上。　歸政縣侯：爵名。隋九等爵的第六等。正二品。

　　[4]密國公：爵名。隋九等爵的第三等。從一品。　驃騎將軍：官名。驃亦作票，爲高級武官稱號。隋因襲北周府兵制，改開府庶爲驃騎府，置驃騎將軍爲其長官，分駐各地，統領府軍，分屬十二府大將軍。大業三年隨府名變更而改名鷹揚郎將。正四品上。

　　渾字金才，穆第十子也。姿貌瓌偉，美鬚髯。起家周左侍上士。[1]尉迥反於鄴，[2]時穆在并州，高祖慮其爲迥所誘，遣渾乘驛往布腹心。穆遽令渾入京，奉熨斗於高祖，[3]曰：“願執威柄以熨安天下也。”高祖大悦。又遣渾詣韋孝寬所而述穆意焉。[4]適遇平鄴，以功授上儀同三司，[5]封安武郡公。開皇初，進授象城府驃騎將軍。[6]晉王廣出藩，[7]渾以驃騎領親信，[8]從往揚州。[9]仁壽元年，從左僕射楊素爲行軍總管，[10]出夏州北三百里，[11]破突厥阿勿俟斤於納遠川，[12]斬首五百級。進位大將軍，[13]拜左武衛將軍，[14]領太子宗衛率。[15]

　　[1]左侍上士：官名。北周置爲天官府宮伯中大夫屬官。與右

侍上士共同負責皇帝寢宮安全，皇帝臨朝及出行時亦隨侍左右，多作爲起家官。正三命。

〔2〕鄴：地名。治所在今河南安陽市。

〔3〕熨斗：燙平衣物的金屬器具。舊時構造形似斗，中燒木炭。

〔4〕韋孝寬：人名。北周時人。傳見《周書》卷三一、《北史》卷六四。

〔5〕上儀同三司：官名。北周時用以酬勤勞，無實際職掌。正九命。

〔6〕象城：縣名。治所在今河北隆堯縣東。

〔7〕晋王廣：即隋煬帝楊廣。紀見本書卷三、四，《北史》卷一二。

〔8〕驃騎：驃騎將軍的簡稱。

〔9〕揚州：治所在今江蘇南京市。隋開皇九年改爲蔣州，大業初廢。按，"揚"底本作"楊"，庫本、中華本作"揚"，本書《煬帝紀》記楊廣曾出任揚州總管。從改。

〔10〕左僕射：官名。全稱爲尚書左僕射。隋尚書省置左右僕射各一人，地位僅次於尚書令。由於隋代尚書令不常置，僕射成爲尚書省實際長官，是宰相之職。從二品。　楊素：人名。傳見本書卷四八，《北史》卷四一有附傳。　行軍總管：官名。隋沿襲北周而置，本爲臨時設置，隋則逐漸過渡爲地方行政長官，或掌一道軍政，或領數道。又有大總管、總管之分。

〔11〕夏州：治所在今陝西靖邊縣東北白城子。

〔12〕突厥：古族名、國名。廣義包括突厥、鐵勒諸部落，狹義專指突厥。公元六世紀時游牧於金山（今阿爾泰山）以南，因金山形似兜鍪，俗稱"突厥"，遂以名部落。西魏廢帝元年（552），土門自號伊利可汗，建立突厥汗國，後分裂爲西突厥、東突厥兩個汗國。傳見本書卷八四、《北史》卷九九、《舊唐書》卷一九四、《新唐書》卷二一五。　阿勿俟斤：人名。其事可參見本書卷八四《突厥傳》。又中華本校勘記："本書《突厥傳》作'阿勿思力俟斤'。"

納遠川：河名。一名駝駝港。即今内蒙古鄂托克旗西黄河支流都斯圖河。

[13]大將軍：官名。隋初沿北周置爲勳官號，煬帝時廢。

[14]左武衛將軍：官名。全稱爲左武衛大將軍。隋文帝設左右武衛，各置大將軍一人。掌領外軍宿衛宮禁。正三品。

[15]太子宗衛率：官名。隋時掌統宗人侍衛太子，左、右各一員。大業三年改爲太子左、右武侍率。正四品上。

初，穆孫筠卒，高祖議立嗣，渾規欲紹之，[1]謂其妻兄太子左衛率宇文述曰：[2]“若得襲封，當以國賦之半每歲奉公。”述利之，因入白皇太子曰：“立嗣以長，不則以賢。今申明公嗣絶，徧觀其子孫，皆無賴，不足以當榮寵。唯金才有勳於國，謂非此人無可以襲封者。”太子許之，竟奏高祖，封渾爲申國公，以奉穆嗣。大業初，[3]轉右驍衛將軍。[4]六年，有詔追改穆封爲郕國公，[5]渾仍襲焉。累加光禄大夫。[6]九年，遷右驍衛大將軍。[7]

[1]紹：承繼。

[2]太子左衛率：官名。太子東宮有左、右衛率各一人，掌東宮禁衛。正四品。　宇文述：人名。傳見本書卷六一、《北史》卷七九。

[3]大業：隋煬帝楊廣年號（605—618）。

[4]右驍衛將軍：官名。隋大業三年改右備身府爲右驍衛，佐大將軍總府事，並統諸鷹揚府。從三品。

[5]郕國公：爵名。煬帝大業三年廢除九等爵，僅保留王、公、侯三等爵位。公爲第二等，從一品。

[6]光禄大夫：散實官名。煬帝大業三年廢特進，改置光禄大夫等九大夫。從一品。

[7]右驍衛大將軍：官名。右驍騎衛府最高長官。職掌宿衛。置一員，正三品。

渾既紹父業，日增豪侈，後房曳羅綺者以百數。二歲之後，不以俸物與述。述大恚之，因醉，乃謂其友人于象賢曰：[1]“我竟爲金才所賣，死且不忘！”渾亦知其言，由是結隙。後帝討遼東，[2]有方士安伽陀，[3]自言曉圖讖，謂帝曰：“當有李氏應爲天子。”勸盡誅海内凡姓李者。述知之，因誣構渾於帝曰：“伽陀之言，信有徵矣。臣與金才夙親，聞其情趣大異。常日數共李敏、善衡等，日夜屛語，或終夕不寐。渾大臣也，家代隆盛，身捉禁兵，不宜如此。願陛下察之。”帝曰：“公言是矣，可覓其事。”述乃遣武賁郎將裴仁基表告渾反，[4]即日發宿衛千餘人付述，[5]掩渾等家，遣左丞元文都、御史大夫裴蘊雜治之。[6]案問數日，不得其反狀。以實奏聞。帝不納，更遣述窮治之。述入獄中，召出敏妻宇文氏謂之曰：[7]“夫人，帝甥也，何患無賢夫！李敏、金才，名當妖讖，國家殺之，無可救也。夫人當自求全，若相用語，身當不坐。”敏妻曰：“不知所出，惟尊長教之。”述曰：“可言李家謀反，金才嘗告敏云：‘汝應圖籙，當爲天子。今主上好兵，勞擾百姓，此亦天亡隋時也，正當共汝取之。若復度遼，吾與汝必爲大將，每軍二萬餘兵，固以五萬人矣。又發諸房子姪，内外親婭，並募從征。吾家子弟，決爲主帥，分領兵馬，散在諸軍，伺候間隙，首尾相應。吾與汝前發，襲取御營，子弟響起，各殺軍將。一日之間，天下足定矣。’”述口自傳授，令敏妻寫表，封云上密。述持入奏之，曰：“已得金才反狀，并有敏妻密表。”帝覽之泣曰：“吾宗社幾傾，賴親家公而獲全耳。”於是誅渾、敏等宗族三十二人，自餘無少長，皆徙嶺外。[8]

〔1〕于象賢：人名。北周大臣于謹孫。其事略見《周書》卷一五《于寔傳》。

〔2〕遼東：地區名。泛指今遼寧遼河以東地區。

〔3〕安伽陀：人名。其事不詳。

〔4〕武賁郎將：官名。隋煬帝大業三年改革官制，十二衛每衛置護軍四人，爲將軍副貳，不久又改護軍名武賁郎將。正四品。裴仁基：人名。傳見本書卷七〇、《北史》卷三八。

〔5〕宿衛：在皇城值宿警衛。

〔6〕左丞：官名。全稱爲尚書左丞。隋時爲尚書省官員，二丞輔佐尚書令、尚書僕射理尚書省政事，左丞位在右丞之上。從四品。　元文都：人名。傳見本書卷七一。　御史大夫：官名。隋時爲御史臺長官，職掌國家刑憲典章之政令，司彈劾糾察百官等。置一員。從三品。　裴蘊：人名。傳見本書卷六七、《北史》卷七四。

〔7〕宇文氏：即宇文峨英。

〔8〕嶺外：地區名。即嶺南。

渾從父兄威，開皇初，以平蠻功，官至上柱國、黎國公。[1]

〔1〕黎國公：爵名。隋初九等爵的第三等。從一品。

詢字孝詢。父賢，周大將軍。詢沉深有大略，頗涉書記。仕周納言上士，[1]俄轉内史上士，[2]兼掌吏部，[3]以幹濟聞。建德三年，武帝幸雲陽宫，[4]拜司衛上士，[5]委以留府事。周衛王直作亂，[6]焚肅章門，[7]詢於内益火，[8]故賊不得入。帝聞而喜之，[9]拜儀同三司，遷長安令。[10]累遷英果中大夫。[11]屢以軍功，加位大將軍，賜爵平高郡公。

[1]納言上士：官名。北周時置爲天官府納言中大夫屬官，負責皇帝出入侍從，以及大祭祀時盥漱授巾。正三命。

[2]内史上士：官名。全稱爲小内史上士。北周時置爲春官府内史上大夫屬官，負責綸誥等事，並參與對刑罰爵賞、軍國事務的商議。正三命。

[3]吏部：官署名。隸屬尚書省，爲尚書省六曹之首，掌文武官吏任免、考選、封爵之政令。

[4]武帝：即北周武帝宇文邕。紀見《周書》卷五、六，《北史》卷一〇。　雲陽宮：別宮名。在今陝西涇陽縣西北。

[5]司衛上士：官名。東宮官屬左右司衛上大夫屬官。正三命。

[6]直：人名。即宇文直，北周時人。傳見《周書》卷一三、《北史》卷五八。

[7]肅章門：宮門名。位於今陝西西安市城區北部唐太極宮城内。

[8]益："溢"的古字，淹滅。

[9]喜：庫本、中華本作"善"。

[10]令：官名。即縣令。北周時爲縣級行政機構長官。品位隨所管區域户數大小自五命至三命不等。

[11]英果中大夫：官名。職掌不詳。北周時爲正五命。

高祖爲丞相，尉迥作亂，遣韋孝寬擊之，以詢爲元
帥長史，[1]委以心膂。[2]軍至永橋，[3]諸將不一，詢密啓
高祖，請重臣監護。高祖遂令高熲監軍，[4]與熲同心協
力，唯詢而已。及平尉迥，進位上柱國，改封隴西郡
公，賜帛千匹，加以口馬。[5]

[1]元帥：官名。全稱爲行軍元帥。出征軍的統帥名。北周時
領一道或數道行軍總管征戰，根據需要臨時任命，事罷則廢。　長
史：官名。魏晉南北朝時王府、公府及諸大將軍位從公者多置，掌
府事，爲文職上佐，職任類似於總管。多以世族子弟爲之。

[2]膂：脊梁骨。

[3]永橋：橋名。位於今河南武陟縣西南。

[4]高熲：人名。傳見本書卷四一、《北史》卷七二。

[5]口馬：口北出的馬，泛指良馬。

開皇元年，引杜陽水灌三畤原，[1]詢督其役，民賴
其利。尋檢校襄州總管事，[2]歲餘，拜隰州總管。[3]數
年，以疾徵還京師，中使顧問不絶。卒於家，時年四十
九，上悼惜者久之。謚曰襄。有子元方嗣。[4]

[1]杜陽水：河名。亦名杜水、漆水河。源出今陝西麟游縣西
北杜山，南流折東經縣南，東會武甲水。　三畤原：地名。在今陝
西武功縣西北。按，底本、庫本“畤”作“趾”。中華本校勘記
記：“‘畤’原作‘趾’。據本書《高祖紀上》，又《元暉傳》改。”
今從改。

[2]檢校：官制用語。謂代理，即尚未實授某官業已掌其職事
之謂。　襄州：治所在今湖北襄樊市。

[3]隰州：隋開皇五年以西汾州改名，治所在今山西隰縣。

[4]元方：人名。即李元方。其事不詳。

崇字永隆，英果有籌算，膽力過人。周元年，以父賢勳，封迴樂縣侯。[1]時年尚小，拜爵之日，親族相賀，崇獨泣下。賢怪而問之，對曰：“無勳於國，而幼少封侯，當報主恩，不得終於孝養，是以悲耳。”賢由此大奇之。起家州主簿，[2]非其所好，辭不就官，求爲將兵都督。[3]隨宇文護伐齊，以功最，擢授儀同三司。尋除小司金大夫，[4]治軍器監。[5]建德初，遷少侍伯大夫，[6]轉少承御大夫，[7]攝太子宮正。[8]周武帝平齊，引參謀議，以勳加授開府，封襄陽縣公，[9]邑一千户。尋改封廣宗縣公，轉太府中大夫，[10]歷工部中大夫，[11]遷右司馭。[12]

[1]迴樂縣侯：爵名。北周置爲十一等爵的第七等。正八命。

[2]州：地方行政區劃。周代爲王畿六鄉所屬。春秋時齊國沿置，爲鄉屬行政單位。秦、漢爲監察郡國行政而置，後成爲地方行政單位。　主簿：官名。北周時中央及州郡官府均置，典領文書簿籍，經辦事務。

[3]將兵都督：官名。具體職掌不詳，或爲臨時性軍職。

[4]小司金大夫：官名。全稱爲小司金下大夫。北周時置爲冬官府司金中大夫的副貳，負責金屬冶煉事務。正四命。

[5]軍器監：官署名。北周時負責兵器甲弩製造。

[6]少侍伯大夫：官名。亦稱小侍伯下大夫。北周時置，職任不詳。正四命。

[7]少承御大夫：官名。亦稱小承御下大夫。北周時置，侍衛

皇帝左右。正四命。

[8]攝：代理、兼職。長官兼理部屬職責，低級官員代行較高職權，均可稱攝。 太子宮正：官名。北周時置，東宮屬官，分置左、右，掌匡正輔弼太子。

[9]襄陽縣公：爵名。北周置爲十一等爵的第六等。"命數未詳，非正九命則當是九命"（參見王仲犖《北周六典》卷八《封爵第十九》，中華書局 1979 年版，第 548 頁）。

[10]太府中大夫：官名。北周時置，屬天官府，掌貢賦貨賄，以供國用。正五命。

[11]工部中大夫：官名。北周時置，屬冬官府，掌繕修功作鹽池園苑。正五命。

[12]右司馭：官名。亦稱司馭中大夫。北周時置，職掌不詳。正五命。

　　高祖爲丞相，遷左司武上大夫，[1]加授上開府儀同大將軍。[2]尋爲懷州刺史，進爵郡公，加邑至二千戶。尉迴反，遣使招之。崇初欲相應，後知叔父穆以并州附高祖，慨然太息曰："合家富貴者數十人，值國有難，竟不能扶傾繼絕，復何面目處天地間乎！"韋孝寬亦疑之，與俱臥起。其兄詢時爲元帥長史，[3]每諷諭之，崇由是亦歸心焉。及破尉惇，[4]拜大將軍。既平尉迴，授徐州總管，[5]尋進位上柱國。

[1]左司武上大夫：官名。北周時置。正六命。中華點校本《唐六典》卷二八太子左右衛率府條下注："後軸東宮官員有司戎、司武、司衛之類。"以爲左司武上大夫爲東宮之屬，王仲犖以爲誤。其據《通鑑》卷一七一《陳紀》太建六年秋七月條胡三省注："周

建六官，已有大司馬，司武蓋其屬也。”推測北周武帝在建德之初改夏官府武伯大夫爲司武大夫。（參見王仲犖《北周六典》卷七《六官餘録第十三》，第505頁）

〔2〕上開府儀同大將軍：官名。北周時置勳官，位在開府儀同大將軍上。主要授予有軍勳的功臣及北齊降官，無具體職掌。初任此職者加使持節、大都督、驃騎大將軍、侍中。大象元年罷此制，唯任總管、刺史及行兵者加持節。九命。

〔3〕兄：中華本校勘記云：“據《周書》卷二五《李賢傳》，詢爲崇弟。”具體考證可參見《周書》卷二五《李賢傳》中華本校勘記。

〔4〕尉惇：人名。即尉遲惇，尉遲迥之子。事見《周書》卷二一、《北史》卷六二《尉遲迥傳》。

〔5〕徐州：治所在今江蘇徐州市。

開皇三年，除幽州總管。[1]突厥犯塞，崇輒破之。奚、霫、契丹等憚其威略，[2]爭來內附。其後突厥大爲寇掠，崇率步騎三千拒之，轉戰十餘日，師人多死，遂保於砂城。[3]突厥圍之。城本荒廢，不可守禦，曉夕力戰，又無所食，每夜出掠賊營，復得六畜，以繼軍糧。突厥畏之，厚爲其備，每夜中結陣以待之。崇軍苦飢，出輒遇敵，死亡略盡，遲明奔還城者，尚且百許人。然多傷重，不堪更戰。突厥意欲降之，遣使謂崇曰：“若來降者，封爲特勤。”[4]崇知必不免，令其士卒曰：“崇喪師徒，罪當死，今日效命以謝國家。待看吾死，且可降賊，方便散走，努力還鄉。若見至尊，道崇此意。”乃挺刃突賊，復殺二人。賊亂射之，卒于陣，年四十八。贈豫郕申永滄亳六州諸軍事、豫州刺史，[5]謚曰壯。

子敏嗣。

[1]幽州：治所在今北京城西南。

[2]奚：古族名。分布在今内蒙古西拉木倫河流域。南北朝時稱庫莫奚，隋唐時稱奚，以游牧爲生，後漸與契丹人同化。傳見本書卷八四、《魏書》卷一〇〇、《北史》卷九四、《舊唐書》卷一九九下、《新唐書》卷二一九。　霫：古族名。隋唐時在今西拉木倫河以北，以射獵爲生，風俗與契丹略同。傳見《舊唐書》卷一九九下。　契丹：古族名。源於東胡。居今遼河上游西拉木倫河一帶，以游牧爲生。北魏時，自號契丹。唐末，迭剌部首領阿保機統一各部族，稱帝建遼國。傳見《舊唐書》卷一九九下。

[3]砂城：地名。方位不詳。

[4]特勤：官名。漢朝時譯爲狄銀、的斤、惕約等。爲突厥、回紇等汗國官名，多由可汗子弟擔任，地位僅次於葉護和設，祇統部落，不領兵馬。

[5]豫：州名。治所在今河南汝南縣。　郳：隋末設此州，疑有誤。　申：州名。治所在今河南信陽市。　永：州名。治所在今河南信陽市北長臺關西。　澮：州名。治所在今河南固始縣東北。　亳：州名。治所在今安徽亳州市。

敏字樹生。高祖以其父死王事，養宮中者久之。及長，襲爵廣宗公，起家左千牛。[1]美姿儀，善騎射，歌舞管絃，無不通解。開皇初，周宣帝后封樂平公主，[2]有女娥英，妙擇婚對，敕貴公子弟集弘聖宮者，[3]日以百數。公主親在帷中，並令自序，并試技藝。選不中者，輒引出之。至敏而合意，竟爲姻媾。敏假一品羽儀，[4]禮如尚帝之女。後將侍宴，公主謂敏曰："我以四海與至尊，唯一女夫，當爲汝求柱國。[5]若授餘官，汝慎無謝。”及進見上，上親御琵琶，遣敏歌舞。既而大悦，謂公主曰：“李敏何官？”對曰：“一白丁耳。”上因謂敏曰：“今授汝儀同。”敏不答。上曰：“不滿爾意邪？今授汝開府。”[6]敏又不謝。上曰：“公主有大功於我，我何得向其女婿而惜官乎！今授卿柱國。”敏乃拜而蹈舞。遂於坐發詔授柱國，以本官宿衛。後避諱，改封經城縣公，邑一千户。歷蒲、豳、金、華、敷州刺史，[7]多不莅職，常留京師，往來宮内，侍從游宴，賞賜超於功臣。後幸仁壽宫，[8]以爲岐州刺史。[9]

[1]左千牛：官名。全稱爲左千牛備身。屬左、右領左右府。正六品。東宮亦置，屬左、右内率。正七品。煬帝時改左、右領左右府爲左、右備身府，此職亦改稱千牛左右。

[2]周宣帝后：即楊麗華。傳見《周書》卷九、《北史》卷一四。

[3]弘聖宫：宫名。爲樂平公主所居。

[4]羽儀：儀仗中以羽毛裝飾的旌旗之類。

[5]柱國：官名。隋文帝因改後周之制形成十一等散實官，以酬勤勞。柱國是第二等，開府置府佐。正二品。

[6]開府：官名。全稱爲開府儀同三司，隋初置爲散官號，初爲正四品上，煬帝大業三年改爲從一品。

[7]蒲：州名。治所在今山西永濟市西南蒲州鎮。　豳：州名。治所在今陝西彬縣。大業三年廢。　金：州名。治所在今陝西安康市西北漢江北岸。大業三年廢。　華：州名。治所在今陝西華縣。
　敷州：治所在今陝西洛川縣東南鄜城。隋大業二年改爲鄜城郡，後改爲上郡。

[8]仁壽宮：宮名。爲隋文帝所建的離宮，在今陝西麟游縣。

[9]岐州：治所在今陝西鳳翔縣，大業三年改置扶風郡。

大業初，轉衛尉卿。[1]樂平公主之將薨也，遺言於煬帝曰："妾無子息，唯有一女。不自憂死，但深憐之。今湯沐邑，[2]乞迴與敏。"帝從之。竟食五千户，攝屯衛將軍。[3]楊玄感反後城大興，[4]敏之策也。轉將作監，[5]從征高麗，[6]領新城道軍將，[7]加光禄大夫。十年，帝復征遼東，遣敏於黎陽督運。[8]

[1]衛尉卿：官名。隋初設衛尉卿一人爲衛尉寺長官。正三品。開皇三年罷，其職分隸太常寺、尚書省。開皇十二年復置，但宮門屯兵歸屬監門衛，本寺唯掌軍器、儀仗、帳幕之事。煬帝降衛尉卿爲從三品。

[2]湯沐邑：指國君、皇后、公主等收取賦税的私邑。

[3]屯衛將軍：官名。隋煬帝大業三年改左、右領軍府爲左、右屯衛，各置二員。協助大將軍總府事，領諸鷹揚府。從三品。此處未詳爲左或右屯衛將軍。

[4]楊玄感：人名。傳見本書卷七〇，《北史》卷四一有附傳。

大興：城名。在今陝西西安市。隋開皇二年始築，三年遷都於此。

[5]將作監：官名。全稱爲將作大監。隋初襲北周制爲將作大匠，開皇二十年改寺爲監，長官亦改稱將作大監，大業三年改將作大匠，五年又改將作大監。職掌國家土木工程修建之政令。從三品。

[6]高麗：朝鮮歷史上的王朝。傳見《周書》卷四九、《隋書》卷八一、《北史》卷九四、《舊唐書》卷一九九上、《新唐書》卷二二〇。

[7]新城道：地名。今遼寧撫順市北。　軍將：一軍主帥的別稱。

[8]黎陽：倉名。在今河南浚縣西南。

時或言敏一名洪兒，帝疑“洪”字當讖，嘗面告之，冀其引決。敏由是大懼，數與金才、善衡等屏人私語。宇文述知而奏之，竟與渾同誅，年三十九。其妻宇文氏，後數月亦賜鴆而終。

梁睿

梁睿字恃德，安定烏氏人也。[1]父禦，[2]西魏太尉。[3]睿少沉敏，有行檢。周太祖時，以功臣子養宮中者數年。其後命諸子與睿游處，同師共業，情契甚歡。七歲，襲爵廣平郡公，累加儀同三司，[4]邑五百户。尋爲本州大中正。[5]魏恭帝時加開府，[6]改封爲五龍郡公，拜渭州刺史。周閔帝受禪，[7]徵爲御伯。[8]未幾，出爲中州刺史，[9]鎮新安，[10]以備齊。齊人來寇，睿輒挫之，帝甚嘉嘆。拜大將軍，進爵蔣國公，入爲司會。[11]後從齊王憲拒齊將斛律明月於雒陽，[12]每戰有功，遷小冢宰。武帝時，歷敷州刺史、涼安二州總管，[13]俱有惠政，進位柱國。

[1]安定：郡名。治所在今甘肅涇川縣北涇河北岸。隋開皇三年廢，大業三年復置。　烏氏：縣名。北魏末徙治今甘肅涇川縣東北，後廢。

[2]禦：人名。即梁禦。西魏北周時人。傳見《周書》卷一七、《北史》卷五九。

[3]西魏：535—557 年，都長安（今陝西西安市）。 太尉：官名。西魏時置爲三公之一，位於三師之下，多爲大臣加官，無實際職掌。正九命。

[4]儀同三司：官名。爲勳官、散官號，府兵制中儀同府長官加此名。九命。

[5]州大中正：官名。掌一州人物之品第，以爲吏部銓選之根據，並有委任州主簿及從事之權。西魏凡州一級皆稱州中正，大州之中正則稱州大中正。

[6]魏恭帝：西魏皇帝元廓的謚號。紀見《北史》卷五。

[7]周閔帝：北周皇帝宇文覺的謚號。紀見《周書》卷三、《北史》卷九。

[8]御伯：官名。北周改侍中爲御伯，設御伯中大夫、下大夫等官。保定四年，又改御伯爲納言。

[9]中州：北周保定五年移置，治今河南新安縣，建德六年廢。

[10]新安：縣名。在今河南新安縣。

[11]司會：官名。全稱爲司會中大夫，北周時置，爲天官府司會長官，下設司會上士、司會中士、司會旅下士等官屬。掌管全國財政。正五命。除中央外，北周曾先後於同州、并州、相州三處置司會。

[12]憲：人名。即宇文憲，北周時人。傳見《周書》卷一二、《北史》卷五八。 斛律明月：人名。即斛律光，明月爲其字。《北齊書》卷一七、《北史》卷五四有附傳。 雒陽：城名。在今河南洛陽市東北白馬寺東。

[13]敷州：治所在今陝西洛川縣東南鄜城。 涼：州名。治所在今甘肅武威市。 安：州名。治所在今湖北安陸市。

　　高祖總百揆，代王謙爲益州總管。[1]行至漢川而謙反，[2]遣兵攻始州，[3]睿不得進。高祖命睿爲行軍元帥，率行軍總管于義、張威、達奚長儒、梁昇、石孝義步騎二十萬討之。[4]時謙遣開府李三王等守通谷，[5]睿使張威擊破之，擒數千人，進至龍門。[6]謙將趙儼、秦會擁衆十萬，[7]據嶮爲營，周亙三十里。睿令將士銜枚出自間道，[8]四面奮擊，力戰破之。蜀人大駭，睿鼓行而進。謙將敬豪守劍閣，[9]梁巖拒平林，[10]並懼而來降。謙又令高阿那瓌、達奚惎等以盛兵攻利州。[11]聞睿將至，惎分兵據開遠。[12]睿顧謂將士曰：“此虜據要，欲遏吾兵勢，吾當出其不意，破之必矣。”遣上開府拓拔宗趣劍閣，[13]大將軍宇文𧲞詣巴西，[14]大將軍趙達水軍入嘉陵。[15]睿遣張威、王倫、賀若震、于義、韓相貴、阿那惠等分道攻惎，[16]自午及申，破之。惎奔歸于謙。睿進逼成都，[17]謙令達奚惎、乙弗虔城守，[18]親率精兵五萬，背城結陣。睿擊之，謙不利，將入城，惎、虔以城降，拒謙不内。謙將麾下三十騎遁走，新都令王寶執之。[19]睿斬謙于市，劍南悉平。[20]進位上柱國，總管如故。賜物五千段，奴婢一千口，金二千兩，銀三千兩，食邑千户。

　　[1]王謙：人名。傳見《周書》卷二一，《北史》卷六〇有附傳。　益州：治所在今四川成都市。

　　[2]漢川：地區名。泛指今陝西漢中平原。

　　[3]始州：治所在今四川劍閣縣。

　　[4]行軍總管：官名。北周時置爲一路兵馬的臨時統帥，事迄

則罷。遇重大軍事行動，則隸於行軍元帥。　于義：人名。傳見本書卷三九，《北史》卷二三有附傳。　張威：人名。傳見本書卷五五、《北史》卷七三。　達奚長儒：人名。傳見本書卷五三、《北史》卷七三。　梁昇：人名。其事不詳。　石孝義：人名。其事不詳。

　　[5]開府：官名。北周時爲府兵機構統兵官，府兵二十四軍各設一員，統兵二千人左右。　通谷：地名。一作大谷，在今河南洛陽市東南，接登封市界。

　　[6]龍門：地名。即禹門口，在今山西河津市西北，陝西韓城市東北黄河上，兩岸峭壁對峙如門。

　　[7]趙儼：人名。王謙部下，其事略見本書《張威傳》。　秦會：人名。王謙部下，其事不詳。

　　[8]銜枚：橫銜枚於口中，以防喧嘩或叫喊。枚，形如筷子，兩端有帶，可繫於頸上。

　　[9]敬豪：人名。其事不詳。　劍閣：地名。在今四川劍閣縣東北，其關地勢險要，爲古代戍守要地。

　　[10]梁巖：人名。其事不詳。　平林：縣名。治所在今湖北隨州市東北。

　　[11]高阿那瓌：人名。北周益州總管王謙部將，參與王謙叛亂。其事略見《周書·王謙傳》、本書卷三九《豆盧勣傳》。　達奚惎（jì）：人名。隋時人。事見《周書》卷一九、《北史》卷六五《達奚震傳》。　利州：治所在今四川廣元市。

　　[12]開遠：戍名。又名鍾會壘，在今四川劍閣縣東北。

　　[13]拓拔宗：人名。其事不詳。

　　[14]宇文夐（xiòng）：人名。其事不詳。　巴西：地名。即今四川綿陽市。

　　[15]趙達：人名。其事不詳。　嘉陵：地名。亦稱嘉陵館或嘉陵驛，在今四川南充市東北。

　　[16]王倫：人名。其事不詳。　賀若震：人名。其事不詳。

韓相貴：人名。其事不詳。　　阿那惠：人名。其事不詳。

　　[17]成都：縣名。北周時治所在今四川成都市。

　　[18]乙弗虔：人名。曾任總管長史，參與王謙叛亂，兵敗降隋，爲隋文帝所殺。其事略見《周書·王謙傳》、本書《豆盧勣傳》。

　　[19]新都：縣名，治所在今四川成都市新都區西。　　王寶：人名。其事不詳。

　　[20]劍南：地區名。泛指劍閣以南地區。

　　睿時威振西川，[1]夷、獠歸附，[2]唯南寧酋帥爨震恃遠不賓。[3]睿上疏曰："竊以遠撫長駕，[4]王者令圖，[5]易俗移風，有國恒典。南寧州，漢世牂柯之地，[6]近代已來，分置興古、雲南、建寧、朱提四郡。[7]户口殷衆，金寶富饒，二河有駿馬、明珠，[8]益寧出鹽井、犀角。[9]晋泰始七年，[10]以益州曠遠，分置寧州。[11]至僞梁南寧州刺史徐文盛，[12]被湘東徵赴荆州，[13]屬東夏尚阻，[14]未遑遠略。土民爨瓚遂竊據一方，[15]國家遥授刺史。其子震，相承至今。而震臣禮多虧，貢賦不入，每年奉獻，不過數十匹馬。其處去益，路止一千，朱提北境，即與戎州接界。[16]如聞彼人苦其苛政，思被皇風。伏惟大丞相匡贊聖朝，寧濟區宇，絶後光前，方垂萬代，闢土服遠，今正其時。幸因平蜀士衆，不煩重興師旅，押獠既訖，即請略定南寧。自盧、戎已來，[17]軍糧須給，過此即於蠻夷徵税，以供兵馬。其寧州、朱提、雲南、西爨，[18]並置總管州鎮。計彼熟蠻租調，[19]足供城防倉儲。一則以肅蠻夷，二則裨益軍國。今謹件南寧州郡縣及事意如別。有大都督杜神敬，[20]昔曾使彼，具所諳練，今并送往。"書未答，又請曰："竊以柔遠能邇，著自前經，拓土開疆，王者所務。南寧州，漢代牂柯之郡，其地沃壤，多是漢人，既饒寶物，又出名馬。今若往取，仍置州郡，一則遠振威名，二則有益軍國。其處與交、廣相接，[21]路乃非遙。漢代開此，本爲討越之計。[22]伐陳之日，復是一機，以此商量，決謂須取。"高祖深納之，然以天下初定，恐民心不安，故未之許。後竟遣史萬歲討平之，[23]並因睿之策也。

[1]西川：地區名。代指四川西部地區。

[2]夷：古代中原地區對中原以外各族的稱呼。　獠：古族名。即僚。分布在今廣東、廣西、湖南、四川、雲南、貴州等地區。

[3]南寧：州名。治所在今雲南曲靖市西。　酋帥：舊稱部落或叛亂者的首領。　爨（cuàn）震：人名。南朝梁時南寧州人，父爨瓚爲當地土著領袖，被湘東王蕭繹封爲南寧州刺史，爨瓚死後爨震繼任，對隋不賓，被隋文帝派史萬歲討平。事見《新唐書》卷二二二下《兩爨傳》。

[4]遠撫長駕：意即使居住在偏遠地方的人也能够不與中原隔絕。典出司馬相如賦"遠撫長駕，使疏逖不閉"。其文存於《史記》卷一一七《司馬相如列傳》。

[5]令圖：善謀，遠大的謀略。

[6]牂柯：漢郡名。治所在今貴州凱里市西北。

[7]興古：郡名。三國時蜀置，治所在今雲南硯山縣北維摩附近。南朝宋移治今雲南羅平縣境，齊移治今雲南文山縣境，梁末廢。　雲南：郡名。三國時蜀置，治所在今雲南姚安縣北。東晉移治今雲南祥雲縣東南雲南驛。南朝齊廢。　建寧：郡名。三國時蜀

置，治所在今雲南曲靖市西。南朝齊移治今雲南陸良縣境，梁廢。

朱提：郡名。東漢建安十九年（214）劉備改犍爲屬國置，治所在今雲南昭通市。南朝梁廢。

[8]二河：河名。即西二河，又名西洱河，葉榆澤，即今雲南西部洱海。

[9]益寧：縣名。南朝齊置，治所在今雲南昆明市馬街附近。

[10]晋：即西晋（265—316），都洛陽（今河南洛陽市東北白馬寺東）。　泰始：西晋武帝司馬炎年號（265—274）。泰，底本作“太”。考西晋年號無太始，又《晋書》卷三《武帝紀》記：“（泰始七年八月）分益州之南中四郡置寧州。”可知“太”乃“泰”之誤，因改。

[11]寧州：西晋泰始七年置，治所在今雲南晋寧縣東北晋城鎮，太康三年（282）廢，太安二年（303）復置。南朝宋移治今雲南曲靖市西，齊移治今雲南陸良縣境，梁復徙治曲靖市西，北周改名南寧州。

[12]梁：即南朝梁（502—557），都建康（今江蘇南京市）。

徐文盛：人名。南朝梁時人。傳見《梁書》卷四六、《南史》六四。

[13]湘東：此應指南朝梁元帝蕭繹。《通鑑》卷一七八《隋紀》開皇十七年春二月癸未條記：“文盛爲湘東王徵赴荊州。”其下胡三省注曰：“徵兵以討侯景。”據《梁書》卷五《文帝紀》，蕭繹曾擔任過湘東郡王、荊州刺史，從征侯景。由此可確定湘東即指蕭繹。蕭繹紀見《梁書》卷五、《南史》卷八。

[14]東夏：泛指中國古代東部。

[15]爨瓚：人名。南朝梁時南寧州人，當地土著領袖，被湘東王蕭繹封爲南寧州刺史。事見《新唐書·兩爨傳》。

[16]戎州：治所在今四川宜賓市。

[17]盧：應指州名。但查北周並未置“盧州”，此“盧”顯然有誤。明人謝肇淛《滇略》卷八所載疏文作“瀘”，查北周有瀘

州，治所在今四川瀘州市。其地理位置亦與文意相符。可知"盧"
應爲"瀘"之訛。

[18]西爨：西南少數民族部落名。兩漢至西晉時期，中原漢民
遷入西南地區，其中大姓爨氏與西南少數民族相融合，逐漸形成的
新民族部落。參見《新唐書·兩爨傳》。

[19]熟蠻：歷史上對鄰近漢人或與漢人雜居的少數民族居户的
稱謂。因其受漢文化、風俗、習慣影響較大，故稱。這裏指南方少
數民族中受漢族影響較大的一部分人。

[20]杜神敬：人名。其事不詳。

[21]交：州名。治所在今越南北寧省仙游東。　廣：州名。治
所在今廣東廣州市。

[22]越：古族名。南方少數民族，分布於長江中下游以南，部
落衆多，地域極廣，有百越之稱。參見《漢書》卷九五《西南夷
傳》。

[23]史萬歲：人名。傳見本書卷五三、《北史》卷七三。

　　睿威惠兼著，民夷悦服，聲望逾重，高祖陰憚之。
薛道衡從軍在蜀，[1]因入接宴，説睿曰："天下之望，已
歸于隋。"密令勸進，高祖大悦。及受禪，顧待彌隆。
睿復上平陳之策，上善之，下詔曰："公英風震動，妙
算縱横，清蕩江南，宛然可見。循環三復，但以欣然。
公既上才，若管戎律，[2]一舉大定，固在不疑。但朕初
臨天下，政道未洽，恐先窮武事，未爲盡善。昔公孫
述、隗囂，漢之賊也，[3]光武與其通和，[4]稱爲皇帝。尉
佗之於高祖，[5]初猶不臣。孫皓之答晉文，[6]書尚云白。
或尋款服，或即滅亡。王者體大，義存遵養，雖陳國來
朝，未盡藩節，如公大略，誠須責罪。尚欲且緩其誅，

宜知此意。淮海未滅，[7]必興師旅，若命永襲，終當相屈。想以身許國，無足致辭也。"睿乃止焉。

[1]薛道衡：人名。傳見本書卷五七，《北史》卷三六有附傳。
[2]戎律：軍機、軍務。
[3]公孫述：人名。東漢時人。傳見《後漢書》卷一三。　隗囂：人名。東漢時人。傳見《後漢書》卷一三。
[4]光武：東漢皇帝劉秀的諡號。紀見《後漢書》卷一。
[5]尉佗：人名。西漢時人。事見《史記》一一三《南越列傳》、《漢書》卷九五《南粵傳》。　高祖：漢高祖劉邦的廟號。紀見《史記》卷八、《漢書》卷一。
[6]孫皓：三國吳君主。傳見《三國志》卷四八。　晋文：西晋文帝司馬昭的諡號。紀見《晋書》卷二。
[7]淮海：泛指古淮水下游近海地區，約當今江蘇中部和北部一帶。

　　睿時見突厥方强，恐爲邊患，復陳鎮守之策十餘事，上書奏之曰："竊以戎狄作患，其來久矣。防遏之道，自古爲難。所以周無上算，漢收下策，以其倏來忽往，雲屯霧散，强則驕其犯塞，弱又不可盡除故也。今皇祚肇興，宇内寧一，唯有突厥種類，尚爲邊梗。此臣所以廢寢與食，寤寐思之。昔匈奴未平，去病辭老，[1]先零尚在，[2]充國自劾。[3]臣才非古烈，而志追昔士。謹件安置北邊城鎮烽候，[4]及人馬糧貯戰守事意如别，謹并圖上呈，伏惟裁覽。"上嘉歎久之，答以厚意。

[1]去病：人名。即霍去病。西漢時人。傳見《史記》卷一一

一、《漢書》卷五五。

　　[2]先零：古族名。漢代羌族的一支。最初居於今甘肅、青海的湟水流域，後漸與西北各族融合。詳見《後漢書》卷八七《西羌傳》。

　　[3]充國：人名。即趙充國。西漢時人。傳見《漢書》卷六九。

　　[4]烽候：烽火臺。

　　睿時自以周代舊臣，久居重鎮，內不自安，屢請入朝，於是徵還京師。及引見，上爲之興，命睿上殿，握手極歡。睿退謂所親曰：“功遂身退，今其時也。”遂謝病於家，闔門自守，不交當代。上賜以版輿，[1]每有朝覲，必令三衛輿上殿。[2]睿初平王謙之始，自以威名太盛，恐爲時所忌，遂大受金賄以自穢。由是勳簿多不以實，[3]詣朝堂稱屈者，前後百數。上令有司案驗其事，主者多獲罪。睿惶懼，上表陳謝，請歸大理。[4]上慰諭遣之。

　　[1]版輿：亦作“版轝”。一種木製的輕便坐車。

　　[2]三衛：唐禁衛軍稱三衛。即中郎將府所統衛士親衛、勳衛、翊衛三種，皆以五品以上官子孫爲之，掌宮廷內部宿衛。隋制不詳，但應與之類似。

　　[3]勳簿：官職制度文書。又稱勳書、勳案。是記載將士軍功勳勞的文簿。北周沿襲北魏制，實行勳官制，以酬軍功。由主將在每次戰事結束以後將部屬的勳勞記於黃素之上，注明所立戰功應授的階數。勳書上祇列姓名，階級數，通常由督將回京以後再造，易生弊端。

［4］大理：官署名。即大理寺，隋唐時爲九寺之一，國家最高審判機構，掌決正刑獄。

十五年，從上至洛陽而卒，時年六十五。謚曰襄。子洋嗣，官歷嵩、徐二州刺史、武賁郎將。[1]大業六年，詔追改封睿爲戴公，命以洋襲焉。

［1］嵩：州名。治所在今河南登封市東南告成鎮。　徐：州名。治所在今江蘇徐州市。

史臣曰：李穆、梁睿，皆周室功臣，高祖王業初基，俱受腹心之寄。故穆首登師傅，睿終膺殊寵，觀其見機而動，抑亦民之先覺。然方魏朝之貞烈，有愧王陵，[1]比晉室之忠臣，終慚徐廣。[2]穆之子孫，特爲隆盛，朱輪華轂，[3]凡數十人，見忌當時，禍難遘及。得之非道，可不戒歟！

［1］王陵：人名。按，此應指魏將王凌。傳見《三國志》卷二八。

［2］徐廣：人名。東晉時人。傳見《晉書》卷八二。

［3］朱輪華轂：借指顯貴之官。朱輪，古代王侯顯貴所乘的車子。因用朱紅漆輪，故稱。華轂，飾有文采的車轂。常用以指華美的車。

隋書　卷三八

列傳第三

劉昉

劉昉，博陵望都人也。[1]父孟良，[2]大司農。[3]從魏武入關，[4]周太祖以爲東梁州刺史。[5]昉性輕狡，有姦數。周武帝時，[6]以功臣子入侍皇太子。[7]及宣帝嗣位，以技佞見狎，出入宮掖，寵冠一時。授大都督，[8]遷小御正，[9]與御正中大夫顏之儀並見親信。[10]及帝不念，[11]召昉及之儀俱入臥內，屬以後事。帝瘖不復能言。[12]昉見静帝幼冲，[13]不堪負荷。然昉素知高祖，[14]又以后父之故，有重名於天下，遂與鄭譯謀，[15]引高祖輔政。高祖固讓，不敢當。昉曰："公若爲，當速爲之；如不爲，昉自爲也。"高祖乃從之。

[1]博陵：郡名。治所在今河北安平縣。　望都：縣名。治所在今河北唐縣東北。

[2]孟良：人名。即劉孟良。曾任東梁州刺史，在職貪婪，民

衆多叛。

　　[3]大司農：官名。掌倉儲園苑及供膳等庶務。北魏太和初爲二品上，後爲三品。按，此處並未明言其父於何時任大司農。但《北史》卷七四本傳記：“父孟良，仕魏爲大司農卿。”可證其任官應在北魏。

　　[4]魏武：即北魏孝武帝元脩。紀見《魏書》卷一一、《北史》卷五。　　關：地區名。指關中。關於其地域范圍有幾種説法，大約是指今河南靈寶市及其以西陝西關中盆地和丹江流域。

　　[5]周太祖：北周宇文泰的廟號。紀見《周書》卷一、《北史》卷九。　　東梁州：西魏廢帝元年（552）以南梁州改置，治所在今陝西安康市西北漢江北岸。三年改名金州。

　　[6]周武帝：即北周宇文邕的謚號。紀見《周書》卷五、六，《北史》卷一〇。

　　[7]皇太子：即北周宣帝宇文贇。紀見《周書》卷七、《北史》卷一〇。

　　[8]大都督：官名。原爲高級軍事長官之職。北周初規定授柱國大將軍、開府、儀同等官號者，並加使持節、大都督名義，後改都督諸州軍事爲總管，大都督與都督遂成爲没有實際職權的勳官。

　　[9]小御正：官名。全稱爲小御正下大夫。北周置爲天官冢宰府屬官，職掌草擬詔册文誥，近侍樞機。凡諸刑罰爵賞，以及軍國大事，皆須參議。正四命。

　　[10]御正中大夫：官名。北周置爲天官冢宰府屬官，職掌草擬詔册文誥，近侍樞機。凡諸刑罰爵賞，以及軍國大事，皆須參議。正五命。　　顏之儀：人名。北周、隋時人。傳見《周書》卷四〇，《北史》卷八三有附傳。

　　[11]悆（yù）：舒適。

　　[12]瘖（yīn）：嗓子啞，不能出聲。

　　[13]静帝：即北周宇文闡的謚號。紀見《周書》卷八、《北史》卷一〇。

[14]高祖：隋文帝楊堅的廟號。紀見本書卷一、二，《北史》卷一一。

[15]鄭譯：人名。北周、隋時人。傳見本卷，《北史》卷三五有附傳。

及高祖爲丞相，以昉爲司馬。[1]時宣帝弟漢王贊居禁中，[2]每與高祖同帳而坐。昉飾美妓進於贊，贊甚悦之。昉因説贊曰："大王，先帝之弟，時望所歸。孺子幼冲，豈堪大事！今先帝初崩，群情尚擾，王且歸第。待事寧之後，入爲天子，此萬全之計也。"贊時年未弱冠，性識庸下，聞昉之説，以爲信然，遂從之。高祖以昉有定策之功，拜上大將軍，[3]封黄國公，[4]與沛國公鄭譯皆爲心膂。[5]前後賞賜鉅萬，出入以甲士自衛，朝野傾矚，稱爲黄、沛。時人爲之語曰："劉昉牽前，鄭譯推後。"昉自恃其功，頗有驕色。然性粗疎，溺於財利，富商大賈朝夕盈門。

[1]司馬：官名。全稱是大丞相府司馬。北周時置爲丞相府屬官，職掌府内兵將事。正七命。

[2]漢王：爵名。北周時置爲十一等爵的第一等。正九命。贊：人名。即宇文贊。北周、隋時人。傳見《周書》卷一三、《北史》卷五八。

[3]上大將軍：官名。北周武帝建德四年（575）增置，爲勳官第三等。正九命。

[4]黄國公：爵名。北周時置爲十一等爵的第四等。正九命。

[5]膂（lǚ）：脊梁骨。

　　于時尉迥起兵，[1]高祖令韋孝寬討之。[2]至武陟，[3]諸將不一。高祖欲遣昉、譯一人往監軍，因謂之曰："須得心膂以統大軍，公等兩人，誰當行者？"昉自言未嘗爲將，譯又以母老爲請，高祖不懌。而高熲請行，[4]遂遣之。由是恩禮漸薄。又王謙、司馬消難相繼而反，[5]高祖憂之，忘寢與食。昉逸游縱酒，不以職司爲意，[6]相府事物，多所遺落。高祖深銜之，以高熲代爲司馬。是後益見疎忌。及受禪，進位柱國，[7]改封舒國公，[8]閑居無事，不復任使。

　　[1]尉迥：人名。即尉遲迥。北周時人。傳見《周書》卷二一、《北史》卷六二。《魏書·官氏志》載北魏實行改姓之制，其中西方尉遲氏改爲尉氏，但據《周書》卷二《文帝紀》載宇文泰於西魏恭帝元年（554）又改漢姓爲鮮卑姓，尉氏又由此改回尉遲氏。此處仍沿用北魏之制。

　　[2]韋孝寬：人名。北周、隋時人。傳見《周書》卷三一、《北史》卷六四。

　　[3]武陟：地名。在懷州修武縣界內，即今河南修武縣一帶。按，據本書《地理志中》，隋開皇十六年（596）析修武縣置武陟縣，大業初廢，則此時武陟尚未置縣。

　　[4]高熲：人名。傳見本書卷四一、《北史》卷七二。

　　[5]王謙：人名。北周時人。傳見《周書》卷二一，《北史》卷六〇有附傳。　司馬消難：人名。北周時人。傳見《周書》卷二一，《北史》卷五四有附傳。

　　[6]職司：職務、職責。

　　[7]柱國：官名。隋文帝因改後周之制形成十一等散實官，以酬勤勞。柱國是第二等，開府置府佐。正二品。

［8］舒國公：爵名。隋初九等爵的第三等。從一品。

　　昉自以佐命元功，中被疏遠，甚不自安。後遇京師饑，上令禁酒，昉使妾賃屋，當爐沽酒。治書侍御史梁毗劾奏昉曰：[1]“臣聞處貴則戒之以奢，持滿則守之以約。昉既位列群公，秩高庶尹，[2]縻爵稍久，厚禄已淹，正當戒滿歸盈，鑒斯止足，何乃規麴蘗之潤，[3]競錐刀之末，[4]身昵酒徒，家爲逋藪？[5]若不糾繩，何以肅厲！”有詔不治。

　　［1］治書侍御史：官名。御史臺次官，實際主持臺務，員二人。從五品。　梁毗：人名。北周、隋時人。傳見本書卷六二、《北史》卷七七。
　　［2］庶尹：指百官。
　　［3］麴（qū）蘗（niè）：指酒曲。典出《尚書·説命下》：“若作酒醴，爾惟麴蘗。”
　　［4］錐刀之末：比喻微小的利益。典出《左傳》昭公六年：“錐刀之末，將盡争之。”
　　［5］逋（bū）藪（sǒu）：也就是逋逃藪，指逃亡的罪犯或流亡者聚集的地方。

　　昉鬱鬱不得志。時柱國梁士彦、宇文忻俱失職忿望，[1]昉並與之交，數相來往。士彦妻有美色，昉因與私通，士彦不之知也，情好彌協，遂相與謀反，許推士彦爲帝。後事泄，上窮治之。昉自知不免，默無所對。下詔誅之，曰：

[1]柱國：諸本皆作“柱國”，《北史》卷七四作“上柱國”。又下文詔書內稱二人爲“上柱國”，則此處漏“上”字。上柱國，官名。隋文帝因改後周之制形成十一等散實官，以酬勤勞。上柱國爲第一等，開府置僚屬。從一品。　梁士彥：人名。北周、隋時人。傳見本書卷四〇、《周書》卷三一、《北史》卷七三。　宇文忻：人名。傳見本書卷四〇，《北史》卷六〇有附傳。

朕君臨四海，慈愛爲心。加以起自布衣，入升皇極，公卿之內，非親則友，位雖差等，情皆舊人。護短全長，恒思覆育，[1]每殷勤戒約，言無不盡。天之曆數，定於杳冥，豈慮苞藏之心，能爲國家之害？欲使其長守富貴，不觸刑書故也。

[1]覆育：撫養，養育。

上柱國、鄁國公梁士彥，[1]上柱國、杞國公宇文忻，柱國、舒國公劉昉等，朕受命之初，並展勤力，酬勳報效，榮高祿重。待之既厚，愛之實隆，朝夕宴言，備知朕意。但心如溪壑，志等豺狼，不荷朝恩，忽謀逆亂。士彥爰始幼來，恒自誣罔，稱有相者，云其應籙，[2]年過六十，必據九五。[3]初平尉迥，暫臨相州，[4]已有反心，彰於行路。朕即遣人代之，不聲其罪。入京之後，逆意轉深。忻、昉之徒，言相扶助。士彥許率僮僕，剋期不遠，[5]欲於蒲州起事。[6]即斷河橋，[7]捉黎陽之關，[8]塞河陽之路，[9]劫調布以爲牟甲，[10]募盜賊而爲戰士，就食之人，亦云易集。輕忽朝廷，嗤笑官人，自謂一朝

奮發，無人當者。其第二子剛，[11]每常苦諫，第三子叔
諧，[12]固深勸獎。朕既聞知，猶恐枉濫，乃授晋部之
任，[13]欲驗蒲州之情。士彦得以欣然，云是天贊，忻及
昉等，皆賀時來。忻往定鄩城，[14]自矜不已，位極人
臣，猶恨賞薄。云我欲反，何慮不成。怒色忿言，所在
流布。朕深念其功，不計其禮，任以武候，[15]授以領
軍，[16]寄之爪牙，委之心腹。忻密爲異計，樹黨宮闈，
多奏親友，入參宿衞。朕推心待物，言必依許。爲而弗
止，心迹漸彰，仍解禁兵，令其改悔。而志規不逞，愈
結於懷，乃與士彦情意偏厚，要請神明，誓不負約。俱
營賊逆，逢則交謀，委彦河東，[17]自許關右，[18]蒲津之
事，[19]即望從征，兩軍結東西之旅，一舉合連橫之勢，
然後北破晋陽，[20]還圖宗社。昉入佐相府，便爲非法，
三度事發，二度其婦自論。常云姓是“卯金刀”，名是
“一萬日”，劉氏應王，爲萬日天子。朕訓之導之，示其
利害，每加寬宥，望其修改。口請自新，志存如舊，亦
與士彦情好深重，逆節姦心，盡探肝鬲。[21]嘗共士彦論
太白所犯，[22]問東井之間，[23]思秦地之亂，[24]訪軒轅之
裏，[25]願宮掖之災。唯待蒲坂事興，欲在關內應接。

[1]郕（chéng）：西周時期的諸侯國名，在今河南范縣一帶。

[2]籙：古代帝王自稱其所謂天賜的符命之書，作爲御制天下
的憑證。

[3]九五：《易》卦爻位名。九，謂陽爻；五，第五爻，指卦
象自下而上第五位。《易·乾》曰：“九五，飛龍在天，利見大人。”
孔穎達疏：“言九五，陽氣盛至於天，故云‘飛龍在天’。此自然之

象，猶若聖人有龍德、飛騰而居天位。"後因以"九五"指帝位。

　　[4]相州：治所在今河南安陽市。

　　[5]尅（kè）：嚴格限定期限。

　　[6]蒲州：治所在今山西永濟市西南蒲州鎮。大業初廢。

　　[7]河橋：又名蒲津橋，戰國秦昭襄王建，在今陝西大荔縣東南、山西永濟市西蒲州鎮之間黃河上。

　　[8]黎陽：郡名。治所在今河南浚縣東北。隋開皇初廢。

　　[9]河陽：縣名。開皇十六年置，治所在今河南孟州市南。

　　[10]調布：指賦稅款。　牟甲：指盔甲。

　　[11]剛：人名。即梁剛。北周、隋時人。本書卷四〇有附傳。

　　[12]叔諧：人名。即梁叔諧，隋時人。事見本書卷四〇、北史卷七三《梁士彥傳》。

　　[13]晉：國名。此處代指山西一帶。

　　[14]鄴城：縣名。爲相州治所，在今河南安陽市。

　　[15]武候：因軍功封爵。據本書卷四〇《宇文忻傳》，宇文忻在平尉遲迥後因功進封英國公，應即此事。

　　[16]領軍：官名。即右領軍大將軍。本書《百官志下》、《通典》卷二八《職官十·左右領軍衛》載隋文帝朝，"左右領軍府，各掌十二軍籍帳、差科、辭訟之事。不置將軍。唯有長史、司馬"等。然據此可推知最遲仁壽末年左右領軍府已各置領軍大將軍。據本書卷一《高祖紀上》、卷四〇《宇文忻傳》，宇文忻開皇五年曾任此職。

　　[17]河東：地區名。泛指今山西全境。

　　[18]關右：地區名。亦稱關內。在今函谷關（今河南靈寶市東北）或潼關以西地區。

　　[19]蒲津：地名。一作蒲坂津。在今山西永濟市蒲州鎮與陝西大荔縣朝邑鎮之間黃河上。

　　[20]晉陽：縣名。治所在今山西太原市西南古城營西古城。

　　[21]肝鬲（gé）：即肺腑，喻指内心。

[22]太白：星名。即金星，又名啓明、長庚。古星相家以爲太白星主殺伐，故多以喻兵戎。

[23]東井：星宿名。即井宿，二十八宿之一，因在玉井之東，故稱。《史記·天官書》記："德成衡，觀成潢，傷成鉞，禍成井，誅成質。"裴駰《史記集解》引晉灼曰："東井主水事，火入一星居其旁，天子且以火敗，故曰禍也。"則東井喻指於天子不利。

[24]秦：地區名。指戰國時期秦國所轄地域，大約在今陝西一帶。

[25]軒轅：星座名。在星宿北，共十七星，蜿蜒如龍，故稱。其第十四星爲一等大星，因在五帝座之旁，故爲女主象。後多指皇后。《史記·天官書》："權，軒轅。軒轅，黃龍體。前大星，女主象；旁小星，御者後宮屬。"

　　殘賊之策，千端萬緒。惟忻及昉，名位並高，寧肯北面曲躬，[1]臣於士彥，乃是各懷不遜，圖成亂階，一得擾攘之基，方遑吞并之事。人之姦詐，一至於此！雖國有常刑，罪在不赦，朕載思草創，咸著厥誠，情用愍然，未忍極法。士彥、忻、昉，身爲謀首，叔諧贊成父意，義實難容，並已處盡。士彥、忻、昉兄弟叔姪，特恕其命，有官者除名。士彥小男女、忻母妻女及小男並放。士彥、叔諧妻妾及資財田宅，忻、昉妻妾及資財田宅，悉没官。士彥、昉兒年十五以上遠配。[2]上儀同薛摩兒，[3]是士彥交舊，上柱國府户曹參軍事裴石達，[4]是士彥府僚，反狀逆心，巨細皆委。薛摩兒聞語，仍相應和，俱不申陳，宜從大辟。[5]問即承引，頗是恕心，可除名免死。朕握圖當籙，六載於斯，政事徒勤，淳化未洽，興言軫念，[6]良深歎憤！

［1］曲躬：折腰，表示恭順。

［2］配：刑名。或稱決配、刺配、流配。即用杖責打犯人的背部，刺面，然後發配到指定地點服苦役。原爲寬恕死罪而設，後成爲常刑。

［3］上儀同：官名。全稱上儀同三司，用以酬勤勞，無實際職掌。從四品。本書卷四〇、《周書》卷三一、《北史》卷七三《梁士彦傳》皆記薛摩兒官職爲儀同。　薛摩兒：人名。曾任荆州刺史長史。事見本書卷四〇、《周書》卷三一、《北史》卷七三《梁士彦傳》。

［4］上柱國府戶曹參軍：官名。爲上柱國府僚屬，全稱爲"上柱國府戶曹參軍事"，開皇三年改稱司戶參軍事，大業三年（607）改稱司户書佐。視流内從七品。　裴石達：人名。其事不詳。

［5］大辟：即死刑。先秦時即定爲五刑中最重之刑，而内容形式略有不同，分凌遲處斬、處死（包括絞、重杖打死）等數種。

［6］軫念：悲傷和懷念。

臨刑，至朝堂，宇文忻見高熲，向之叩頭求哀。昉勃然謂忻曰："事形如此，何叩頭之有！"於是伏誅，籍没其家。後數日，上素服臨射殿，[1]盡取昉、忻、士彦三家資物置於前，令百僚射取之，以爲鑒誠云。

［1］素服：本色或白色的衣服。古人居喪或遭遇凶事時所穿。射殿：宮殿名。歷代皆有設。功用未詳。

鄭譯

鄭譯字正義，[1]滎陽開封人也。[2]祖瓊，[3]魏太常。[4]

父道邕，[5]周司空。[6]譯頗有學識，兼知鍾律，[7]善騎射。譯從父開府文寬，[8]尚魏平陽公主，[9]則周太祖元后之妹也。[10]主無子，太祖令譯後之。由是譯少爲太祖所親，恒令與諸子游集。年十餘歲，嘗詣相府司録李長宗，[11]長宗於衆中戲之。譯斂容謂長宗曰："明公位望不輕，瞻仰斯屬，輒相玩狎，無乃喪德也。"長宗甚異之。文寬後誕二子，譯復歸本生。

[1]鄭譯：《廣弘明集》卷一〇《叙王明廣請興佛法事》《叙任道林辨周武帝除佛法詔》稱"宇文譯"。據《周書》卷三五《鄭孝穆傳》，鄭譯的父親鄭孝穆（道邕）曾被賜姓宇文氏，因此可確定爲同一人。（參見王仲犖《北周六典》卷四《春官府第九》，中華書局1979年版，第174—175頁）　正義：《鄭譯墓誌》（參見陳根遠《隋〈鄭譯墓誌〉》，《書法》2018年第6期）作"正議"。

[2]榮陽：郡名。治所在今河南鄭州市。　開封：縣名。治所在今河南開封市南。

[3]瓊：人名。即鄭瓊。榮陽開封人，曾任范陽郡守，贈安東將軍、青州刺史。事見《周書·鄭孝穆傳》、《北史》卷三五《鄭義傳》。

[4]魏：即北魏（386—557）。初都平城（今山西大同市東北），公元494年遷都洛陽（今河南洛陽市東北白馬寺東）。公元534年分裂爲東魏和西魏兩個政權。東魏（534—550）都於鄴（今河北臨漳縣西南鄴鎮東），西魏（535—557）都於長安（今陝西西安市西北郊）。　太常：官名。北魏時掌禮樂、祭祀宗廟、社稷，負責朝會和喪葬禮儀，管理皇帝陵墓、寢廟所在縣邑，每月巡視諸陵，兼掌教育，主持博士及博士弟子的考核與薦舉。三品。

[5]道邕：人名。即鄭道邕。北周時人。傳見《周書》卷三五，《北史》卷三五有附傳。按，《周書》本傳作"字道和"，該卷

中華本校勘記認爲"道邕"應爲其本名，"道和"乃北周舊史所改。《周書》以道邕爲其字，名孝穆。《北史》以道邕爲其名，字孝穆。未知孰是。

[6]周：原作"魏"，據本卷中華本校勘記改。周，即北周（557—581），都長安（今陝西西安市西北）。　關右：區域名。主要指函谷關或潼關以西地區。　司空：《周書·鄭孝穆傳》《北史·鄭道邕傳》《鄭譯墓誌》皆作"少司空"。此處或漏"少"字。應據補。少司空，官名。全稱爲小司空上大夫。西魏時置爲冬官府屬官，負責建築宮殿，營造器械，監督百工等事。正六命。

[7]鍾律：原指編鍾十二律，後泛指音律。

[8]父：諸本原作"祖"，殿本《北史》卷三五已考證，文寬爲鄭瓊弟鄭儼子，其爲鄭譯從父而非從祖。據改。　開府：官名。即開府儀同三司。北魏時置爲大臣加號，意謂與三司禮制、待遇相同，允許開設府署，自辟僚屬。　文寬：人名。即鄭文寬。滎陽人，鄭儼子，在其父死後投奔北魏出帝，死於關西。其事略見《魏書》卷九三《鄭儼傳》、《北史·鄭羲傳》。

[9]平陽公主：北魏孝武帝之妹元氏。其事不詳。

[10]周太祖：北周宇文泰的廟號。紀見《周書》卷一、《北史》卷九。　元后：北魏孝武帝之妹元氏。傳見《周書》卷九、《北史》卷一四。

[11]司録：官名。西魏時置爲大丞相府重要僚屬，位在長史、司馬下，地位尤重。正七命。　李長宗：人名。其事不詳。

周武帝時，[1]起家給事中士，[2]拜銀青光禄大夫，[3]轉左侍上士。[4]與儀同劉昉恒侍帝側。[5]譯時喪妻，帝命譯尚梁安固公主。[6]及帝親總萬機，以爲御正下大夫，俄轉太子宮尹。[7]時太子多失德，[8]内史中大夫烏丸軌每勸帝廢太子而立秦王，[9]由是太子恒不自安。其後詔太子西征吐谷渾，[10]太子乃陰謂譯曰："秦王，上愛子也。烏丸軌，上信臣也。今吾此行，得無扶蘇之事乎？"[11]譯曰："願殿下勉著仁孝，無失子道而已。勿爲他慮。"太子然之。既破賊，譯以功最，賜爵開國子，[12]邑三百户。[13]後坐褻狎皇太子，[14]帝大怒，除名爲民。太子復召之，譯戲狎如初。因言於太子曰："殿下何時可得據天下？"太子悦而益昵之。

[1]周武帝：北周宇文邕的謚號。紀見《周書》卷五、六，《北史》卷一〇。

[2]給事中士：官名。北周時置爲天官府納言中大夫屬官，掌理六經及諸文志，給事於皇帝左右。正二命。

[3]銀青光禄大夫：官名。爲散官號。北周時光禄大夫授銀章青綬，有左、右之分。正七命。

[4]左侍上士：官名。北周時置爲天官府宫伯中大夫屬官。與右侍上士共同負責皇帝寢宫安全，皇帝臨朝及出行時亦隨侍左右，多作爲起家官。正三命。

[5]儀同：官名。爲散實官。北周府兵制中儀同府長官加此名。九命。

[6]梁：即後梁、西梁（555—587），都江陵（今湖北江陵縣）。 安固公主：其人未詳。

[7]太子宫尹：官名。全稱爲太子宫尹下大夫，北周時置爲東宫屬官，輔弼太子。正四命。

[8]太子：即北周宣帝宇文贇。紀見《周書》卷七、《北史》卷一〇。

[9]内史中大夫：官名。北周時置爲春官府屬官，掌詔書撰寫，參議刑罰爵賞及軍國大事，並修撰國志及起居注。正五命。 烏丸軌：人名。其祖先原姓王，北魏賜姓烏丸。傳見《周書》卷四〇、

《北史》卷六二。　秦王：即宇文贅。傳見《周書》卷一三、《北史》卷五八。

[10]吐谷（yù）渾：古族名。屬鮮卑族的一支，本居遼東，後遷至甘肅、青海一帶居住。傳見本書卷八三、《晋書》卷九七、《宋書》卷九六、《魏書》卷一〇一、《周書》卷五〇、《北史》卷九六。

[11]扶蘇：人名。秦始皇長子。詳見《史記》卷六《秦始皇本紀》。

[12]開國子：爵名。北周時列爲十一等爵的第九等。正六命，食邑二百至二千户。

[13]邑：即食邑。受封者所享有的封地，因收其租税而食，而稱之爲食邑。亦稱爲采邑。春秋時晋國將縣邑分封給大夫，作爲俸禄形式。漢初，諸侯王、列侯對其封邑還享有一定的行政管理權，景帝後逐漸被剥奪，僅可斂取封邑内民户的租税，數量按户數多少計算，食邑隨爵位黜升而損益，亦得世襲。魏晋南北朝沿置，其制大抵是受封者分成食封户所納租税，其邑可在本封邑内，亦可不在本封邑。自三國魏始，有些爵位是虚封的，有爵位但不食租，没有食邑。需加"真食"名號纔得食租。

[14]坐：犯罪，違法。　褻狎：輕慢，不莊重。

及帝崩，太子嗣位，是爲宣帝。超拜開府、内史下大夫、封歸昌縣公，[1]邑一千户，委以朝政。俄遷内史上大夫，[2]進封沛國公，邑五千户，以其子善願爲歸昌公，[3]元琮爲永安縣男，[4]又監國史。[5]譯頗專權，時帝幸東京，[6]譯擅取官材，自營私第，坐是復除名爲民。劉昉數言於帝，帝復召之，顧待如初。詔領内史事。

[1]開府：官名。全稱爲開府儀同大將軍。北周武帝建德四年

改開府儀同三司置，位在上儀同大將軍之上。主要授予有軍勳的功臣及北齊降官，無具體職掌。九命。初任此職者加使持節、大都督、驃騎大將軍、侍中。静帝大象元年（579）罷此制，唯任總管、刺史及行兵者加持節。　内史下大夫：《周書》卷二六《斛斯徵傳》記："宮尹鄭譯坐不能以正道調護，被謫除名。而帝雅親愛譯，至是拜譯内史中大夫。"《北史》卷三五《鄭譯傳》、《通鑑》卷一七三《陳紀》北周宣帝宣政元年六月戊戌條、《鄭譯墓誌》亦記鄭譯官内史中大夫，可證本書有誤。應改。内史中大夫，官名。西魏恭帝三年（556）置，北周沿置。省稱内史、大内史。春官府内史司長官，員二人，掌皇帝詔書的撰寫與宣讀，參議刑罰爵賞以及軍國大事。大象元年，宣帝傳位於静帝，在其上置内史上大夫，遂降爲内史司次官。　歸昌縣公：爵名。北周時置爲十一等爵的第六等。"命數未詳，非正九命則當是九命"（參見王仲犖《北周六典》卷八《封爵第十九》，第548頁）。

　[2]内史上大夫：官名。亦稱上内史。北周大象元年，宣帝傳位於静帝，自稱天元皇帝，内史司置上大夫爲長官，員一人，掌皇帝詔書的撰寫與宣讀，權力極重。正六命。按，《北史》卷三五《鄭義傳》稱"上大夫之官，自譯始也"。

　[3]善願：人名。即鄭善願。其事不詳。

　[4]元琮：人名。即鄭元琮。其事不詳。　永安縣男：爵名。北周時置爲十一等爵的第十等。正五命。

　[5]監國史：官名。全稱爲監修國史。北周時爲統領史局修史的大臣。

　[6]東京：即洛陽，治所在今河南洛陽市。

　　初，高祖與譯有同學之舊，譯又素知高祖相表有奇，傾心相結。至是，高祖爲宣帝所忌，情不自安，嘗在永巷私於譯曰：[1]"久願出藩，公所悉也。敢布心腹，少留意焉。"譯曰:"以公德望,天下歸心,欲求多福,豈敢忘也。謹即言之。"時將遣譯南征,譯請元帥。帝曰:"卿意如何?"譯對曰:"若定江東,[2]自非懿戚重臣無以鎮撫。可令隋公行,且爲壽陽總管以督軍事。"[3]帝從之。乃下詔以高祖爲揚州總管,[4]譯發兵俱會壽陽以伐陳。[5]行有日矣,帝不念,遂與御正下大夫劉昉謀,引高祖入受顧託。既而譯宣詔,文武百官皆受高祖節度。時御正中大夫顏之儀與宦者謀,引大將軍宇文仲輔政。[6]仲已至御坐,譯知之,遽率開府楊惠及劉昉、皇甫績、柳裘俱入。[7]仲與之儀見譯等,愕然,逡巡欲出,高祖因執之。於是矯詔復以譯爲内史上大夫。明日,高祖爲丞相,拜譯柱國、相府長史,治内史上大夫事。[8]及高祖爲大冢宰,[9]總百揆,以譯兼領天官都府司會,[10]總六府事。[11]出入卧内,言無不從,賞賜玉帛不可勝計。每出入,以甲士從。拜其子元璿爲儀同。[12]時尉迴、王謙、司馬消難等作亂,高祖逾加親禮。俄而進位上柱國,恕以十死。

[1]永巷:宮中長巷。

[2]江東:地區名。指南朝陳統治下的全部地區。

[3]壽陽:縣名。在今安徽壽縣。　總管:官名。北周明帝武成元年(559)正式改都督諸州軍事爲總管,總管之設乃成定制。北周之制,總管加使持節諸軍事。總管或單任,然多兼帶刺史。故總管職權雖以軍事爲主,實際是一地區若干州、防(鎮)的最高軍政長官。

[4]揚州:地名。治所在今安徽壽縣。

〔5〕陳：即南朝陳（557—589）。都於建康（今江蘇南京市）。

〔6〕大將軍：官名。北周時爲府兵專職統帥，凡十二人，各領一軍，分隸六柱國大將軍，下統開府、儀同諸將軍。爲勳官第四等，正九命。　宇文仲：人名。其事不詳。

〔7〕楊惠：人名。北周時爲邗國公，爲隋文帝所重。事見本書卷四一《高熲傳》、卷四二《李德林傳》。　皇甫績：人名。傳見本卷及《北史》卷七四。　柳裘：人名。傳見本卷及《北史》卷七四。

〔8〕柱國：官名。全稱爲柱國大將軍。北魏太武帝置，以爲開國元勳長孫嵩的加官。孝莊帝因尒朱榮有擁立之功，特置以授之，位在丞相上。西魏文帝以宇文泰有中興之功，又置此官授之。後凡屬功參佐命，望實俱重的，也得居之。自大統十六年（550）以前任此官的名義上有八人。但元欣以宗室任職有名無實權，宇文泰爲統帥，其他六人分掌禁旅，各轄二大將軍。後功臣位至此官者愈多，遂成爲散秩，無所統御。北周武帝增置上柱國等官，並以上柱國大將軍爲勳官之首。柱國大將軍次之。正九命。　長史：官名。北周時爲大丞相府重要僚屬，地位尤重。正七命。

〔9〕大冢宰：官名。全稱大冢宰卿。北周時爲天官冢宰府最高長官。本爲掌邦治，以建邦之六典佐皇帝治邦國。然其權力却因人而異，若有“五府總於天官”之命，則稱冢宰，能總攝百官，實爲大權在握之宰輔；若無此命，即稱太宰，與五卿並列，僅統本府官。正七命。

〔10〕天官都府：官署名。即天官府，北周時爲六府之首，以大冢宰卿爲長官，設小冢宰上大夫、天官府都上士佐其職，掌管宮廷供奉、侍御、警衛及全國財政收支、賦役調發、百官俸給等事務。在下“五府總於天官之詔”時，成爲全國最高行政機構，總管全國各項事務。　司會：官署名。北周屬天官府。以司會中大夫爲長官，下設司會上士、司會中士、司會旅下士、司書中士等屬官。掌管全國財政。除中央外，北周曾先後於同州、并州、相州三處置

司會。

　　[11]六府：官署名合稱。即北周時天官大冢宰府、地官大司徒府、春官大宗伯府、夏官大司馬府、秋官大司寇府、冬官大司空府的合稱。

　　[12]元璹（shú）：人名。即鄭元璹，隋、唐時人。《舊唐書》卷六二、《新唐書》卷一〇〇有附傳。

　　譯性輕險，不親職務，而贓貨狼籍。高祖陰疎之，然以其有定策功，不忍廢放，陰敕官屬不得白事於譯。譯猶坐廳事，[1]無所關預。譯懼，頓首求解職，高祖寬諭之，接以恩禮。及上受禪，以上柱國公歸第，賞賜豐厚。進子元璹爵城皋郡公，[2]邑二千戶，元珣永安男。[3]追贈其父及亡兄二人並爲刺史。譯自以被疎，陰呼道士章醮以祈福助，[4]其婢奏譯厭蠱左道。[5]上謂譯曰：“我不負公，此何意也？”譯無以對。譯又與母別居，爲憲司所劾，由是除名。下詔曰：“譯嘉謀良策，寂爾無聞，鬻獄賣官，沸騰盈耳。若留之於世，在人爲不道之臣，戮之於朝，入地爲不孝之鬼。有累幽顯，無以置之，宜賜以《孝經》，[6]令其熟讀。”仍遣與母共居。

　　[1]廳事：官署視事問案的廳堂。古作“聽事”。
　　[2]城皋郡公：爵名。隋初九等爵的第四等。從一品。
　　[3]元珣：人名。即鄭元珣，鄭譯子。其事不詳。　　永安男：應即永安縣男。
　　[4]章醮：道教的一種祈禱形式，拜表設祭。
　　[5]厭蠱：以迷信的方法，鎮服或驅避可能出現的災禍，或以符咒之術致禍於人。　　左道：非正統的巫蠱、方術等。

[6]《孝經》：書名。儒家經典之一。多以爲孔門後學所撰，今文本十八章。宣傳孝道。從漢代起即被推崇。《漢書·藝文志》列爲七經之一。東漢鄭玄稱《春秋》爲大經，《孝經》爲大本。有唐玄宗注、宋邢昺疏，收入《十三經注疏》。另有清世宗《孝經集注》、毛奇齡《孝經問》、皮錫瑞《孝經鄭注疏》等。

　　未幾，詔譯參撰律令，復授開府、隆州刺史。[1]請還治疾，有詔徵之，見於醴泉宮。[2]上賜宴甚歡，因謂譯曰：“貶退已久，情相矜愍。”[3]於是復爵沛國公，位上柱國。上顧謂侍臣曰：“鄭譯與朕同生共死，間關危難，興言念此，何日忘之！”譯因奉觴上壽。上令内史令李德林立作詔書，[4]高熲戲謂譯曰：“筆乾。”譯答曰：“出爲方岳，杖策言歸，[5]不得一錢，何以潤筆。”上大笑。未幾，詔譯參議樂事。譯以周代七聲廢缺，[6]自大隋受命，禮樂宜新，更修七始之義，[7]名曰《樂府聲調》，凡八篇。[8]奏之，上嘉美焉。俄遷岐州刺史。[9]在職歲餘，復奉詔定樂於太常，[10]前後所論樂事，語在《音律志》。[11]上勞譯曰：“律令則公定之，音樂則公正之。禮樂律令，公居其三，良足美也。”於是還岐州。

[1]開府：官名。隋置爲散官名號，初爲正四品上，大業三年改爲從一品，位次王、公。　隆州：地名。治所在今四川閬中市。

[2]醴泉宮：宮名。在今陝西醴泉縣北。

[3]矜愍：憐憫、憐惜。

[4]内史令：官名。内史省長官，掌皇帝詔令出納宣行，居宰相之職。隋初内史省置監、令各一人，尋廢監，置令二人。正三品。　李德林：人名。北齊、北周、隋時人。傳見本書卷四二、

《北史》卷七二。

[5]杖策：執馬鞭。

[6]七聲：指五音及二變。古依十二律高下的次序，定宫、商、角、徵、羽、變宫、變徵爲七聲。

[7]七始：古代樂論。以十二律中的黄鐘、林鐘、太簇爲天地人之始，姑洗、蕤賓、南呂、應鐘爲春夏秋冬之始，合稱"七始"。

[8]《樂府聲調》，凡八篇：本書《經籍志一》記："《樂府聲調》六卷，岐州刺史、沛國公鄭譯撰。《樂府聲調》三卷，鄭譯撰。"

[9]岐州：治所在今陝西鳳翔縣。

[10]太常：官署名。隋時掌郊廟禮樂祭祀事務，以太常卿爲其長官。

[11]《音律志》：即本書《音樂志》。

開皇十一年，[1]以疾卒官，時年五十二，上遣使弔祭焉。諡曰達。子元璹嗣。煬帝初立，[2]五等悉除，以譯佐命元功，詔追改封譯莘公，[3]以元璹襲。

[1]開皇：隋文帝楊堅年號（581—600）。

[2]煬帝：隋楊廣的諡號。紀見本書卷三、四，《北史》卷一二。

[3]莘公：爵名。煬帝大業三年廢除五等爵，僅保留王、公、侯三等爵位。公爲第二等，從一品。

元璹初爲驃騎將軍，[1]後轉武賁郎將，[2]數以軍功進位右光禄大夫，[3]遷右候衛將軍。[4]大業末，[5]出爲文城太守。[6]及義兵起，義將張倫略地至文城，[7]元璹以城歸之。[8]

[1]驃騎將軍：官名。驃亦作票，爲高級武官稱號。隋因襲北周府兵制，改開府府爲驃騎府，置驃騎將軍爲其長官，分駐各地，統領府軍，分屬十二府大將軍。大業三年隨府名變更而改名鷹揚郎將。正四品上。

[2]武賁郎將：官名。隋煬帝大業三年改革官制，十二衛每衛置護軍四人，爲將軍副貳，不久又改護軍爲武賁郎將。正四品。

[3]右光禄大夫：官名。爲散實官。隋文帝時置左、右光禄大夫皆正二品，煬帝大業三年定令，"左"爲正二品，"右"爲從二品。

[4]右候衛將軍：官名。隋大業三年改右武候爲右候衛而置，爲十二衛將軍之一，置二人，佐大將軍總府事。從三品。按，"右候衛將軍"，《北史》卷三五、《新唐書》卷一〇〇作"右衛將軍"，《舊唐書》卷六二作"右武候將軍"。《册府元龜》卷三九一《將帥部》作"右候將軍"。

[5]大業：隋煬帝楊廣年號（605—618）。

[6]文城：郡名。隋開皇十六年置，治所在今山西吉縣西北古賢村。　太守：官名。爲郡的最高行政長官，隋初定制，上郡太守從四品上，中郡從五品下，下郡正六品上。仁壽三年（603）罷郡爲州，省太守而置刺史。大業三年罷州置郡，復置太守，上郡從三品，中郡正四品，下郡從四品。

[7]張倫：人名。《舊唐書》卷五六《劉季真傳》、《新唐書》卷一《高祖紀》、卷八七《劉季真傳》、卷一〇〇《鄭元璹傳》，溫大雅《大唐創業起居注》卷二，《通鑑》卷一八四《隋紀》義寧元年等皆作"張綸"。據此，應以"張綸"爲是，其事見於上列諸書。

[8]元璹以城歸之：關於鄭元璹降事，《册府元龜》卷六八六《牧守部》記："張綸西略地至文城，元璹堅守不下，攻拔其城，擒

致軍門。”與本書所記稍有不同。

柳裘

柳裘字茂和，河東解人，[1]齊司空世隆之曾孫也。[2]祖惔，[3]梁尚書左僕射。[4]父明，[5]太子舍人、義興太守。[6]裘少聰慧，弱冠有令名，在梁仕歷尚書郎、駙馬都尉。[7]梁元帝爲魏軍所逼，[8]遣裘請和於魏。俄而江陵陷，[9]遂入關中。周明、武間，[10]自麟趾學士累遷太子侍讀，[11]封昌樂縣侯。[12]後除天官府都上士。[13]宣帝即位，拜儀同三司，[14]進爵爲公，轉御飾大夫。[15]及帝不念，留侍禁中，與劉昉、韋謩、皇甫績同謀，[16]引高祖入總萬機。高祖固讓不許。裘進曰：“時不可再，機不可失，今事已然，宜早定大計。天與不取，反受其咎，如更遷延，恐貽後悔。”高祖從之。進位上開府，[17]拜內史大夫，[18]委以機密。

[1]河東：郡名。漢時治所在今山西夏縣西北禹王城。　解：縣名。即解縣，漢時治所在今山西臨猗縣臨晉鎮東南。

[2]齊：即南朝齊（479—502），都建康（今江蘇南京市）。司空：官名。北齊時爲名譽宰相，多爲大臣加官，無實際職掌。一品。　世隆：人名。即柳世隆。南齊人。傳見《南齊書》卷二四，《南史》卷三八有附傳。

[3]惔：人名。即柳惔。南朝梁時人。傳見《梁書》卷一二，《南史》卷三八有附傳。

[4]梁：即南朝梁（502—557），都建康（今江蘇南京市）。尚書左僕射：官名。南朝梁時尚書令爲宰相之任，位尊權重，不親

庶務，常闕。尚書省日常政務由僕射主持，實爲尚書省主官，位列宰相。諸曹奏事由左、右僕射審議聯署。左僕射領殿中、主客二郎曹。十五班。

［5］明：中華本校勘記云：“‘明’應作‘旽’，唐人諱改。”旽，人名。即劉旽。其事僅見本傳。

［6］太子舍人：官名。南朝梁時爲東宮屬官，掌文章書記。三班。　義興：郡名。南朝梁時治所在今江蘇宜興市。

［7］尚書郎：官名。南朝梁時尚書省諸郎曹長官，隸屬列曹尚書，分曹執行政務。其職清美，凡政事須議者先由其立意，文書庶務則由令史、書令史等屬吏處理。南朝梁置二十三郎，吏部郎十一班，諸曹侍郎六班，郎中五班。　駙馬都尉：官名。簡稱駙馬，南朝梁專以公主夫婿任駙馬都尉。無班秩。

［8］梁元帝：南朝梁蕭繹的謚號。紀見《梁書》卷五、《南史》卷八。

［9］江陵：縣名。南朝梁時治所在今湖北江陵縣。

［10］周明：即北周明帝宇文毓。紀見《周書》卷四、《北史》卷九。　武：即北周武帝宇文邕。

［11］麟趾學士：官名。全稱爲麟趾殿學士。北周明帝即位後，立麟趾學，以在朝公卿以下有文學者爲學士，稱爲麟趾殿學士。掌著述，刊校經史，考校圖籍，五日番上。　太子侍讀：官名。北周時屬東宮官，侍從太子讀經。

［12］昌樂縣侯：爵名。北周時爲十一等爵的第七等。正八命。

［13］天官府都上士：官名。北周時爲天官府屬官，佐大冢宰卿、小冢宰上大夫處理府中事務。正三命。

［14］儀同三司：官名。爲勳官、散官號，北周時府兵制中儀同府長官加此名。北周武帝建德四年改爲儀同大將軍。九命。

［15］御飾大夫：官名。北周時掌御飾。命品不詳。

［16］韋瞀（mó）：人名。傳見本卷，《北史》卷六四有附傳。

［17］上開府：官名。爲勳官號。全稱爲上開府儀同大將軍。北

周時位在開府儀同大將軍上，主要授予有軍勳的功臣及北齊降官，無具體職掌。初任此職者加使持節、大都督、驃騎大將軍、侍中。大象元年罷此制，唯任總管、刺史及行兵者加持節。九命。

[18]内史大夫：官名。北周官内史中大夫之簡稱。

及尉迥作亂，天下騷動，并州總管李穆頗懷猶豫，[1]高祖令裴往喻之。裴見穆，盛陳利害，穆甚悦，遂歸心於高祖。後以奉使功，賜綵三百匹，[2]金九環帶一腰。[3]時司馬消難阻兵安陸，[4]又令喻之，未到而消難奔陳。高祖即令裴隨便安集淮南，[5]賜馬及雜物。

[1]并州：北周時治所在今山西太原市西南。　李穆：人名。傳見本書卷三七，《北史》卷五九有附傳。

[2]綵：有五色文彩的絲織品。

[3]九環帶：北周、隋時帝王貴臣的腰帶，以有九個金環，故稱。《舊唐書·輿服志》：“隋代帝王貴臣，多服……九環帶……天子朝服亦如之，惟帶加十三環，以爲差異。”

[4]安陸：郡名。北周時治所在今湖北安陸市。

[5]安集：安定輯睦。　淮南：郡名。北周時治所在今安徽壽縣。

開皇元年，進位大將軍，拜許州刺史。[1]在官清簡，吏民懷之。復轉曹州刺史。[2]其後上思裴定策功，欲加榮秩，將徵之，顧問朝臣曰：“曹州刺史何當入朝?”或對曰：“即今冬也。”帝乃止。裴尋卒，高祖傷惜者久之，謚曰安。子惠童嗣。[3]

[1]許州：治所在今河南許昌市，隋大業初廢。

[2]曹州：治所在今山東曹縣西北，隋大業初改爲濟陽郡。

[3]惠童：人名。即柳惠童。其事不詳。

皇甫績

皇甫績字功明，安定朝那人也。[1]祖穆，[2]魏隴東太守。[3]父道，[4]周湖州刺史、雍州都督。[5]績三歲而孤，爲外祖韋孝寬所鞠養。嘗與諸外兄博奕，孝寬以其惰業，督以嚴訓，愍績孤幼，特捨之。績歎曰："我無庭訓，養於外氏，不能刻躬勵己，何以成立？"深自感激，命左右自杖三十。孝寬聞而對之流涕。於是精心好學，略涉經史。

[1]安定：郡名。西漢時治所在今寧夏固原市，東漢移治今甘肅涇川縣北涇河北岸，隋開皇三年廢，大業三年復置。　朝那：縣名。西漢時治所在今寧夏固原縣東南，東晉移治今甘肅靈臺縣西北朝那鎮。隋廢。

[2]穆：人名。即皇甫穆。其事不詳。

[3]隴東：郡名。按，北魏有二隴東郡，一治所在今陝西隴縣東南，一治所在今甘肅平涼市西北。

[4]道：人名。即皇甫道。其事不詳。

[5]湖州：北周時治所在今河南唐河縣西南湖陽鎮。　雍州：北周時治所在今陝西西安市西北。　都督：官名。北周實行府兵制，大都督統團，帥都督統旅，都督爲隊官。

周武帝爲魯公時，引爲侍讀。[1]建德初，[2]轉宮尹中士。[3]武帝嘗避暑雲陽宫,[4]時宣帝爲太子監國。衛剌王作亂,[5]城門已閉,百僚多有遁者。績聞難赴之,於玄武門遇皇太子,[6]太子下樓執績手,悲喜交集。帝聞而嘉之,遷小宫尹。[7]宣政初,[8]録前後功,封義陽縣男,拜畿伯下大夫,[9]累轉御正下大夫。

[1]侍讀:官名。北周時太子、王公皆置,侍從讀書。太子侍讀,正六命。

[2]建德:北周武帝宇文邕年號(572—578)。

[3]宫尹中士:官名。全稱爲太子小宫尹中士。北周時爲東宫屬官,輔佐太子宫尹下大夫處理東宫事務。正二命。

[4]雲陽宫:别宫名。位於今陝西涇陽縣西北。

[5]衛剌王:即宇文直。傳見《周書》卷一三、《北史》卷五八。王,爵名。北周十一等爵的第一等,正九命。

[6]玄武門:北周宫城北門。

[7]小宫尹:官名。全稱爲太子小宫尹上士。北周東宫屬官,輔佐太子宫尹下大夫處理東宫事務。正三命。

[8]宣政:北周武帝宇文邕年號(578)。

[9]畿伯下大夫:官名。全稱爲小畿伯下大夫。北周時爲地官府屬官,掌其畿之政令戒禁。正四命。

宣帝崩,高祖總己,績有力焉,語在鄭譯傳。加位上開府,轉内史中大夫,進封郡公,邑千户。尋拜大將軍。

開皇元年,出爲豫州刺史,[1]增邑通前二千五百户。尋拜都官尚書。[2]後數載,轉晉州刺史,[3]將之官,稽首而言曰:"臣實庸鄙,無益於國,每思犯難以報國恩。

今僞陳尚存，以臣度之，有三可滅。"上問其故。績答曰："大吞小，一也；以有道伐無道，二也；納叛臣蕭巖，[4]於我有詞，三也。陛下若命鷹揚之將，臣請預戎行，展絲髮之效。"上嘉其壯志，勞而遣之。及陳平，拜蘇州刺史。[5]

[1]豫州：治所在今河南汝南縣。

[2]都官尚書：官名。尚書省下轄六部之一刑部的長官。職掌刑法、徒隸、勾覆及關禁之政，總判刑部、都官、比部、司門四司之事。開皇三年改稱刑部尚書，置一員。正三品。

[3]晉州：治所在今安徽潛山縣。

[4]蕭巖：人名。北周時人。《周書》卷四八、《北史》卷九三有附傳。

[5]蘇州：治所在今江蘇蘇州市。

高智慧等作亂江南，[1]州民顧子元發兵應之，[2]因以攻績，相持八旬。子元素感績恩，於冬至日遣使奉牛酒。[3]績遺子元書曰："皇帝握符受籙，合極通靈，受揖讓於唐、虞，[4]棄干戈於湯、武。[5]東踰蟠木，[6]方朔所未窮，[7]西盡流沙，[8]張騫所不至。[9]玄漠黃龍之外，[10]交臂來王，[11]葱嶺、榆關之表，[12]屈膝請吏。[13]曩者僞陳獨阻聲教，江東士民困於荼毒。[14]皇天輔仁，假手朝廷，聊申薄伐，應時瓦解。金陵百姓，[15]死而復生，吳、會臣民，[16]白骨還肉。唯當懷音感德，行歌擊壤，[17]豈宜自同吠主，[18]翻成反噬。卿非吾民，何須酒禮？吾是隋將，何容外交？易子析骸，[19]未能相告，況是足食足兵，高城深塹，坐待强援，綽有餘力。何勞踵輕敝之俗，作虛僞之辭，欲阻誠臣之心，徒惑驍雄之志。以此見期，必不可得。卿宜善思活路，曉諭黎元，能早改迷，失道非遠。"子元得書，於城下頓首陳謝。楊素援兵至，[20]合擊破之。拜信州總管、十二州諸軍事。[21]俄以病乞骸骨，[22]詔徵還京，賜以御藥，中使相望，[23]顧問不絶。卒於家，時年五十二。謚曰安。子偲嗣。[24]大業之世，官至尚書主爵郎。[25]

[1]高智慧：人名。南朝陳越州會稽人。隋初自號東揚州刺史，舉兵反叛。事見本書卷二《高祖紀下》、卷四八《楊素傳》等。

[2]顧子元：人名。蘇州人。隋初呼應高智慧，舉兵反叛。事另見《北史》卷七四《劉昉傳》。

[3]牛酒：牛和酒。古代用作饋贈、犒勞、祭祀的物品。

[4]唐：即傳説中的古帝堯。詳見《史記》卷一《五帝本紀》。
　虞：傳説中的古帝舜。詳見《史記·五帝本紀》。

[5]湯：即商湯。詳見《史記》卷三《殷本紀》。　武：即周武王。詳見《史記》卷四《周本紀》。

[6]蟠木：傳説中的山名。一説即扶桑。《大戴禮記·五帝德》："（顓頊）乘龍而至四海，北至於幽陵，南至於交趾，西濟於流沙，東至於蟠木。"孔廣森補注："《海外經》曰：'東海中有山焉，名曰度索，上有大桃樹，屈蟠三千里。'裴駰謂蟠木即此也。"

[7]方朔：人名。即東方朔，西漢時人。傳見《史記》卷一二六、《漢書》卷六五。

[8]流沙：沙漠。

[9]張騫：人名。西漢漢中成固人，漢武帝時曾出使月氏，在外共十三年而歸，後以校尉從大將軍衛青出擊匈奴，拜博望侯。元

狩四年（前119），以中郎將出使烏孫，分遣副使至大宛、康居等通好，西域始通。傳見《漢書》卷六一，事見《史記》卷一二三《大宛列傳》。

[10]玄漠：指漠北，北方邊疆。　黄龍：比喻成條成片的黄色烟塵或沙漠。

[11]交臂：叉手、拱手。表示降服、恭敬。

[12]葱嶺：即今帕米爾高原與喀喇昆侖山脉的總稱，歷來爲中國通往西方的交通要道。　榆關：地名。在今河北撫寧縣東榆關鎮，亦有説即今河北山海關。

[13]請吏：請求爲臣，表示願意臣服。

[14]江東：即江左。指南朝陳統治下的全部地區。

[15]金陵：今江蘇南京市的别稱。因戰國楚築金陵城於南京市清凉山上而得名。

[16]吳：州名。南朝陳治所在今江蘇蘇州市。　會：州名。南朝陳治所在今浙江紹興市。

[17]行歌：意爲邊行走邊歌唱，借以抒發自己的感情，表示自己的意向、意願等。典出《晏子春秋·雜上十二》："梁丘據左操瑟，右挈竽，行歌而出。"　擊壤：典出晋皇甫謐《帝王世紀》："（帝堯之世）天下大和，百姓無事，有五十老人擊壤於道。"此書現已不存，文存於《藝文類聚》卷一一《帝王部一》，後以"擊壤"爲頌太平盛世的典故。

[18]吠主：犬吠主旁。

[19]易子析骸：意指發生戰爭時百姓交換孩子以爲食，拆尸骨以爲炊的慘狀。典出《左傳》宣公十五年："敝邑易子而食，析骸以爨。"

[20]楊素：人名。傳見本書卷四八，《北史》卷四一有附傳。

[21]信州：治所在今重慶奉節縣東白帝城。　諸軍事：官名。全稱爲都督中外諸軍事。隋時總統禁衛軍、地方軍在内的内外諸軍，爲全國最高軍事統帥。一般衹有特殊權臣就任，不常置。多以

他官兼任，無品階。

　　[22]乞骸骨：古代官吏自請退職，意謂使骸骨得歸葬故鄉。

　　[23]中使：宮中派出的使者。

　　[24]偲：人名。即皇甫偲。事另見《北史》卷七四《皇甫續傳》。

　　[25]尚書：官署名。即尚書省。爲政務中樞機構，職事尤重。其長官爲尚書令，常缺，省務由左、右僕射主持。下設六部，各設尚書爲長官，煬帝時增設侍郎爲副長官。　主爵郎：官名。隋大業三年改主爵侍郎置，爲主爵司長官，掌封爵事。正六品。

　　韋薈者，京兆人也。[1]仕周内史大夫。高祖以薈有定策之功，累遷上柱國，封普安郡公。開皇初，卒於蒲州刺史。

　　[1]京兆：郡名。隋治所先在今陝西西安市東北，大業三年改治今陝西西安市。

盧賁

　　盧賁字子徵，涿郡范陽人也。[1]父光，[2]周開府、燕郡公。[3]賁略涉書記，頗解鍾律。周武帝時，襲爵燕郡公，邑一千九百户。後歷魯陽太守、太子小宮尹、儀同三司。[4]平齊有功，[5]增邑四百户，轉司武上士。[6]時高祖爲大司武，[7]賁知高祖爲非常人，深自推結。宣帝嗣位，加開府。[8]

　　[1]涿郡：漢時治所在今河北涿州市。　范陽：縣名。漢時治

所在今河北定興縣西南固城鎮。

[2]光：人名。即盧光。北周時人。傳見《周書》卷四五，《北史》卷三〇有附傳。

[3]燕郡公：爵名。北周時爲十一等爵的第五等。正九命。

[4]魯陽：郡名。北周時治所在今河南魯山縣，後廢。

[5]齊：即北齊（550—577），都鄴（今河北臨漳縣西南）。

[6]司武上士：官名。中華點校本《唐六典》卷二八太子左右衛率府條下注記曰："後周東宮官員有司戎、司武、司衛之類。"以司武爲東宮官署。王仲犖認爲實無證據（參見王仲犖《北周六典》卷七《六官餘録第十三》，第505頁）。《通鑑》卷一七一《陳紀》太建五年六月條胡三省注曰："周建六官，已有大司馬，司武蓋其屬也。"則司武上士或爲大司馬府屬官。其具體職掌不詳。正三命。

[7]大司武：官名。全稱爲左右司武上大夫，具體職掌不詳。北周時爲正六命。按，據本書卷一《高祖紀上》，高祖曾任右司武，則其時所任或爲右司武上大夫。但《北史》卷三〇《盧賁傳》記爲大司馬，又後文高祖稱兩人相結乃其任大司馬時，或疑"大司馬""大司武"有一處誤。

[8]開府：官名。爲勳官號。全稱爲開府儀同三司。一般加於府兵制中儀同府長官，北周建德四年改爲開府儀同大將軍。九命。

及高祖初被顧託，群情未一，乃引賁置於左右。高祖將之東第，[1]百官皆不知所去。高祖潛令賁部伍仗衛，因召公卿而謂曰："欲求富貴者，當相隨來。"往往偶語，欲有去就。賁嚴兵而至，衆莫敢動。出崇陽門，[2]至東宮，門者拒不内。[3]賁諭之，不去，瞋目叱之，門者遂却，既而高祖得入。賁恒典宿衛。後承間進説曰："周歷已盡，天人之望實歸明公，願早應天順民也。天與不取，反受其咎。"高祖甚然之。及受禪，命賁清宮，[4]因典宿衛。賁於是奏改周代旗幟，更爲嘉名。其青龍、騶虞、朱雀、玄武、千秋、萬歲之旗，[5]皆賁所創也。尋拜散騎常侍，[6]兼太子左庶子、左領軍、右將軍。[7]

[1]東第：本指王侯顯貴者的府第。這裏指太子居住的宅第。《通鑑》卷一七四《陳紀》太建十二年五月條作"東宮"。

[2]崇陽門：北周宮城的東門。

[3]門者：官名。北周時主管宮門的小吏，負責門衛傳達。

[4]清宮：清理宮室。古代帝王行幸所至，必先令人檢查起居宮室，使其清靜安全，以防發生意外。

[5]青龍：此指青龍旗，繪有蒼龍圖形的軍旗，用以標志位於東方的軍陣。　騶虞：此指騶虞旗，爲繪有白虎圖形的軍旗，用以標志位於西方的軍陣。　朱雀：此指朱雀旗，爲繪有朱鳥圖形的軍旗，用以標志位於南方的軍陣。　玄武：此指玄武旗，爲繪有龜形的軍旗，用以標志位於北方的軍陣。　千秋：指君王千秋旗。　萬歲：指君王萬歲旗。

[6]散騎常侍：官名。門下省屬官，掌值朝陪從，員四人。從三品。大業三年罷。

[7]太子左庶子：官名。太子門下坊長官，掌侍從贊相，駁正啟奏。員二人，正四品上。　左領軍、右將軍：《北史》卷三〇《盧賁傳》作左領軍將軍。隋並未設右將軍一職，"右"當爲衍字。左領軍將軍，官名。全稱爲"左領軍大將軍"。據本書《百官志下》、《通典》卷二八《職官十·左右領軍衛》載可推知最遲仁壽末年左右領軍府已各置領軍大將軍。品階不詳。

時高熲、蘇威共掌朝政，[1]賁甚不平之。柱國劉昉時被疏忌，賁因諷昉及上柱國元諧、李詢、華州刺史張賓等，[2]謀出頴、威，五人相與輔政。又以晉王上之愛子，[3]謀行廢立。復私謂皇太子曰：“賾將數謁殿下，恐爲上所譴，願察區區之心。”謀泄，上窮治其事。昉等委罪於賓、賾，公卿奏二人坐當死。上以龍潛之舊，不忍加誅，並除名爲民。賓未幾卒。

[1]蘇威：人名。傳見本書卷四一，《北史》卷六三有附傳。

[2]元諧：人名。傳見本書卷四〇、《北史》卷七三。　李詢：人名。本書卷三七、《北史》卷五九有附傳。　華州：治所在今陝西華縣，大業三年廢。　張賓：人名。隋道士。其事略見本書《律曆志中》。

[3]晉王：爵名。隋九等爵的第一等。正一品。此指隋煬帝楊廣。

歲餘，賾復爵位，檢校太常卿。[1]賾以古樂宮懸七八，[2]損益不同，歷代通儒，議無定準。於是上表曰：“殷人以上，通用五音，[3]周武克殷，得鶉火、天駟之應，[4]其音用七。[5]漢興，加應鍾，[6]故十六枚而在一簴。[7]鄭玄注《周禮》，[8]二八十六簴。此則七八之義，其來遠矣。然世有沿革，用捨不同，至周武帝，復改懸七，以林鍾爲宮。[9]夫樂者，治之本也，故移風易俗，莫善於樂，是以吳札觀而辯興亡。[10]然則樂也者，所以動天地，感鬼神，情發於聲，[11]治亂斯應。周武以林鍾爲宮，蓋將亡之徵也。且林鍾之管，[12]即黃鍾下生之義。[13]黃鍾，君也，而生於臣，明爲皇家九五之應。又陰者臣也，而居君位，更顯國家登極之祥。斯實冥數相符，非關人事。伏惟陛下握圖御宇，[14]道邁前王，功成作樂，煥乎曩策。[15]臣聞五帝不相沿樂，三王不相襲禮，[16]此蓋隨時改制，而不失雅正者也。"上竟從之，即改七懸八，以黃鍾爲宮。詔貴與儀同楊慶和刪定周、齊音律。[17]

[1]檢校：官制用語。謂代理，即尚未實授某官業已掌其職事。太常卿：官名。太常寺長官，掌國家禮樂、郊廟社稷祭祀等事，總轄郊社、太廟等十一署。置一員，正三品。

[2]宮懸：亦稱"宮縣"。古代鍾磬等樂器懸掛在架上，其形制因用樂者身份地位不同而有別。帝王懸掛四面，象徵宮室四面的墻壁，故名"宮懸"。

[3]五音：古代五聲音階的五個音級，即宮、商、角、徵、羽。

[4]鶉火：星宿名。即柳宿。古人稱南方有井、鬼、柳、星、張、翼、軫七宿，名爲朱鳥七宿。首位者稱鶉首，中部者（柳、星、張）稱鶉火（也叫鶉心），末位者稱鶉尾。有星八顆。　天駟：星宿名。即房宿，亦稱房駟。古人稱東方有角、亢、氐、房、心、尾、箕七宿，名爲蒼龍七宿。房宿爲第四宿，有星四顆。主車馬。《宋史·天文志三》："房宿四星，爲明堂，天子布政之官也，亦四輔也。"

[5]七：即七音，古樂理以宮、商、角、徵、羽、變宮、變徵爲七音。《左傳》昭公二十年："聲亦如味，一氣，二體，三類，四物，五聲，六律，七音，八風，九歌，以相成也。"陸德明釋文曰："七音：宮、商、角、徵、羽、變宮、變徵也。"

[6]應鍾：古樂律名。十二律之一，古人以十二律與十二月相配，每月以一律應之。應鍾與十月相應，《禮記·月令》："（孟冬之月）其音羽，律中應鍾。"鄭玄注："孟冬氣至，則應鍾之律應。應鍾者，姑洗之所生，三分去一，律長四寸二十七分寸之二十。"《漢書·律曆志上》："應鍾，言陰氣應亡射，該臧萬物而雜陽閡種也。

位於亥，在十月。”

[7]簴（jù）：懸掛鍾磬的立柱。

[8]鄭玄：人名。傳見《後漢書》卷三五。　《周禮》：書名。中國古代官制典籍，全書的定型在戰國時期。漢代原稱《周官》，西漢劉歆始稱《周禮》，並立於學官，杜子春爲之作注，鄭興作《周官解詁》。《周禮》内容六篇分載天、地、春、夏、秋、冬六官，記古代理想官制，其中冬官已亡佚，由《考工記》補足。大而至於政治、軍事，小而至於衣冠、陳設，無不有義。

[9]林鍾：古樂十二律之一。十二律有六律六吕，林鍾爲六吕之一。《禮記·月令》：“（季夏之月）……其音徵，律中林鍾。”鄭玄注曰：“林鍾者，黃鍾之所生，三分去一，律長六寸，季夏氣至，則林鍾之律應。”《史記·律書》曰：“林鍾者，言萬物就死氣林林然。”　宫：古代五聲音階的第一音級。《莊子·徐無鬼》記：“鼓宫宫動，鼓角角動，音律同矣。”《禮記·樂記》曰：“宫爲君，商爲臣，角爲民，徵爲事，羽爲物；五者不亂，則無怙懘之音矣。”此指北周將林鍾定爲樂律之標準音。

[10]吴札：春秋時期吴王夢壽的小兒子季札。其人及觀樂事參《左傳》襄公二十九年。

[11]聲：底本作“升”，殿本、中華本作“聲”，據文意，從殿本、中華本改。

[12]管：指定音的儀器律管。《禮記·禮運》記：“五聲、六律、十二管，還相爲宫也。”鄭玄注曰：“其管陽曰律，陰曰吕，布十二辰，始於黃鍾管長九寸。”

[13]黃鍾：樂律十二律中的第一律。《禮記·月令》記：“（季夏之月）其日戊巳，其帝黃帝，其神后土，其蟲倮，其音宫，律中黃鍾之宫。”孔穎達疏曰：“黃鍾宫最長，爲聲調之始，十二宫之主。”又《吕氏春秋·適音》曰：“黃鍾之宫，音之本也，清濁之衷也。”古人一般將黃鍾定爲標準音，爲所有樂律之標準。　下生：出生。

[14]御宇：意統治天下。

[15]曩：先時、從前。

[16]五帝：上古傳説中的五位帝王，説法不一。　三王：指夏、商、周三代之君夏禹、商湯、周武王。此句蓋出自《後漢書》卷三五《曹褒傳》，乃化用《禮記・樂志》"五帝殊時不相沿樂，三王異世不相襲禮"之語。

[17]儀同：官名。隋時爲十一等勳官中的第八等。正五品上。大業三年罷。　楊慶和：人名。其事不詳。

　　未幾，拜郢州刺史，[1]尋轉虢州刺史。[2]後遷懷州刺史，[3]決沁水東注，[4]名曰利民渠，[5]又派入温縣，[6]名曰温潤渠，[7]以溉舄鹵，[8]民賴其利。後數年，轉齊州刺史。[9]民飢，穀米踴貴，閉人糴而自糶之。[10]坐是除名爲民。

[1]郢州：治所在今湖北武漢市武昌區。隋開皇九年（589）改爲鄂州。

[2]虢州：治所在今河南盧氏縣。隋大業初廢。

[3]懷州：治所在今河南沁陽市。隋大業初廢。

[4]沁水：即今沁河，源出山西沁源縣北，南流至河南武陟縣東南入黄河。

[5]利民渠：水渠名。清代修《山西通志》卷二〇《汾陽縣》條下曰："興地泉在縣南四十里綿山下，一名利民渠。"

[6]温縣：隋開皇十六年置，治所在今河南温縣西南。

[7]温潤渠：水渠名。在今河南温縣西北。

[8]舄（xì）鹵：鹽碱地。

[9]齊州：治所在今山東濟南市，隋大業初改爲齊郡。

[10]人：當作"民"，避唐諱改。

後從幸洛陽，上從容謂賁曰："我始爲大司馬時，[1]
卿以布腹心於我。及總百揆，頻繁左右，與卿足爲恩
舊。卿若無過者，位與高熲齊。坐與凶人交構，由是廢
黜。言念疇昔之恩，復當牧伯之位，[2]何乃不思報效，
以至於此！吾不忍殺卿，是屈法申私耳。"賁俯伏陳謝，
詔復本官。後數日，對詔失旨，又自叙功績，有怨言。
上大怒，顧謂群臣曰："吾將與賁一州，觀此不可復
用。"後皇太子爲其言曰："此輩並有佐命之功，雖性行
輕險，誠不可棄。"上曰："我抑屈之，全其命也。微劉
昉、鄭譯及賁、柳裘、皇甫績等，則我不至此。然此等
皆反覆子也。當周宣帝時，以無賴得幸，及帝大漸，顏
之儀等請以宗王輔政，此輩行詐，顧命於我。我將爲
治，又欲亂之。故昉謀大逆於前，譯爲巫蠱於後。如賁
之徒，皆不滿志。任之則不遜，致之則怨，自難信也，
非我棄之。眾人見此，或有竊議，謂我薄於功臣，斯不
然矣。"蘇威進曰："漢光武欲全功臣，[3]皆以列侯奉朝
請。[4]至尊仁育，復用此道以安之。"上曰："然。"遂廢
於家。是歲卒，年五十四。

[1]大司馬：官名。全稱爲大司馬卿。北周時爲夏官府之長，
負責軍政、軍備、宿衛等事務。正七命。

[2]牧伯：指州郡的長官。

[3]漢光武：即東漢光武帝劉秀。紀見《後漢書》卷一。

[4]列侯：爵名。東漢時多以軍功封授，又有以外戚和恩澤封
侯者，有食邑，少者數百，奉朝請。有縣侯、都鄉侯、鄉侯、都亭

侯、亭侯等。　　奉朝請：漢時達官顯貴定期朝見皇帝的儀式。

史臣曰：高祖肇基王業，昉、譯實啓其謀，當軸執鈞，[1]物無異論。不能忘身急病，[2]以義斷恩，方乃慮難求全，偷安懷禄。暨夫帝遷明德，[3]義非簡在，[4]鹽梅之寄，[5]自有攸歸。言追昔款，[6]内懷觖望，[7]耻居吴、耿之末，[8]羞與絳、灌爲伍。[9]事君盡禮，既闕於宿心，不愛其親，遽彰於物議。其在周也，靡忠貞之節，其奉隋也，愧竭命之誠。非義掩其前功，[10]畜怨興其後釁，[11]而望不陷刑辟，保貴全生，難矣。柳裘、皇甫績、盧賁，因人成事，協規不二，[12]大運光啓，[13]莫參樞要。斯固在人欲其悦己，在我欲其罵人，理自然也。晏嬰有言：[14]"一心可以事百君，百心不可以事一君。"[15]於昉、譯見之矣。

[1]執鈞：指掌權。

[2]忘身急病：忘身，奮不顧身，置生死於度外。急病，急於解救困難、危難。

[3]明德：光明之德，美德。

[4]簡在：意謂存在。

[5]鹽梅：鹽味鹹，梅味酸，均爲調味所需。喻指國家所需的賢才。典出《尚書·説命下》："若作和羹，爾惟鹽梅。"其下孔安國傳曰："鹽鹹梅醋，羹須鹹醋以和之。"

[6]昔款：往日的情誼。

[7]觖望：不滿，怨望。

[8]吴：代指秦末相人項梁。項梁秦末起兵於吴國會稽，因稱。事見《史記》卷七《項羽本紀》。　　耿：代指秦末狄人田儋，秦末

起兵於齊。田儋傳見《史記》卷九四。

　[9]絳：指西漢絳侯周勃。世家見《史記》卷五七。　灌：指西漢灌嬰。傳見《史記》卷九五。兩人皆出身平民，地位低賤，後得封侯。

　[10]非義：典出《左傳》定公四年：“無謀非德，無犯非義。”意謂不義，不合乎道義。

　[11]畜怨：積蓄怨氣。

　[12]協規：共同謀劃。

　[13]大運：指天命，上天的旨意。

　[14]晏嬰：人名。春秋時人。事見《左傳》襄公十七年、《史記》卷三二《齊太公世家》等。

　[15]一心可以事百君，百心不可以事一君：該句出自《晏子春秋》卷四《問下》，原文爲“一心可以事百君，三心不可以事一君”。本書略有改動。